Mach Neu aus Alt

7 6 5
4 3 2 1

Henrietta Thompson
Illustrationen Neal Whittington

Mach Neu aus Alt

Welt retten
Geld sparen
Style haben

KLEIDUNG UND ACCESSOIRES

EDEL

Für Jubi, die hervorragend nähen kann.

Edel Books
Ein Verlag der Edel Germany GmbH

Neumühlen 17, 22763 Hamburg
www.edel.com
2. Auflage 2015

Published by arrangement with Thames & Hudson, London.

This edition first published in Germany in 2012
by Edel Germany GmbH, Hamburg

Titel der Originalausgabe: Remake it: Clothes
Projektkoordination: Constanze Gölz
Übersetzung: Susanne Tiarks, Berlin
Satz & Redaktion der deutschen Ausgabe:
Gisela Witt für bookwise medienproduktion GmbH, München
Layout & Gestaltung: Studio Emmi / www.emmi.co.uk
Umschlaggestaltung: Groothuis. Gesellschaft der Ideen und
Passionen mbH | www.groothuis.de

Printed and bound in China by C&C Offset Printing Co. Ltd.

ISBN 978-3-8419-0157-6

Hinweis: Die Tipps und Anleitungen in diesem Buch sind als Anregungen für eigene Ideen und Projekte gedacht. Es liegt in der Natur der Sache, dass verschiedenste Materialien und Werkzeuge zum Einsatz kommen und dass die Ergebnisse je nach handwerklichem Können und den zur Verfügung stehenden Ausgangsmaterialien unterschiedlich ausfallen. Das beinhaltet selbstverständlich auch das Risiko des Scheiterns. Die Autorin hat mit größter Sorgfalt darauf geachtet, dass die Tipps in diesem Buch fehlerfrei sind, aber sie dienen dennoch nur der allgemeinen Information. Lesen Sie vor dem Gebrauch Handbücher und Bedienungsanleitungen aller verwendeten Werkzeuge und Chemikalien sorgsam durch und befolgen Sie die Sicherheitshinweise des Herstellers. Die Autorin und die edel GmbH übernehmen keine Verantwortung für Schäden, Verluste oder Verletzungen, die aus der Anwendung der hier beschriebenen Techniken entstehen. Damit ist jegliche Haftung für Personen-, Sach- und Vermögensschäden ausgeschlossen, soweit gesetzlich zulässig. Bei den Ratschlägen und Empfehlungen handelt es sich um unverbindliche Auskünfte gemäß § 676 BGB.

Inhalt

Einführung

Über die Geschichte der Hobbyschneiderei

Nur wer gut nähen kann, ist in der Lage, sich seine Kleidung selbst zu schneidern – so lautet ein weitverbreiteter Irrtum. Tatsächlich war das auch einmal so, nämlich in der Zeit, als Schnittmuster nur in *Vogue* (1961 verkaufte das Magazin den Schnittmustervertrieb an die Firma Butterick) oder in *Burda* zu finden waren. Aber die Zeiten haben sich ziemlich geändert. Heute ist es nicht nur geschickten Tischlern vorbehalten, einen Couchtisch herzustellen – und auch das Fertigen eines Kleids, Mantels oder Huts gehört längst nicht mehr nur zum Betätigungsfeld von Profischneidern. Vorkenntnisse sind beim Nähen und Zuschneiden natürlich von Vorteil, je nach Projekt aber nicht immer ein Muss.

Was hat sich also geändert? Mode nimmt auf das Repertoire von Schneidern heute enormen Einfluss. Es gibt nicht mehr nur DAS eine akzeptable Kleid, im Lauf von wenigen Jahrzehnten ist bei Bekleidung nahezu alles möglich geworden. Bereits im letzten Jahrhundert waren auf den Laufstegen Punk, Dekonstruktivismus, Grunge und Retro in jeglicher Ausprägung anzutreffen – so hat sich erstmalig ein Stil herausgebildet, dessen Aussage darin besteht, mit Absicht zerrissen, ausgefranst, ab- und umgenutzt oder anderweitig malträtiert worden zu sein. Dabei werden Stilrichtungen, Stoffe, Muster und Farben zwanglos kombiniert und Anleihen aus jeder nur denkbaren Epoche gemacht – hier gibt es keine Grenzen. Gleiches gilt für Rocklänge, Ausschnitt-, Hut- und Ärmelformen sowie Tücher, die scheinbar zufällig gewählt und zusammengestellt werden. Individualismus gibt den Ton an, und Stil ist mehr eine Frage der Bildung, des Talents und/oder der Detailtreue als das Diktat bestimmter Formen und Rocklängen. Inzwischen wird guter Geschmack sogar häufig etwas abfällig betrachtet.

Abgesehen davon, hat es in der Technologie große Fortschritte gegeben. Neben der Erfindung hochspezialisierter Maschinen, synthetischer Materialien und Klebeband, steht den Ad-hoc-Künstlern von heute ganz anderes Werkzeug zur Verfügung als noch vor 50 Jahren. Heute kann mit einer Schere und etwas Fantasie schon einiges bewerkstelligt werden, denn wir leben in einer Zeit, die viele Innovationen zu bieten hat: So gibt es inzwischen Stoffe, die man nicht mehr säumen muss, und Verschlüsse, die ohne Annähen befestigt werden.

In Krisenzeiten wie 1943 wurde beispielsweise in Großbritannien die Broschüre *Make Do and Mend* an jeden Haushalt ausgegeben; die darin vorgestellte Mrs. Sew-and-Sew gab den Kleidungsstil für Männer, Frauen und Kinder vor. Es wurde selbst geschneidert, weil Notwendigkeit und wirtschaftliche Zwänge es verlangten, eine Tätigkeit, die bei Frauen und Mädchen schlicht vorausgesetzt wurde. Der Ausbruch des Kriegs und die damit einhergehende Rationierung und Rezession leisteten dieser Tendenz nur noch weiteren Vorschub. Die Fähigkeit, Socken stopfen zu können, war gewissermaßen der Schlüssel zu einem glücklichen Hauswesen.

Im Zuge von Gleichberechtigung, industriellem Fortschritt, Massenproduktion und Ladenketten ist heute eine kaufkräftige Gesellschaft entstanden, die sich allerdings stets in Zeitnot befindet. Die allgemeinen Nähkenntnisse haben sich seitdem entsprechend rückläufig entwickelt und wurden eher in die Kategorie Freizeitbeschäftigung verbannt – und nur die wenigsten schneidern ihre Garderobe noch selbst.

Die neue Generation von Profischneidern hingegen ist ebenso von kreativen Ideen und ökologischen Beweggründen motiviert wie von wirtschaftlichen Aspekten. Immer mehr Menschen – Männer und Frauen gleichermaßen – wenden sich wieder der Schneiderei zu; dieses Phänomen geht über einen einfachen Modetrend hinaus und wird immer stärker von der Öffentlichkeit wahrgenommen. Die Idee ist heute reizvoll, denn wenn sie auch keine Notwendigkeit darstellt, bedeutet sie doch einen Gegenentwurf zu maßlosem Massenkonsum und Wegwerfmode. Ein selbst geschneidertes Kleidungsstück oder Accessoire ist wie ein köstliches selbst gekochtes Menü am Küchentisch, nachdem man jahrzehntelang nur außer Haus gegessen hat.

Ethische und ökologische Argumente für die Auf- und Umarbeitung von Kleidung gehen über die bereits wohlbekannten Vorteile von wiederverwendeten Materialien hinaus. Handgemachte Kleidung behält man meist recht lang, unabhängig von der darauf verwandten schneidertechnischen Expertise und der Stabilität der Nähte. Ein von der Großmutter geschneidertes Kleid wird in der Regel nicht so schnell entsorgt wie eines vom Textildiscounter. In diese Erbstücke, oft ausgebessert und aufgearbeitet, scheinen die Erinnerungen geradezu miteingewebt zu sein. Man kann das auch als „emotionale Bindung“ bezeichnen, die ein enormes Potenzial birgt.

Je genauer man hinsieht und je weiter man dabei in der Geschichte zurückgeht, desto mehr Einfallsreichtum bei der Herstellung von Kleidung tritt zutage. So gibt es beispielsweise ein Buch, in dem beschrieben wird, wie ein Menschenpaar vor über 2000 Jahren ein paar Feigenblätter geschickt zu Unterwäsche umfunktioniert hat. Für die Römer diente ein rechteckiges Stück Stoff in Größe eines Bettlakens als Partydress, und der mithilfe eines Säbels durchtrennte Kimono eines Samurais in Asien konnte eine schöne Tasche, Geldkatze oder andere Accessoires abgeben. Die indigenen Völker Südamerikas kennen organische Färbemittel seit Jahrhunderten, lange bevor chemisch produzierte Farbstoffe ihren Siegeszug um die Welt antraten.

Der Reiz bei der Wiederverwertung von Kleidung, beispielsweise für Möbel oder andere Accessoires, liegt meist einfach darin, einen Rohstoff gewissermaßen aus einer ganz neuen Perspektive zu betrachten. Taschen aus gebrauchten Teppichen oder Lkw-Planen oder Röcke aus alter Leinenbettwäsche sind nur einige wenige Beispiele, die uns bereits geläufig sind. Angefangen bei Vivienne Westwood, bis hin zu Martin Margiela haben Couturiers gezeigt, wie durch einen einfachen Dekonstruktionsprozess die verschiedensten neuen Kleidungsstücke entstehen können. Wer heute auf diese moderne Weise schneidert, experimentell wiederverwertet und handarbeitet, für den sind Schere und eine Vorliebe zum Auftrennen, Kochen (von Textilien!), Falten, Knoten und allgemeinen Neugestalten ebenso wichtig wie die gute alte Nähmaschine.

„recycelte“ Kleider, 1940er-Jahre

Schnittmusterheft, 1940er-Jahre

Jahrzehnte der Dekonstruktion

Mode zu kreieren bedeutet stets das Ausloten von Gegensätzen, das trifft auch auf das Abändern und Umarbeiten von Textilien zu. Doch selbst gefertigte Kleidung spielt nicht nur in modischer Hinsicht eine wichtige Rolle, sie wurde auch schon immer von Patrioten, Anarchisten, japanischen Minimalisten und Künstlern genutzt, um ihre, wie auch immer geartete, Haltung zu demonstrieren. Ganz gleich, ob sie dabei Sicherheitsnadeln oder psychedelische Batikmuster einsetzten, Selbstgeschneidertes diente als ein Bekenntnis.

Für die Punk-Bewegung stellte es die Inszenierung einer Revolution dar. Die Anti-Mode-, Anti-Establishment-Bewegung entstand Mitte der 1970er-Jahre in Großbritannien und den USA in Zusammenhang mit einer lauten, anarchistischen Musikszene, die ihre kontroverse Weltsicht auch mit der dazupassenden Bekleidung demonstrierte. Damals ging ein Aufschrei durch die Gesellschaft, als jegliche Form von Abfall (meist aus Secondhandläden oder vom Trödelmarkt) auseinandergenommen und effektvoll wieder zusammengesetzt wurde. Da gab es zerrissene Stoffe, ausgefranste Kanten und Laufmaschen, dazu provokative Slogans, Nieten und Nägel. Als Accessoires dienten Hundehalsbänder, Toilettenspülzüge, Vorhängeschlösser, Rasierklingen und Springerstiefel – es war schier zum Fürchten.

Als Vivienne Westwood und Malcolm McLaren mit ihren gemeinsamen Unternehmungen, der Band Sex Pistols und dem SEX Shop in der Londoner King's Road (in dem die Bandmitglieder mit unpassender Garderobe ausgestattet wurden) in Erscheinung traten, avancierte der Stil zum angesagten Look. Um 1977 griff die britische Modedesignerin Zandra Rhodes einige Elemente des Punkstils auf und adaptierte sie mit leuchtenden Farben und goldenen Sicherheitsnadeln für den wohlhabenden, eher konservativen Konsumenten. Kunstvoll malträtierte Kleidungsstücke wurden mit Goldfäden und Stickerei zu Luxusartikeln. Diese neue Stilrichtung entwickelte sich schon bald zum angesagten Modetrend, dem Menschen aller Gesellschaftsschichten und Altersgruppen frönten, indem sie ausgerissene Säume und mit Slogans bedruckte T-Shirts trugen, ohne damit auch nur im Entferntesten subversives Gedankengut in Verbindung zu bringen.

Noch vor der Punk-Bewegung hatte sich in den 1960er-Jahren eine andere Strömung der Subkultur mit selbst gemachter Kleidung beschäftigt. Die Hippiebewegung widersetzte sich Konsum und Kommerz und brachte ihre Botschaft von Frieden und Liebe unter anderem mit Batik auf der Do-it-yourself-Ebene zum Ausdruck. Aus natürlichen, ökologischen Stoffen und Garnen entstanden kaftanartige, fließende Kleider, Samenkörner wurden zu Halsketten aufgefädelt – der individualistische Stil war Ausdruck von Freiheit und Verspieltheit der damaligen Zeit.

Während in den westlichen Ländern in den 1980er-Jahren Hippies und Punks den modischen Ton angaben, machten in Japan die „großen drei“ Designer von sich reden: Issey Miyake, Rei Kawakubo und Yohji Yamamoto. Sie stellten die bewährten und anerkannten Normen der Pariser Schneiderkunst auf den Kopf, wobei sie die Gestaltungsvielfalt, auch für die Wiederverwertung von Kleidung, stark beeinflussten. Mode wurde zur intellektuellen Angelegenheit, die in Konzepten wie dem „Ma“-Manifests zum Ausdruck kam und in die die Grundlagen des Wabi-Sabi einflossen. Hier bestimmten androgyne, voluminöse, gefaltete und drapierte Formen mit offenen Säumen und unfertigen Details das Bild – die Dekonstruktion von traditionellen Formen und Mustern lieferte eine neue Vorstellung von Schönheit.

In den 1990er-Jahren trat der Dekonstruktivismus in eine neue Phase ein, die ihren Ursprung diesmal in den USA hatte. Immer mehr Jugendliche fanden sich unzufrieden mit der Regierung und dem Kapitalismus – und wollten diesem Gefühl etwas entgegensetzen. Die Grunge-Bewegung ließ die Do-it-yourself-Idee wiederaufleben. Bei dieser Neuauflage des Hippie-Feelings und der Punk-Ideologie manifestierte sich der Kampf für freie Liebe oftmals in einem eher gammeligen Look. Triebkraft war auch hier die Musik mit Vorbildern wie Kurt Cobain und Courtney Love. Auf den Laufstegen zeigten Models wie Kate Moss den kontrovers diskutierten Heroin-Chic mit zerrissenen, fleckigen und anderweitig bearbeiteten Outfits in Schwarz, Grau und Khaki.

Der fulminante Aufstieg dieses Looks entwickelte sich allmählich und erreichte Anfang dieses Jahrhunderts seinen Höhepunkt. Kleidung im Retro-, Vintage- und sogar historisierenden Stil wurde immer stärker nachgefragt, was vor allem Models und Schauspielerinnen zu verdanken war, die als Trendsetter wirkten. Mit einer Pelzstola im Stil der Goldenen Zwanziger, einem Nachmittagskleid der 1940er-Jahre oder einem Lammfellmantel aus den 1970er-Jahren konnten Modebewusste jetzt punkten. Für diesen originellen und umweltbewussten Stil ließen sich Modedesigner verstärkt von der Vergangenheit inspirieren, jedoch konnte man den Look auch auf preisgünstigere und/oder authentischere Weise mit originalen Vintage-Accessoires erzielen. Immer mehr angesagte Boutiquen und Marken, wie der Londoner Topshop und das Label Urban Outfitters, gewährten dem Vintage-Trend in ihren Läden immer mehr Raum.

Nachdem sie jahrelang um Anerkennung in der Modewelt gekämpft hatten, können die Ökodesigner schließlich eine allmähliche Akzeptanz der Bekleidungsindustrie verzeichnen. Zweifellos war dies neben dem unermüdlichen Engagement von Modemachern wie Orsola de Castro und Filippo Riccio, und auch (in nicht unerheblichem Maße) verschiedenen „grünen" Modemessen, wie der „Estethica", zu verdanken, die in London 2007 zum ersten Mal stattfand.

In diesem Bereich trat auch Vivienne Westwood mit ihrer Kampagne „Active Resistance Manifesto" wieder hervor. Sie möchte dazu ermutigen, etwas gegen den Klimawandel zu unternehmen, der „Konsumdroge" abzuschwören und zum Beispiel aus Handtüchern und Gardinen einzigartige Kleidung zu kreieren. Sie fordert aber auch dazu auf, sich die besten Kleider zu kaufen, die das Budget erlaubt, und sie dann zu tragen, bis sie ihren Dienst getan haben. Diese Ansicht ist für einen Designer vielleicht eigenwillig, aber auf jeden Fall kontrovers.

Inzwischen arbeiten Designer fachübergreifend mit neuen Technologien. Auch wenn bislang nur einige wenige Designer wie Hussein Chalayan oder Alexander McQueen sich Ideen anderer Industriezweige zunutze gemacht oder wieder aufgegriffen haben, könnten sich hier für den Modemarkt spannende neue Möglichkeiten eröffnen. Wir leben in einer Zeit, in der es fast keine Beschränkungen gibt, und uns stehen mehr Wahlmöglichkeiten, Fähigkeiten und Wissen zur Verfügung als jemals zuvor in der Geschichte. Doch weiterhin wird in der Mode die Regel gelten: Wenn wir in die Zukunft blicken, wird unsere größte Ressource stets unsere Vergangenheit sein.

London, 1970er-Jahre

Kleider machen Leute

Die nationale Textil- und Modesammlung des Victoria & Albert Museum in London gleicht wie keine andere einem begehbaren Kleiderschrank. Hier wird, in einem Querschnitt über einen Zeitraum von 2000 Jahren hinweg, eine erstaunliche Reihe von Kleidungsstücken jeder Mach- und Stoffart aus aller Welt präsentiert. Obwohl das Museum schon von Anfang an Textilien und Kleider in seine Sammlung aufnahm, stand der Modeaspekt bis vor Kurzem immer hinter dem kunsthandwerklichen zurück. In die ehrwürdige Institution fanden bislang nur Kleidungsstücke aus außergewöhnlichen Textilien, aus innovativer Fertigung oder, in seltenen Fällen, von berühmten Trägern Eingang.

In den letzten Jahrzehnten hat sich die Mode sprunghaft entwickelt – sie wird zunehmend als Kunstform anerkannt, und das nicht nur vom Victoria & Albert Museum. In den vergangenen 20 Jahren wurden weltweit spezielle Mode- und Textilmuseen gegründet. Mode wird nicht mehr wie bisher oft etwas herablassend als Tand, Auswuchs des Kapitalismus oder Zeitvertreib bezeichnet, der nur dazu da sei, die undefinierte Leere der weiblichen Psyche zu füllen. Stattdessen erfährt sie eine Neubewertung als starke kulturelle Triebkraft, als Kunstform, politisches Werkzeug und damit einhergehend auch als Gegenstand akademischer Studien. Im Zuge dessen wird sie nun auch als Investitionsmöglichkeit entdeckt.

Die meisten Modesammlungen, ob nun von Museen oder Privatpersonen, sind im Lauf des 20. Jahrhunderts entstanden und haben seitdem an Bedeutung gewonnen. Die Ansammlung einer ansehnlichen Garderobe war einst ein eher zufälliges Phänomen und die Domäne von Schauspielern und Schauspielerinnen, Prinzen und Prinzessinnen, Damen und Herren der Gesellschaft, wie Grace Kelly, Audrey Hepburn, Wallis Simpson oder Jackie Onassis. Ihr Stil wurde bewundert – und das war auch beabsichtigt. Heute investieren Sammler vor allem in das Design und den historischen Wert eines Kleidungsstücks, ganz unabhängig davon, ob sie es selbst tragen möchten oder nur als Anlageobjekt betrachten.

Schmuck oder Haute Couture ähnelt anderen Sammelobjekten, ein greifbarer Wert ergibt sich aus der Kunstfertigkeit, mit der sie hergestellt wurden, und den dafür verwendeten kostbaren Materialien. Bei der Bewertung von Bekleidung und bei Accessoires spielen abstraktere Aspekte eine Rolle: Geschichte und Herkunft, individuelle Qualität, hochwertiges Design und Sonderanfertigungen. Deshalb sollten bestimmte Stücke vor dem Zerschneiden genau unter die Lupe genommen werden. Alte und antike Kleidungsstücke erfreuen sich zunehmend der Gunst von Investoren und haben sich auch deswegen zu vielschichtigen Objekten entwickelt.

Der Onlinehandel hat das Erwerben von Secondhandkleidung, Vintage-Mode und -Accessoires wesentlich erleichtert, generell sollte man sich in diesem Bereich möglichst umfassend informieren. Neben Messen für Vintage-Mode, entsprechenden Händlern und Märkten bieten sich auch Besichtigungen in Auktionshäusern an. Wie für jeden anderen antiken Gegenstand gilt auch hier die Empfehlung: Wichtig ist, das Objekt sorgfältig auf Flecken und Schäden, wie Motten- oder Brandlöcher, fehlende Perlen oder Applikationen, hin zu begutachten. Dem Spezialisten erschließen sich aus der Prüfung der Etiketten auch Entstehungszeitraum und eventuelle Fälschungen. Die Spezialisierung auf eine bestimmte Periode, bestimmte Designer oder Kleidungsarten erfordert mehr Spezialwissen. Besondere Einzelstücke, die prototypisch für einen Designer sind, werden in der Regel höhere Preise erzielen als Konfektionsmodelle.

Die Datierung von Kleidungsstücken erfolgt auch nach Beurteilung der Verarbeitungstechnik, so wurden beispielsweise Reißverschlüsse meist erst in den

Nachkriegsjahren für Kleider verwendet. Es gab zwar in den 1930er-Jahren bereits Reißverschlüsse (aus Kunststoff und Metall, sie wurden mit einzelnen Zähnen gefertigt), wegen Materialknappheit während des Zweiten Weltkriegs wurden sie jedoch selten verwendet. Die meisten Kleidungsstücke aus den Vorkriegsjahren wurden von Schneidern hergestellt und weisen oft keine Etiketten auf, Pflegehinweise finden sich meist erst seit den 1970er-Jahren. Seit den 1960er-Jahren wurden Schnittteile vor allem in der Konfektion verstärkt mit Overlocknähten versäubert – anhand dieses Details kann man ebenfalls gut zwischen Originalentwurf und nachgemachten Stücken unterscheiden.

Neben Modellen, die mit sehr viel Handarbeit und manuellen Techniken überwiegend vor der Massenproduktion gefertigt wurden, lassen sich tragbare Vintage-Klassiker aus jedem beliebigen Jahrzehnt finden. Ein Dior-Kleid aus den 1950er-Jahren, ein Hemd von Mary Quant, ein Kaftan von Ossie Clark oder ein Anzug von Armani – sie alle sind typisch für ihre Zeit und haben ungeachtet aller kurzlebigen Modetrends nichts an Zeitlosigkeit verloren. Aber auch Stücke, die von berühmten Persönlichkeiten getragen wurden, erzielen hohe Erlöse, so wurde ein schulterfreies Kleid von Victor Edelstein aus dem Besitz von Prinzessin Diana 2011 auf einer Auktion für etwa 800 000 US-Dollar verkauft, das originale Givenchy-Kleid Audrey Hepburns aus *Frühstück bei Tiffany* brachte bei Christie's 2006 über 400 000 britische Pfund ein. Auch Kleidungsstücke kultverdächtiger Veranstaltungen, seien es Einzelstücke oder limitierte Auflagen, sind sehr begehrt. So wurde bei eBay 2011 ein seltenes T-Shirt von einem Led-Zeppelin-Konzert aus dem Jahr 1979 für 10 000 US-Dollar verkauft. Der Verkäufer wird vermutlich froh darüber gewesen sein, dass er der Versuchung widerstanden hatte, mit der Schere zu Werke zu gehen und daraus eine neue Einkaufstasche zu schneidern (was allerdings viel mehr dem Geist des Rock 'n' Roll entsprochen hätte ...).

Das Tragen dieser Investmentstücke ist nicht unumstritten, viele sind der Auffassung, Originale seien überhaupt nicht zum Anziehen da. Doch wenn man ein Stück Geschichte auf diese Weise konserviert, ist das vergleichbar mit einem Weinkeller voller uralter Jahrgänge, die nie getrunken werden. Sie wurden vermutlich mühsam und mit großem finanziellem Aufwand beschafft, Kleider dagegen wurden zum Tragen geschaffen, und nur so kann man ihnen Leben einhauchen.

Ausstattung für Ascot, 1945

Christian Dior, 1947

KLEIDUNG FÜR FRAUEN

Tops, Kleider, Röcke, Hosen, Blusen, Leggins,
Dessous, Shorts, Schals und Nachtwäsche

– Nachtwäsche –

Bei zarten Stoffen sollte weitgehend auf Extras verzichtet werden, einige Pailletten oder eine kleine Spitzenapplikation auf einem klassischen Negligé können aus einem Nachtgewand allerdings schon ein Abendkleid machen. Man kann ein solches Teil auch abschneiden, sodass daraus ein knappes Jäckchen wird, oder man verziert es mit Biesen oder einem Besatz. Der Charakter von Nachtwäsche aus hellen Stoffen lässt sich durch Einfärben verwandeln. Wer möchte, betont die Schultern durch Federepauletten oder das Ansetzen kurzer Flügelärmel in Chiffon, Batist oder Voile.

– Ärmellose Varianten –

Oberteile und Kleider mit Fledermausärmeln treten aus ihrem Schattendasein heraus und avancieren zum Basisteil jeder Garderobe, wenn sie zu ärmellosen Tops umgewandelt werden. Der Ärmelansatz befindet sich bei diesen Schnitten etwa in Taillenhöhe, wodurch das Kleidungsstück nach dem Abschneiden an den Seiten weit offen bleibt, was zwar luftig ist, aber einer schmalen Figur schmeichelt. Alternativ können die Seiten auch mit einfachen Stichen, einem Zwei-Wege-Reißverschluss oder einfachen Bändern aus einem anderen Stoff, mit Schleifen oder Elastikband verschlossen werden. Die Ärmel von oben nach unten, an der Vorderseite der Schulter beginnend, abschneiden, säumen oder anderweitig fixieren. Bleiben die Seiten offen, kann ein Bandeau-Top darunter getragen werden.

– Gardinen –

Einst war die Spitzengardine ein unverzichtbares Zubehör kleinstädtischen Lebens, denn durch sie konnte das Kommen und Gehen der Nachbarn unauffällig beobachtet werden. Die Zeiten haben sich geändert – angesichts von sozialen Netzwerken, die die neugierige Teilhabe am Leben der Mitmenschen online viel einfacher gemacht haben. Gardinen mögen nicht mehr en vogue sein, die Stoffe dagegen lassen sich für Modezwecke nach wie vor verwenden. Die zarten Spitzenmuster alter Vorhänge passen gut zu Kleidern, Röcken und Tops, eine hübsche bogenförmige Verzierung kann beispielsweise das Säumen überflüssig machen. Ein Futter in passender Farbe schützt vor unerwünschten Einblicken.

Design!

People Tree
Sari-Kollektion

Zu den wichtigsten Pionieren des fairen Handels und umweltfreundlicher Mode auf internationaler Ebene gehört das in den 1990er-Jahren von Safia Minney gegründete Modelabel People Tree. Das Unternehmen mit Sitz in Großbritannien und Japan ist inzwischen eine weltweit anerkannte Größe für ethisch korrekte Bekleidung. Es ist bestrebt, innerhalb des gesamten Herstellungs- und Vertriebsprozesses sowohl den Menschen als auch der Umwelt gerecht zu handeln.

Es überrascht nicht, dass die recycelten Sari-Kleider in Indien gefertigt wurden. Die leuchtenden Stoffe abgelegter Saris werden zu einer Vielfalt neuer Kleider verarbeitet: eingenäht in schwarze Popelineröcke, verschönert mit traditioneller Stickerei und Bändern sowie mit Gürteln, die die Taille betonen. Aus Reststücken entstehen Taschen und Quilts.

ORLD IN 2007

Design!

Gary Harvey
Recycling-Mode

Der in London ansässige Modedesigner Gary Harvey gründete sein Label eher zufällig, als er an einer Werbekampagne arbeitete. Der ehemalige Kreativchef von Levi Strauss und Dockers Europe kam während des Entwerfens eines aufwendigen Abendkleids aus 42 Paar Levi's-Jeans auf die Idee, mit Stoffabfällen zu arbeiten. Daraus entwickelte sich bald eine erfolgreiche Eigenmarke für ungewöhnliche Festkleider. Die Verwandlung alltäglicher Kleidungsstücke in völlig neuartige Couturemodelle bekam Kultstatus. Beim genauen Hinsehen entpuppten sich seine „New-Look"-Kleider im Stil von Dior als 18 Regenmäntel von Burberry oder 28 Army-Tarnjacken. Das pinkfarbene Zeitungskleid entstand aus 30 Ausgaben der *Financial Times*.

Harvey zeigte seine erste Kollektion von neun Kleidern, aus Secondhandware gefertigt, bei der Londoner Fashion Week 2007. Die ebenfalls auf Ökodesign spezialisierte Livia Firth beauftragte Harvey mit der Anfertigung ihres Kleids für die Oscarverleihung, bei der ihr Ehemann Colin einen Preis als bester Schauspieler entgegennahm. Das Ergebnis – hergestellt aus elf traditionellen Kleidern aus jener Zeit, in der *The King's Speech* spielt (dem preisgekrönten Films des Abends) – wurde 2011 als eines der Highlights auf den roten Teppichen gefeiert.

Design!

ULTRA
ULTRA 10

Die ultimative Capsule Collection ULTRA 10 ist eine zehnteilige Damengarderobe, die durch Kombination und Verwandeln aufeinander abgestimmter Teile das gesamte Outfit liefert, das eine Frau innerhalb eines Jahres benötigt.

Wie der Mantel, der sowohl als Rock und Jacke getragen werden kann, die sich wiederum zur Weste umwandeln lässt, sind alle Stücke aus Biobaumwolle und recycelten Materialien wie Jersey, Georgette und Chiffon gefertigt. Zu den Kombiteilen gehören außerdem noch ein rückenfreies Top, ein Shirt/ Kleid, eine Stretchhose und Baumwollhosen. Kurz, von allem etwas. Die streng klassisch geschnittenen, einfarbigen Teile können je nach Zusammenstellung formal oder leger wirken und das ganze Jahr über getragen werden. Jedes Stück kann jederzeit an ULTRA 10 zurückgeschickt werden, um dort ausgebessert oder aufgepeppt zu werden, am Ende jedes Jahres kann die Ausstattung zu einem Sonderpreis gegen ein neues Outfit ausgetauscht werden.

ULTRA 10 entstand 2011 bei dem jungen Modelabel ULTRA aus Kuala Lumpur, dessen erste Kollektion im Jahr zuvor komplett aus nachhaltigen Materialien wie Soja und Bambus, recyceltem PET und Lachshaut produziert wurde.

Design!

Martin Margiela
Dekonstruktivistische Mode

Der Modedesigner Martin Margiela löste mit seiner ersten Kollektion 1989 die Dekonstruktions-Bewegung aus. Nach zwei Jahren als Assistent von Jean Paul Gaultier präsentierte er ein verführerisches Abendkleid, das aus einer ledernen Metzgerschürze gefertigt war, dazu einige streng geschnittene Jacken aus einem alten Tüllkleid.

Im Lauf der Zeit wurde Margiela für seinen avantgardistischen Ansatz und die unfertigen Details bekannt. Er verwendete gewöhnliche Futterstoffe als Oberstoffe, ließ Säume und Nähte grob und mit hängenden Fäden verarbeiten, Schulterpolster wurden nach außen gekehrt, Abnäher sichtbar gemacht und rotes Lametta zu luxuriösem „Pelz“ verwandelt.

Margiela machte sich über die natürliche Lebensdauer von Objekten Gedanken, verwertete und recycelte, lange bevor diese Arbeitsweise mit ethischen oder ökologischen Interessen in Zusammenhang gebracht wurde. Margiela studierte an der Königlichen Akademie der Schönen Künste in Antwerpen zusammen mit einer Gruppe einflussreicher Designer, die später als Antwerp Six bekannt wurden. Da auch er bestrebt war, mit konventionellen Konsumvorstellungen aufzuräumen und die Gesetze der Mode neu zu schreiben, wurde er häufig als siebtes Mitglied beschrieben. Wie seine Zeitgenossen Anne Demeulemeester und Dries Van Noten wurde Margiela zu einer der Schlüsselfiguren der intellektuellen Modebewegung in den 1990er-Jahren, hat sich aber stets eigensinnig vom Mainstream ferngehalten.

Design!

Angelene Fenuta
Litis

Die kanadische Designerin Angelene Fenuta zog die Aufmerksamkeit der Modewelt zum ersten Mal mit ihrer Diplomkollektion Litis auf sich, für die sie Industriefolien verwendete. In Kombination mit drapiertem Satin und steifem Tüll verliehen sie Fenutas Entwürfen extreme Silhouetten, die den Körper aus theatralischer Perspektive verzerren und neu gestalten. Fenuta erklärt, dass Modedesigner, bedingt durch den menschlichen Körper und traditionelle Stoffe, vielen Beschränkungen unterlägen. Die Kleidungsstücke ihrer ersten Kollektion sind ihrer Ansicht nach eine Darstellung der „experimentellen Evolution des Durchbrechens dieser Barrieren, um so eine neue Freiheit im Design zu offenbaren“.

– Am laufenden Meter –

Aus zwei ganz normalen Seidenschals mit genügend Breite lässt sich im Handumdrehen ein Rock machen. Zwei gleich große Schals mit gleichem oder zueinanderpassendem Muster wählen – wenn sie eine Bordüre haben, darauf achten, dass sie auf beiden Seiten gleich verläuft. Die Schals links auf links legen und seitlich zunähen, sodass ein Schlauch entsteht. Oben einen Tunnelzug nähen und ein Elastikband einziehen.

– Bis dass der Tod uns scheidet –

Es ist schon schwer genug, das Kleid für den schönsten Tag des Lebens zu finden, noch schwieriger ist allerdings die Frage, was danach damit geschieht. Man kann es verkaufen oder auch behalten – in der Hoffnung, eines Tages könnte eine potenzielle Tochter heiraten, sich in das Kleid verlieben und auch noch hineinpassen. Alternativ dazu kann das Recycling mit der gezielten Abnutzung des Kleids beginnen. So kann man etwa die Hochzeitsaufnahmen in zwangloserer Weise wiederholen, indem sich das Paar im Sand rollt, auf Tauchgang geht, Ball spielt oder Ähnliches tut, was geeignet ist, das Andenken an das gute Kleid zu bewahren, bevor es für immer in der Versenkung verschwindet. Ein Brautkleid, mit dem sich wunderbare Erinnerungen verbinden, bietet aber noch mehr, wenn es stattdessen zu neuen Kleidungsstücken für den langfristigen Gebrauch umfunktioniert wird. Eine Schneiderin kann Rat dazu geben, wie daraus Röcke, Mieder, Bustiers und Accessoires wie Täschchen und Schals entstehen können.

– Zarte Dessous im Handumdrehen –

Laufmaschen in teuren Strumpfhosen sind eine sehr ärgerliche Angelegenheit. Ist ihnen mit einem Klecks farblosem Nagellack oder etwas Haarspray kein Einhalt zu gebieten, können die Strumpfhosen als Basis für neue Dessous dienen: Werden Beine und gegebenenfalls auch der Bund abgetrennt und durch Spitze oder Bänder ersetzt, wird daraus ein Höschen. Seiden- oder Satinstoffe peppen es zusätzlich auf. Das Oberteil der Strumpfhose lässt sich zu einem kurzen Bandeau-Top umfunktionieren.

SCHRITT-FÜR-SCHRITT

Jeans

Auch wenn es wie bei keinem anderen Kleidungsstück zwischen einer Person und ihrer Lieblingsjeans eine ganz besondere Beziehung geben mag und das gute Stück mit zunehmendem Alter nur noch schöner wird – irgendwann wird auch sie aus der Mode kommen. Eine Ausnahme stellt vielleicht die Levi's-Variante dar, die vor 1971 gefertigt wurde (ein hochpreisiges Sammlerstück, das am Labeltext zu erkennen ist), im Normalfall wird sie aber nicht für immer halten.

Eine gute Jeans ist wie ein enger Freund oder ein treuer Hund – verlässlich bei Regen oder Sonnenschein, im Auf und Ab des Lebens, in guten wie in schlechten Zeiten, während wilder Nächte und am Katermorgen danach. Aber wie in jeder Beziehung kann auch hier der Tag kommen, an dem sie nicht mehr perfekt erscheint. Neuere, figurschmeichelndere, modischere Jeans sehen auf einmal verlockender aus …

Dieser Tatsache ins Auge zu sehen kann hart sein. Trost findet sich allerdings in dem Wissen, dass es Hunderte von Möglichkeiten gibt, eine erlahmende Beziehung zu einer alten Jeans wiederzubeleben, angefangen beim klassischen Jeansrock.

Benötigt werden:

_ Jeans, die im Taillen- und Hüftbereich gut passen
_ Nähmaschine
_ Nähgarn (entweder passend zu den sichtbaren Nähten oder zum Farbton der Jeans)
_ Schere
_ Metermaß
_ Stecknadeln
_ Schneiderkreide

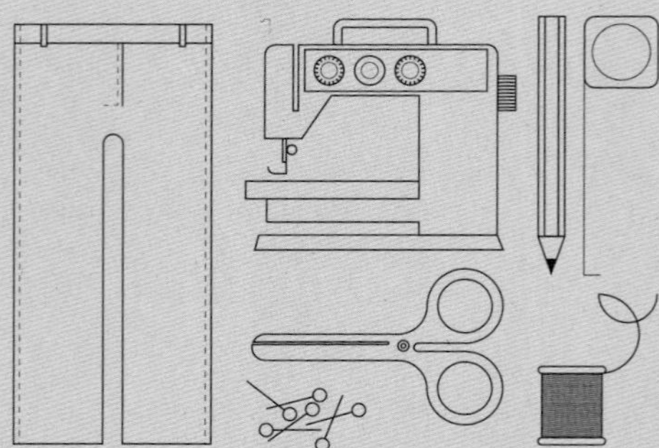

1_ Um aus einer ausgedienten Jeans einen Rock zu machen, sollte die Hose zunächst gut gebügelt werden. Jeans flach auf einen Tisch legen und glatt streichen.

2_ Gewünschte Rocklänge festlegen. Die hier vorgestellte Verarbeitungsweise empfiehlt sich für knielange Bleistiftröcke oder einen Minirock. Für längere Modelle können später Stoffeinsätze eingefügt werden. Länge abmessen und mit Schneiderkreide oder Stecknadeln markieren, anschließend die Beine einige Zentimeter unterhalb der Markierung abschneiden. Die Zugabe ermöglicht es, ungenaue Schnittkanten zurechtzuschneiden oder durch Ausfransen oder Säumen auszugleichen.

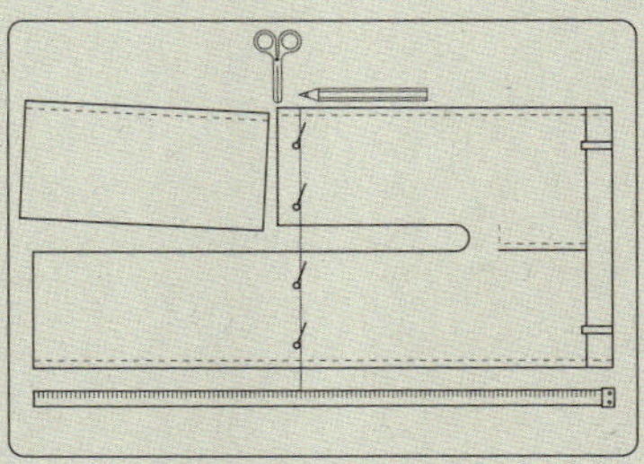

3_ Jeans zur Innenseite wenden und die Innennähte bis zum Schritt auftrennen, sodass die Beine offen sind. Jeans in der Mitte vorne bis zum Reißverschluss aufschneiden, hinten bis zum Bund.

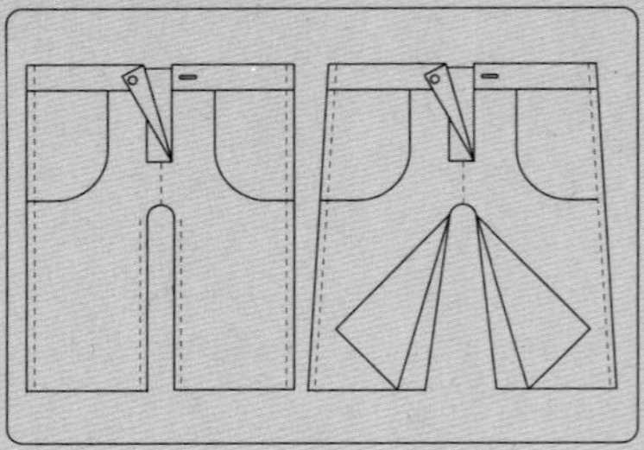

4_ Nahtkanten so glatt wie möglich ausbügeln und die vorderen Beinteile leicht überlappend aufeinanderlegen und feststecken. Dabei muss der Stoff flach liegen, und es sollten möglichst keine Beulen entstehen.

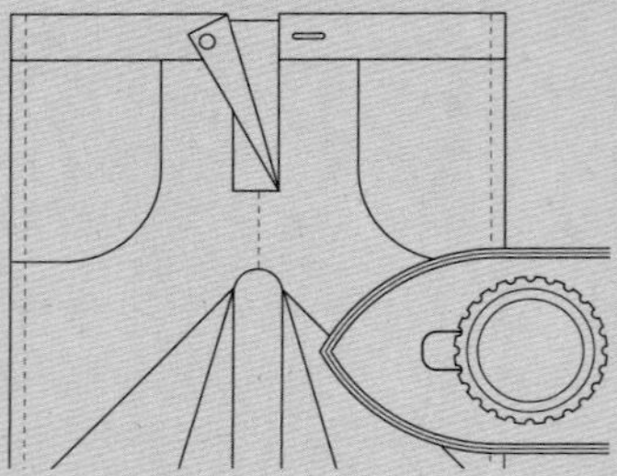

5_ Rückwärtige Teile auf die gleiche Weise überlappend zusammenstecken. Je nachdem, wie lang oder wie ausgestellt der Rock werden soll, bleibt ein Dreieck offen, das als Gehschlitz dient oder später mit Stoffresten aus den Beinstücken unterlegt werden kann.

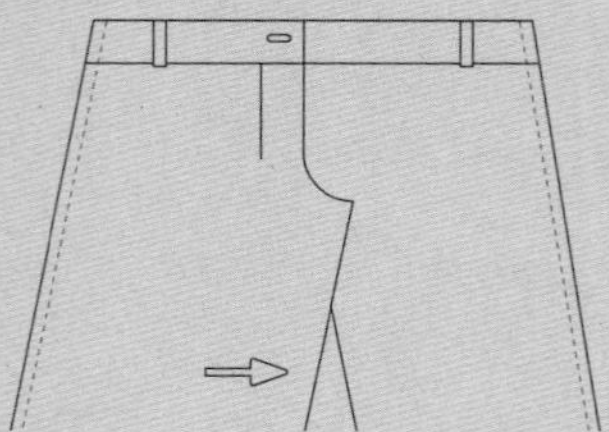

6_ Rock anprobieren, etwaige Korrekturen vornehmen und nochmals anprobieren. Jetzt können noch eventuell vorhandene Fältchen ausgeglichen und die perfekte Länge festgelegt werden.

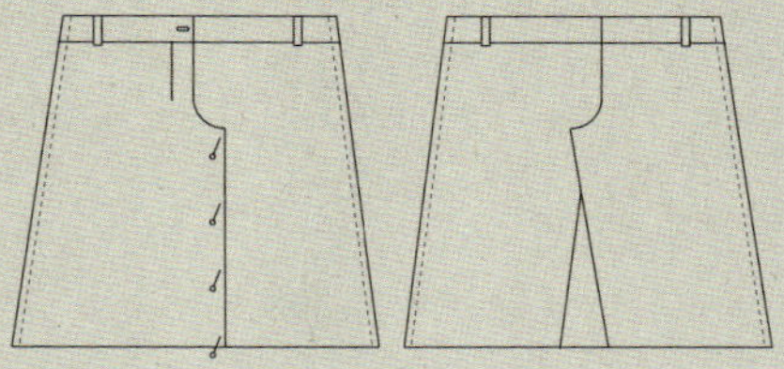

7_ Wer mit der gesteckten Version zufrieden ist, kann den Rock nach Belieben provisorisch heften und dann mit der Maschine feststeppen.

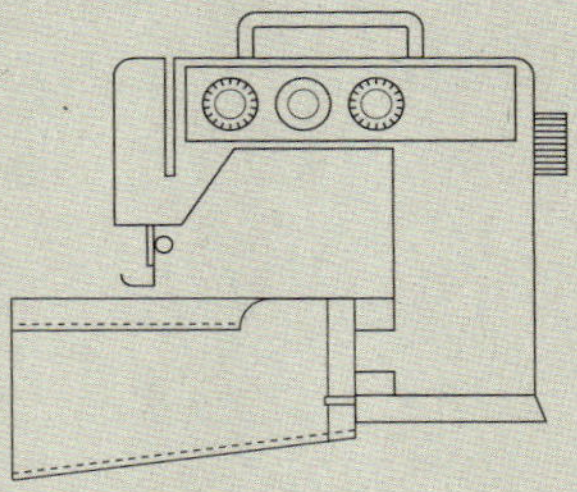

8_ Den Rocksaum jetzt feststecken und säumen oder in gewünschter Länge abschneiden. Auch ausgefranste Säume passen zu Jeansstoffen und sehen bei diesem Schnitt gut aus.

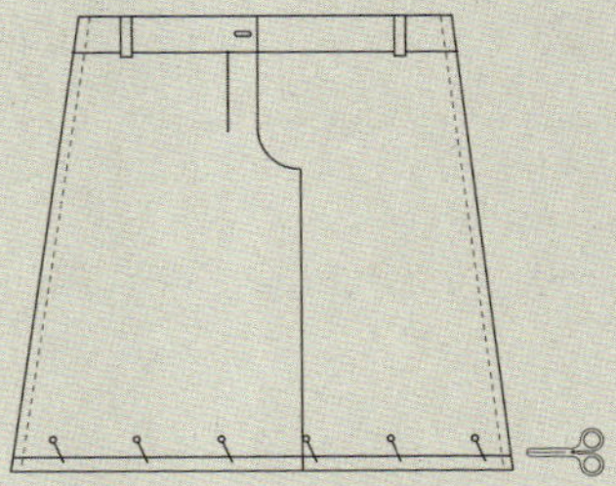

Design!

Airi Isoda
wrk-shp

Wer erfinderisch mit Materialien umgeht, für den kann es lohnend sein, sich an ungewöhnlichen Orten umzusehen. Airi Isoda, eine Modedesignerin, die zusammen mit dem Architekten Ryan Upton im multidisziplinären Gemeinschaftsatelier wrk-shp in Los Angeles arbeitet, hat ihre Herbst/Winter-Kollektion 2011/2012 mit Materialien gestaltet, die sich normalerweise eher auf Baustellen und bei Renovierungen finden.

Die Prêt-à-porter-Kollektion kombiniert Naturfaserstoffe wie Baumwolle, Seide und Wolle mit Elementen und Details, die aus Baumaterialien wie Tyvek (eine Art Papiervlies), Beton, Holz, Metall oder Fassadenfarbe bestehen. Kleidung hat – ebenso wie ein Gebäude – die Aufgabe, Menschen vor den Elementen zu schützen, und in diesem Sinne stellen die immer noch tragbaren Kleidungsstücke von Airi Isoda eine neue Verbindung zwischen ihrem Träger und seiner bebauten Umgebung her.

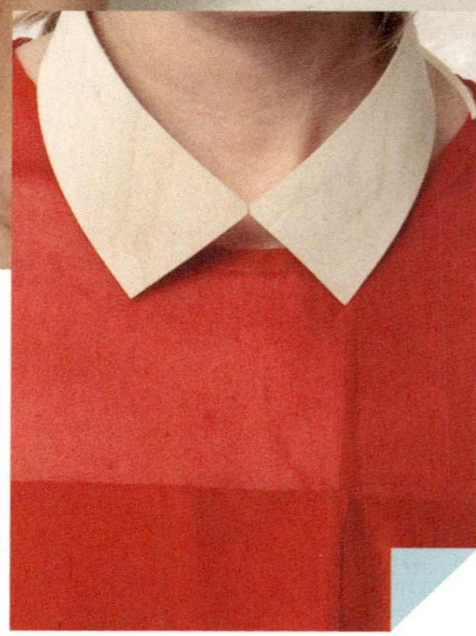

Design!
Airi Isoda
wrk-shp

HUNTER

Design!

Minna Hochzeitskollektion

Die finnische Designerin Minna Hepburn findet die Materialien für ihr Öko-Luxuslabel auf ihren Reisen durch Europa beim Durchstöbern von Antik- und Trödelmärkten.

Ohne eine formale Ausbildung in der Modebranche begann Hepburn hobbymäßig mit dem Nähen von Kleidungsstücken, die schließlich ihren Weg in die angesagtesten Boutiquen fanden. 2008 gründete sie ihr Label Minna, das sich durch umweltfreundliche Produktionstechniken, regionale Fertigung und Abfallvermeidung beim Zuschnitt auszeichnet. Besonders wichtig ist der Designerin, damit ein möglichst breites Publikum zu erreichen.

– Beinfreiheit –

Füße haben die Tendenz, sich durch ein kleines Loch in einer Strumpfhose den Weg in die Freiheit zu bahnen. Wenn Stopfen keine Option mehr ist, bietet es sich meist an, das ganze Fußteil abzutrennen. Wer nun im Lauf der Zeit viele dieser fußlosen Strumpfhosen angesammelt hat, kann sie übereinandergezogen als eine Art Leggins tragen. Dabei sollte die äußerste Schicht möglichst keinen sichtbaren Zwickel haben.

– Geteilte Freude ist doppelte Freude –

Die meisten einteiligen Kleidungsstücke können auseinandergeschnitten werden oder als Basis für ein neues Stück dienen, zu dem aus Stoffresten Accessoires entstehen. Mithilfe von Schere und Nähmaschine lassen sich aus einem Kleid beispielsweise ein Rock und/oder ein Top schneidern, ein Overall wird zu Shorts und/oder Oberteil. Aus einem Badeanzug wird ein Bikini oder Tankini, und ein Catsuit wandelt sich zu einem Trikot oder Leggins mit Bandeau-Top. Wichtig ist, vor dem Zuschnitt darauf zu achten, wo die Verschlüsse liegen, und sich nicht entmutigen zu lassen, wenn sie entfernt und an anderer Stelle wieder eingefügt werden müssen. Sind Knöpfe im Spiel, wie beispielsweise bei einem Hemdblusenkleid, sollte dieses so auseinandergeschnitten werden, dass die Schnittkante direkt oberhalb eines Knopfs liegt, damit später genügend Platz ist zum Säumen. Bei Modellen mit Reißverschluss schneidet man das Teil je nach Entwurf direkt darunter oder darüber ab oder trennt den Reißverschluss komplett heraus.

– Schlauchtechnik –

Ein zu enges T-Shirt oder eines in Kindergröße lässt sich als Bandeau-Oberteil für den Strand oder als legeres Sommertop weiterverwenden. Knapp unterhalb der Ärmelansatzes eine gerade Linie markieren und mit einem Schnitt Ärmel und Ausschnittbereich entfernen, sodass ein schlauchförmiges Stück Stoff übrig bleibt. Nach Belieben am unteren Saum ein Stück abschneiden, dadurch lassen sich auch eventuell vorhandene Aufdrucke neu interpretieren. Dann das Top entweder so belassen oder ein Band in der Mitte der oberen Kante befestigen, um eine Art Bikinioberteil zu erhalten. Die Bandenden als Träger um den Hals binden.

Design!

From Somewhere
Resteverwertung

Orsola de Castro und Filippo Ricci wollten 1997 ein nachhaltiges Modelabel gründen, bei dem auch in großen Stückzahlen gefertigt werden konnte. Mit diesem hohen Anspruch suchten sie direkt in der Modeindustrie nach geeigneten Möglichkeiten und fanden dort die Lösung: Für ihre Kollektionen verwenden sie Abfälle von Luxusdesignern: Stoffmuster, Probeschnitte, Produktionsabfälle und Stoffreste, die sonst als Müll entsorgt worden wären. Eine sorgfältig ausgewählte Farbpalette, schlichte Silhouetten und einfache Applikationen kennzeichnen die Entwürfe von From Somewhere, bei denen jedes Teil durch die innovativen Methoden zum Einzelstück wird. De Castro und Ricci, die sich jenseits ihres Designerdaseins als unermüdliche Umweltaktivisten engagieren, beraten zudem die Modeindustrie – dadurch erreichen sie auch konventionell produzierende Unternehmen. 2010 entwickelten sie für die Supermarktkette Tesco und deren Modelabel Florence & Fred eine Kollektion, für die Abfälle aus der eigenen Zulieferkette wiederverwertet wurden.

MULTIPLE CHOICE

Variationen vom Hemd

Es gibt unzählig viele Möglichkeiten, um aus einem Männerhemd ein Kleid oder einen Rock zu machen – das gute Stück kann nach Belieben gekürzt, verlängert oder anderweitig verändert werden. Aber wie so oft im Design ist die schlichteste Lösung häufig die effektvollste.

Die folgenden Ideen lassen sich mit einem großen Hemd, eventuell einer einfachen Schneiderbüste und etwas Zuversicht ganz ohne Nähen umsetzen. Haltbarer wird das Modell natürlich, wenn es durch Nähte fixiert wird. Falls der Schnitt zu voluminös ist, sollte überflüssiger Stoff abgeschnitten werden. Werden zunächst Manschetten und Kragen entfernt, wird kaum zu sehen sein, dass es sich ursprünglich um ein Hemd handelte.

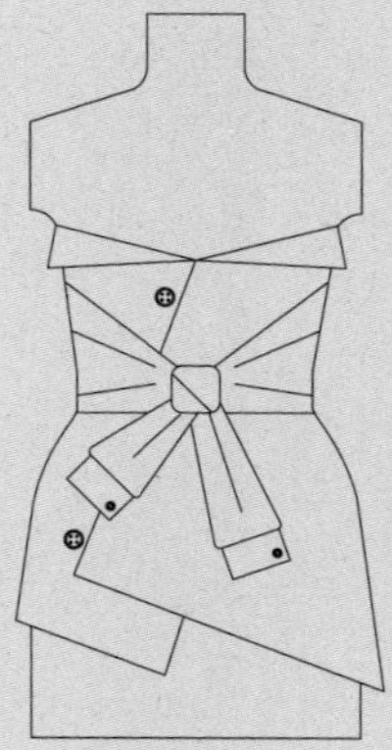

Kleid 1_

Hemd um den Oberkörper wickeln und den obersten Knopf oberhalb der Brust schließen. Ärmel vorne verknoten und die Enden nach Belieben drapieren oder zu einer einfachen Schleife legen.

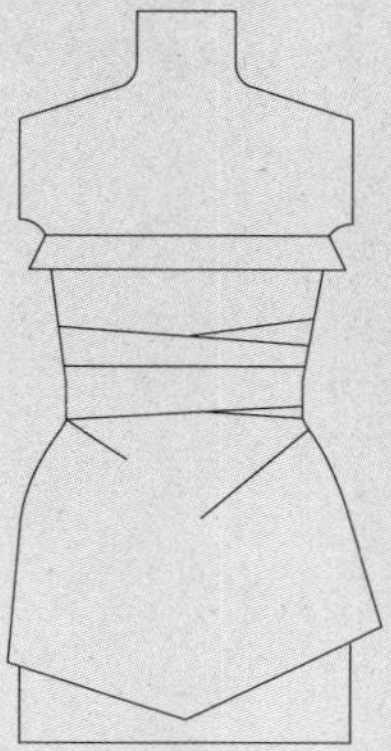

Kleid 2_

Hemd um den Oberkörper wickeln, dabei soll die Rückseite vorn liegen. Der Ausschnitt oder der Kragen befindet sich oberhalb der Brust. Ärmel um den Körper wickeln und nach Belieben hinten verknoten.

Rock_

Hemd (so weit es geht) um die Taille knöpfen. Hemd weiter zuknöpfen, dabei jedes zweite Knopfloch auslassen, damit Falten entstehen. Ärmel vorne zusammenknoten und zu einer Schleife binden.

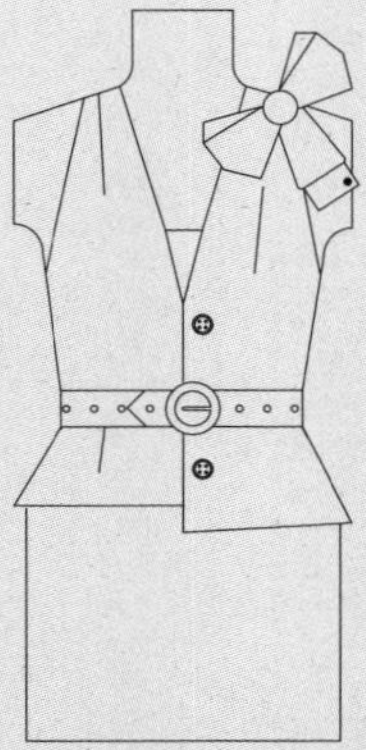

Top_

Hemd um den Oberkörper wickeln und wie bei Kleid 1 über der Brust zuknöpfen. Durch Auslassen eines Knopflochs bildet sich oben eine Falte, weiter zuknöpfen. Ärmel als Träger um den Nacken legen und (je nach Länge) an einer Schulter zu einer Schleife binden. Top in der Taille mit einem Gürtel zusammenfassen und die Falten nach Belieben zurechtziehen.

Design!

Milch
Alltägliche Wiederverwertung

Das Öko-Modelabel Milch wurde 1998 in Wien von Cloed Priscilla Baumgartner gegründet. Bereits im Namen spiegeln sich die Verwertungsprozesse in der Natur wider. So, wie sich Gras durch die Nahrungskette mithilfe der Kuh in Milch verwandelt, so wird bei dem Label Milch traditionelle Herrenbekleidung radikal zu Kleidern, Röcken, Blusen und Hüten für Frauen umgearbeitet.

Die hochwertigen Ausgangsmaterialien werden aus der Region beschafft, gewaschen und anschließend auseinandergenommen, um zu neuen Entwürfen zusammengestellt zu werden. Elemente ihres „ersten Lebens“, seien es Kragen, Bund, Manschetten oder Knöpfe, werden als nostalgische Details für die neuen Stücke eingesetzt und sind eine Reminiszenz an die Wiener Geschichte und die ehemaligen Träger.

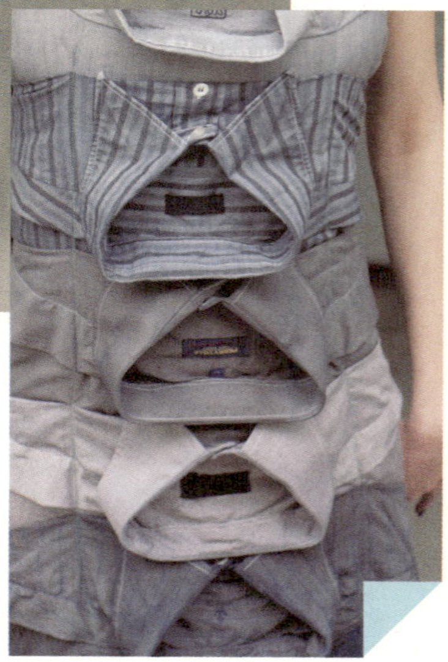

Design!

Milch
Alltägliche Wiederverwertung

MILCH

Design!

Schmidt Takahashi
Reanimation

Bei Schmidt Takahashi spielt die Geschichte jedes recycelten Teils eine ebenso wichtige Rolle wie das daraus entstandene neue Kleidungsstück. In einem als Wiederbelebungsmaßnahme bezeichneten Prozess sammelt das in Berlin ansässige Modelabel aussortierte und gebrauchte Kleidung in eigens dafür eingerichteten Containern. Sie wird gewaschen, gebügelt, einzeln fotografiert und mit einer Identifikationsnummer versehen. Farbe, Material und Stil werden sorgfältig katalogisiert.

Diese Information wird auf Funkerkennungs-Chips gespeichert und in das neue Kleidungsstück eingearbeitet – neue Technologie für die dekonstruierten alten Teile. Die Chips können mithilfe eines Smartphones einfach gescannt, ausgelesen und aktualisiert werden, sodass der neue Träger nicht nur Aufschluss über das Vorleben des Kleidungsstücks erhält, sondern dessen Geschichte auch fortschreiben kann.

Design!

Schmidt Takahashi

Reanimation

– Lebensverlängerung –

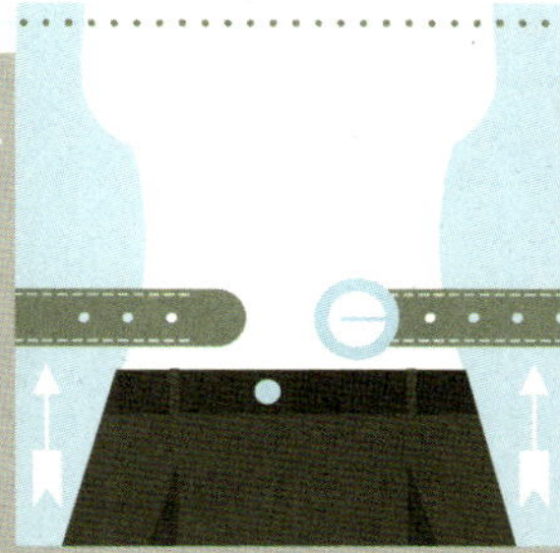

Die Lebensdauer eines langen Rocks lässt sich in Form eines trägerlosen Kleids verlängern. Den Bund oberhalb der Büste tragen und einen Gürtel um die Taille schlingen. Zur Variation der Länge kann entweder das Oberteil des Kleids aufgerollt werden und/oder der Stoff wird über den Gürtel drapiert, wodurch das Oberteil bauschig fällt. Dazu passen ein Blazer oder ein großes Shirt, das in der Taille anstelle eines Gürtels verknotet wird.

– Aufgepumpt –

Schulterpolster haben nicht nur eine beeindruckende Vergangenheit, tauchten sie doch verstärkt in den 1940er-, 1980er- und in den 2000er-Jahren auf, sondern gewiss auch eine aussichtsreiche Zukunft. Betonte Schultern verleihen der Silhouette nicht nur ausgeglichene Proportionen im Verhältnis zu Taille und Hüfte, sie eignen sich auch hervorragend als Designdetail, um mit ein paar Stoffresten eine alte Bluse oder ein altes T-Shirt aufzuwerten. Zunächst misst man die Schulterbreite des Kleidungsstücks aus und schneidet zwei kreisförmige Stoffteile mit diesem Durchmesser zu. Stoffteile jeweils zur Hälfte umschlagen, bis auf eine Öffnung zusammenstecken und -nähen, dann weiche Stoffreste einfüllen und Polster zunähen, die Füllung dabei mit einigen kreuz und quer gesetzten Nähten fixieren. Die Polster sollten möglichst gleichmäßig gefüllt sein. Dann werden die Polster der Länge nach mit unauffälligen Stichen jeweils an den Enden in das Kleidungsstück eingenäht. Voilà – fertig ist das gute Stück.

– Verpackungskünstler –

Ähnlich wie ein Schal oder großes Tuch, das sich verknotet gut als Sarong für den Strand eignet, lassen sich große Stoffrechtecke zu Wickelröcken für jede Gelegenheit umfunktionieren. Anstelle eines Knotens den Stoff zusammenfassen und den Rock mit einer Schließe an der Seite fixieren.

SCHRITT-FÜR-SCHRITT

Traumjob

Der Kopfkissenrock ist eine typische Erfindung aus der Kriegszeit in den 1940er-Jahren, als die Frauen Experten im Schneidern und Ausbessern waren. Der Entwurf verblüfft durch seine Einfachheit. Mit schnell gesteppten Seitennähten und so gut wie keinen Stoffabfällen kann der Rock von jeder Anfängerin fast im Schlaf gefertigt werden.

Dieser Schnitt ist für einen Rock in den Konfektionsgrößen 38 bis 44 geeignet, er kann zum Bleistiftrock (mit Abnähern, Bund und Reißverschluss) und Faltenrock abgewandelt werden. Kopfkissen gibt es in unterschiedlichsten Mustern – angefangen vom traditionellen Blumenmuster, bis hin zu wilden Aufdrucken wie Spiderman. Weißes Leinen empfiehlt sich besonders für Tennisröcke.

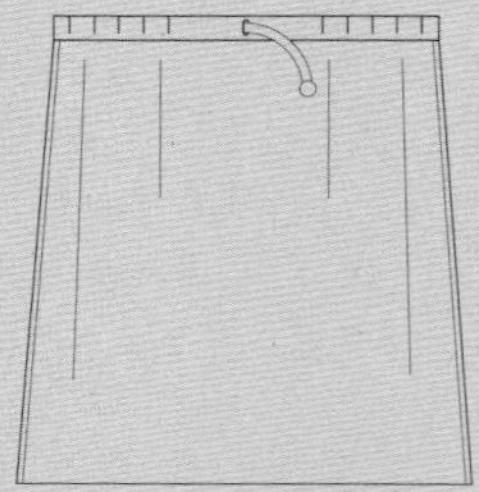

Benötigt werden:

_ Kopfkissen
_ Nähmaschine
_ Nähgarn
_ Schere
_ Maßband
_ Stecknadeln
_ Schneiderkreide
_ Sicherheitsnadel
_ Elastikband (optional)

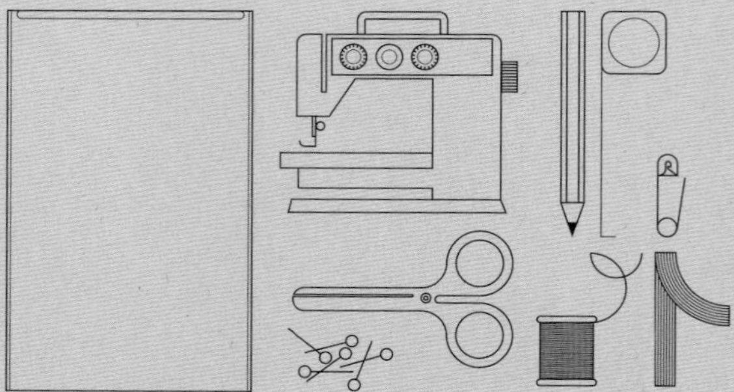

1_ Kopfkissen bügeln. Wenn das Kopfkissen einen Hotelverschluss hat, darauf achten, dass dieser innen flach anliegt, bevor er gebügelt wird.

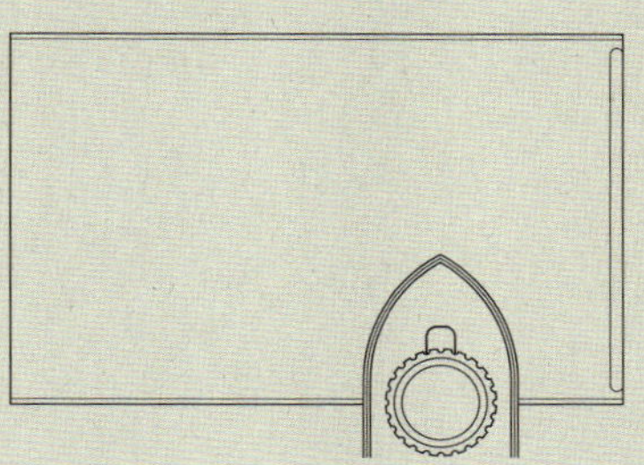

2_ Rocklänge festlegen, 10 cm Zugabe für Bund und Saum hinzurechnen und Länge auf dem Kissen markieren (die Rockweite variiert je nach Format des Kissens). Rockteil zuschneiden (einen eventuell vorhandenen Hotelverschluss ebenfalls abschneiden), wodurch bei einem Kissen im Längsformat ein Schlauch in der gewünschten Länge sowie ein Stoffrest entstehen.

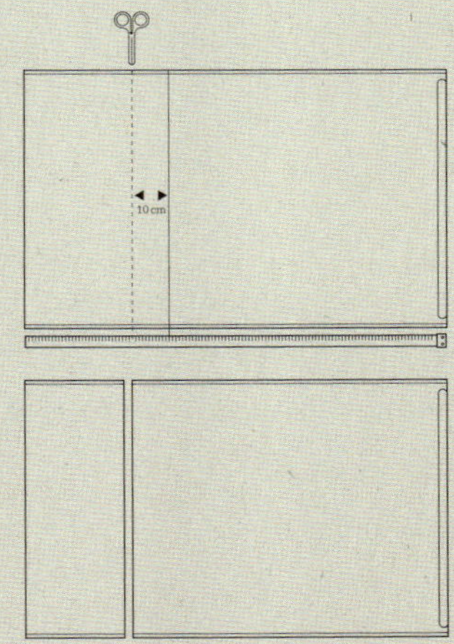

3_ Restlichen Stoffstreifen in schmale, etwa 2 cm breite Streifen schneiden, aus denen später das Zugband gefertigt wird.

4_ Hatte das Kopfkissen einen Hotelverschluss, der abgeschnitten wurde, muss dieses Ende gesäumt werden. Dazu das Rockteil zur linken Seite wenden, einen Saum von etwa 1 cm Breite umschlagen, bügeln, nochmals umschlagen, feststecken und feststeppen.

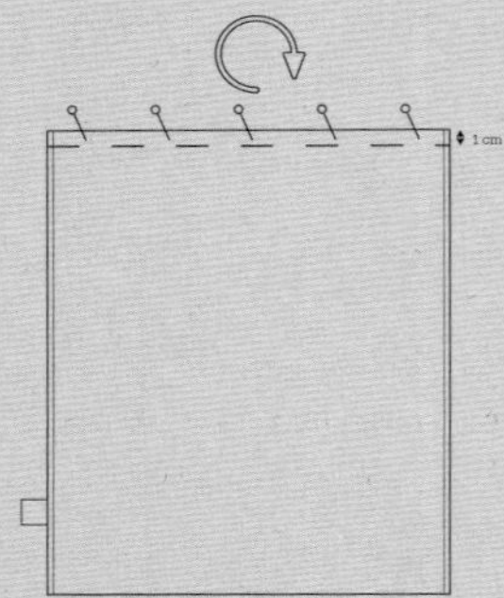

5_ Rockteil zur rechten Seite drehen. Für den Bund etwa 1 cm am oberen Ende des Rocks einschlagen und anbügeln. Nochmals 2 cm umschlagen, bügeln und stecken, dann knappkantig feststeppen, sodass ein gleichmäßig breiter Tunnel für das Zugband oder ein Elastikband entsteht.

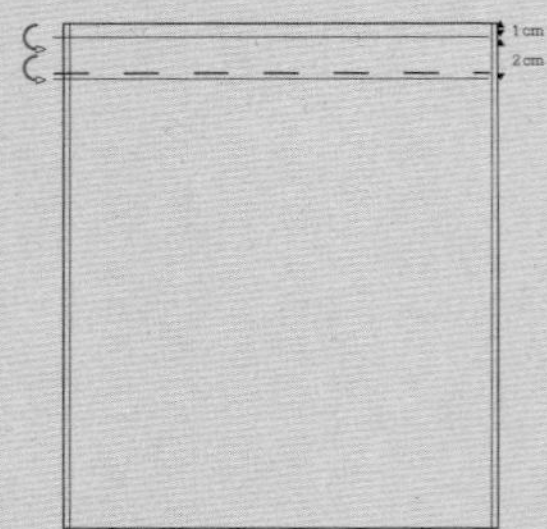

6_ Bundmitte abmessen und markieren und eine kleine Öffnung für das Zugband einschneiden. Falls Elastikband verwendet wird, sollte der Einschnitt unauffällig an der Seitennaht liegen.

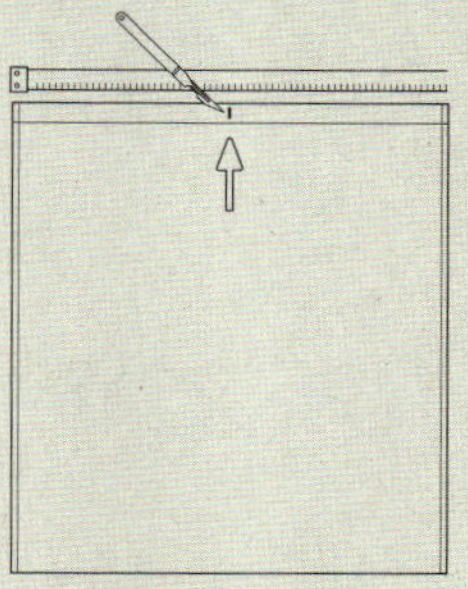

7_ Für das Zugband die vorbereiteten Teile zu einem langen Streifen aneinandernähen. Diesen längs mittig falten, bügeln, die offenen Längskanten einschlagen, bügeln, feststecken und Band absteppen.

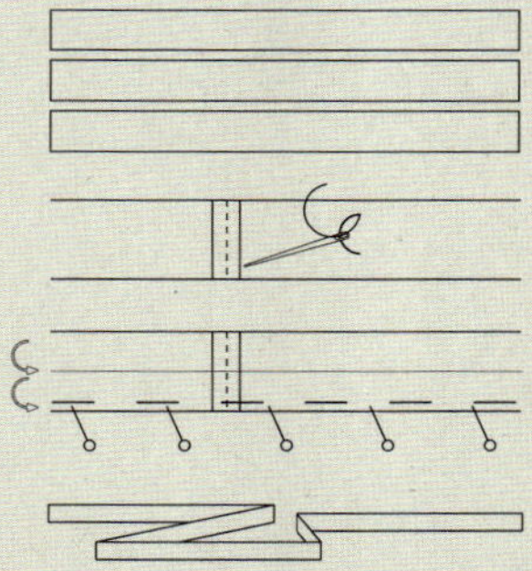

8_ Sicherheitsnadel an einem Ende des Stoff- oder Elastikbands befestigen und vorsichtig durch den kleinen Einschnitt am Bund durch den Tunnel ziehen. Stoff gleichmäßig drapieren und verteilen. Sicherheitsnadel entfernen und die Bandenden mit Knoten oder Perlen fixieren. Falls Elastikband verwendet wurde, dieses zusammennähen, Naht im Tunnelzug verbergen und Einschnitt zunähen.

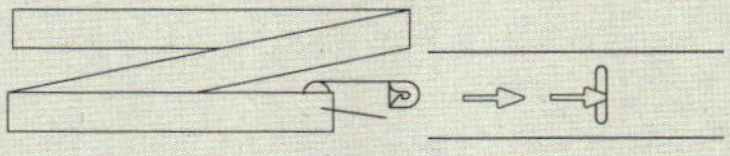

Christopher Raeburn
Ausgemusterte Kleidung

Seit seinem Abschluss am Royal College of Art in London 2006 hat Christopher Raeburn mit seinen ethisch korrekten Entwürfen zahlreiche Auszeichnungen und Preise erhalten. In der amerikanischen Ausgabe von *Vogue* wurde ein Aufruf zu ökologischem Handeln sogar mit seinem Namen in Verbindung gebracht: „Denken Sie an die 3 Rs: Reduzieren, Recyceln und Raeburn." Das britische Modelabel konzentriert sich auf die Wiederverwertung ausgemusterter Militärbestände und nutzt die funktionale und wasserdichte Textilqualität für urbane Oberbekleidung.

Mit Bekleidung bevorratet sich das Militär immer im Überschuss – die riesigen Stoffmengen, ansonsten ungenutzt, liefern die Grundlage für Raeburns Label, dessen individuelle Mode ihnen neues Leben einhaucht (siehe auch S. 114–115 und S. 232–233).

Design!

Beautiful Soul
Kimono-Kollektion

Beautiful Soul ist ein britisches Luxuslabel, das 2008 von Nicola Woods gegründet wurde. Das Studio kann für seine Entwürfe auf eine der größten Sammlungen traditioneller japanischer Kimonos zurückgreifen, die zum Teil aus den 1940er-Jahren stammen. Die Kimonos werden zu maßgeschneiderten Kleidungsstücken recycelt, bei denen größter Wert gelegt wird auf Funktionalität und Wandelbarkeit. Die ausgesuchten Materialien sind nicht nur exklusiv, sondern wecken das emotionale Bedürfnis, diese Stücke ein Leben lang zu bewahren und zu pflegen. Daneben gibt es die Prêt-à-porter-Kollektion Beautiful Soul London, die sich durch markante Drucke auszeichnet. Auch bei der Produktion dieser Kollektion steht Umweltbewusstsein an erster Stelle: Man lässt sowohl die Materialien als auch die daraus gefertigte Kleidung in Großbritannien herstellen.

Design!

Beautiful Soul
Kimono-Kollektion

Design!

Clements Ribeiro
Halb und halb

Das Designerehepaar Suzanne Clements und Inacio Ribeiro begegnete sich 1991 während des Studiums am Central Saint Martins College of Art and Design in London. Zwei Jahre später gründeten sie ein eigenes Modelabel und wurden bald für ihre kühnen Muster und femininen Strickwaren gefeiert. Weniger bekannt dagegen ist ihre Vintage-Mode – ein 1998 in Zusammenarbeit mit der außergewöhnlichen Stickerin Karen Nicol begonnenes Experiment mit einer wunderbaren Kollektion aus gebrauchten Kaschmirstrickteilen.

Zu den anderen Initiativen jenseits des Laufstegs gehörten in den folgenden Jahren die Collage-Kollektion mit Kleidern und Röcken aus traditionellen Schneiderstoffen sowie das Halb-und-halb-Projekt, für das eine limitierte Stückzahl einzigartiger Kleider nach einem einzigen Schnitt aus antiken Textilien gefertigt wurde. Dabei besteht je eine Hälfte des Modells aus leichter, handbestickter Seide, die andere dagegen aus schweren, kostbaren Stoffen wie Brokat oder edler Guipure-Spitze.

Design!

Antiform
Regionale Modebranche

Als Lizzie Harrison ihr Recycling-Modelabel Antiform gründete, wollte sie nicht nur die überzähligen Stapel an Material und Kleidung nutzen, die sie in ihrer Heimatstadt Leeds zur Verfügung hatte, sondern auch die besondere Erfahrung im nachhaltigen Modedesign, in der Textilwiederverwertung und der regionalen Modebranche.

Das Label Antiform entstand 2007, und unter der Leitung von Lizzie Harrison etablierte sich schnell ein ambitioniertes Team aus regionalen Designern, Fachleuten und Kommunikationsexperten. Als Eigenmarke von ReMade in Leeds engagiert sich Antiform zudem bei regionalen Recycling-Projekten, Kleidertauschbörsen, Nähkursen und Workshops.

Design!

Piece x Piece
Luxuriöse Wiederverwertung

Aus der Überzeugung heraus, dass vorhandene Materialien eine „wertvolle Ressource“ mit viel brachliegendem Potenzial darstellen, entstand Piece x Piece, das sich als Antwort auf die riesigen Mengen von Abfällen in der Modeindustrie versteht. Das Luxuslabel wurde 2008 von Elizabeth Brunner gegründet und kreiert einzigartige neue Kleidungsstücke aus Stoffmustern. Dadurch werden die Stoffe vor ihrem üblichen Schicksal bewahrt, als Müll auf der Deponie zu enden, gleichzeitig möchte die Designerin auch ein Bewusstsein und einen neuen Markt für Kleider aus alternativen Quellen schaffen.

Die Innenarchitektin war vor Absolvierung ihres Modestudium am California College of the Arts bei der renommierten Designfirma Pentagram tätig. Sie hat eine eigene experimentelle Technik für ihre Schnitte entwickelt, die in stark limitierter Auflage gefertigt werden. Das Ergebnis dieses aufwendigen und langen Prozesses sind individuelle und zeitlose Kleidungsstücke für jede Jahreszeit.

MULTIPLE CHOICE

Wickelkurs

Vor der Erfindung des Spannbetttuchs wurde in vergangenen Jahrhunderten oft eine ganze Garderobe aus dem Inhalt eines Wäscheschranks geschneidert. Ein großes Stoffquadrat und ein guter Gürtel genügen, um jede Menge Kleider zu gestalten, angefangen bei Toga und Sarong, bis hin zum Sari. Das Drapieren, Knoten und Gürten eines Schals, Tuchs oder Ähnlichem ist eine hohe Kunst, die es wert ist, erlernt zu werden. Nähen überflüssig!

Benötigt werden:

- ein großes quadratisches Tuch (140 x 140 cm oder größer)
- ein Gürtel
- Elan und Experimentierfreude

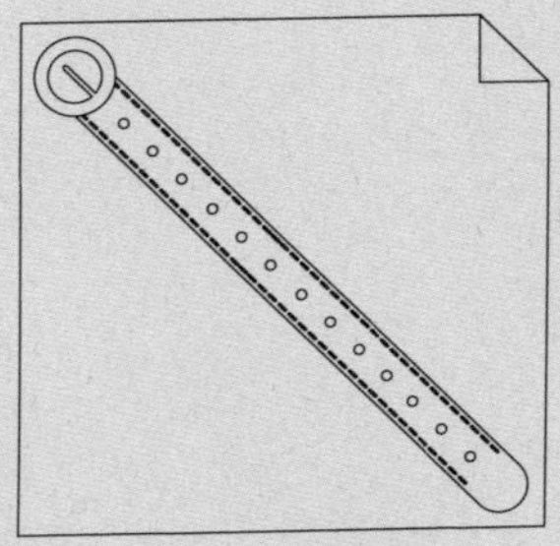

1_ Wickelwunder
Zwei Ecken des Stoffquadrats festhalten, Stoff um den Körper wickeln und die Ecken unter einer Achsel überkreuzen, nach oben führen und auf der Schulter fest zusammenbinden. Taille mit Gürtel betonen.

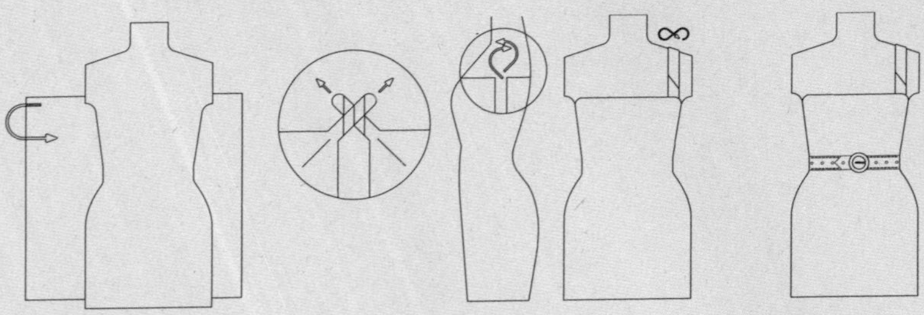

2_ Dekolletiertes Halterneck-Kleid
Quadrat mittig falten und die oberen Ecken miteinander verknoten. Kleid über den Kopf streifen und anziehen. Falten zurechtschieben und vorne zusammenfassen, mit einem Gürtel in der Taille zusammenhalten.

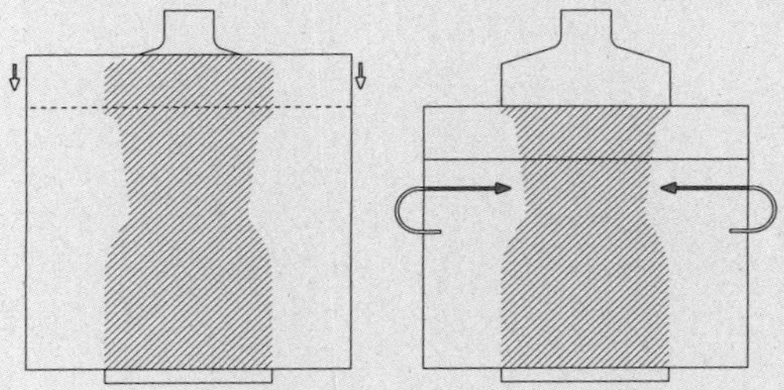

3_ Halterloses Schlauchkleid
Tuch vor den Körper halten, an der Oberseite bis zur gewünschten Kleiderlänge umschlagen. Wie ein Handtuch um den Oberkörper wickeln, seitlich unter der Achsel fixieren, einen Gürtel um die Taille schlingen.

4_ Asymmetrisches Trägerkleid
Stoff von hinten um den Oberkörper wickeln, die beiden oberen Ecken vorn überkreuzen und im Nacken verknoten. Das Kleid sollte mit Gürtel getragen werden (je nach Stoffbreite ermöglicht es sonst Einblicke).

Design!

Junky Styling
Kleider-Chirurgie

Bei Junky Styling werden gebrauchte Kleidungsstücke auseinandergenommen, neu kombiniert und zu originellen Entwürfen zusammengefügt. Die beiden in London ansässigen Designerinnen Annika Sanders und Kerry Seager interpretieren Recyclingmode auf ihre ganz eigene Weise – ihr Schwerpunkt liegt auf attraktiven Entwürfen, hochwertigen Rohstoffen und handwerklicher Fertigung.

Sanders und Seager entwickeln erfolgreiche Herren- und Damenkollektionen und bieten in ihrem Londoner Atelier eine „Kleider-Chirurgie" an, in der die eigenen Stücke von Kunden zu neuen umgearbeitet werden, angefangen bei alten T-Shirts, über dreiteilige Anzüge bis hin zum Hochzeitskleid.

Design!

Rachel Freire
Nippleocalypse

Eine extremere Art der Wiederverwertung betreibt die Londoner Designerin Rachel Freire, die ihre Kreationen aus Nebenprodukten der Fleisch- und Lederindustrie fertigt – in diesem Fall sind das Zitzen von Kühen.

Während es akzeptiert wird, dass die Lebensmittelindustrie auch Schlachtabfälle verwertet, verursacht eine solche Idee in der Modebranche Aufruhr. Rachel Freire verwendet für ihre luxuriösen Modelle Rohstoffe, die ansonsten im Müll gelandet wären. Die Zitzen stammen aus den Abfällen einer ökologisch arbeitenden Gerberei.

Dem Aufschrei der Tierschützer und Aktivisten begegnet die Designerin mit dem Argument, die eingesetzten Materialien würden sich, technisch betrachtet, kaum unterscheiden von jenen, die für die Fertigung von Schuhen oder Bekleidung verwendet werden.

Für Nippleocalypse fertigte Freire zwei Kleider aus insgesamt etwa 3000 Zitzen-„Blütenblättern", die sie zu Bouquets zusammenstellte. Hüftgürtel, eine Krinoline, Colliers, Ringe und eine Krone vervollständigen die Kollektion, die eine wahrhaft herausragende Wirkung in der Öffentlichkeit hat.

Design!

Jeff Garner
Prophetik – tragbare Philosophie

Der Habitus des Cowboys rührt bei Jeff Garner von seiner Herkunft aus Tennessee, der auch seine Achtung vor der Natur geschuldet ist, die ihn dazu inspirierte, nachhaltige Mode zu kreieren.

Der Designer, der von den Modeunternehmen Calvin Klein und J. Lindeberg gefördert wurde, gründete seine eigene Mode- und Lifestyle-Marke Prophetik im Jahr 2002. Er möchte die Öffentlichkeit sensibilisieren für eine stärkere Wahrnehmung der Produktions-, Färbe- und Vertriebsprozesse von Kleidung. Deshalb weist er stets auf die Quelle der Materialien und Färbemittel hin, die er für seine Entwürfe verwendet.

Zu den erdigen Naturfarben der Herbst/Winterkollektion 2011/2012 zählt beispielsweise auch eine pflaumenblaue Farbe, die aus Färberkrapp, Sauerampfer, Blutholzbaum und Indigo gemischt wird. Ein Burgunderton dagegen wurde durch eine Mischung aus Färberkrapp, Cochenille, Krauser Ampfer und Gallnuss erzeugt.

Design!

Martina Spetlova
Ethisch korrekte Beschaffung

Die tschechische Designerin Martina Spetlova hat sowohl einen Studienabschluss in Modedesign als auch in Chemie, was möglicherweise ihre experimentelle Verwendung von Materialien erklärt. Spetlovas Patchworkentwürfe in Lycrastrick mit Fischleder, Lurex, Lambswool und originell eingesetzten Reißverschlüssen sind hochwertige Handarbeit und werden mit Accessoires wie ungefärbten schmalen Ledergürteln, Strumpfbändern und Schals kombiniert. Spetlova war 2008 Absolventin des Londoner Central Saint Martins College of Art and Design und hat bereits für Designer wie Jeremy Scott und John Galliano gearbeitet. Die Herkunft der Textilien für ihre Entwürfe ist ethisch korrekt, häufig arbeitet die Designerin mit Stoff- und Garnresten europäischer Produzenten, die die Industrie normalerweise als Abfall entsorgt.

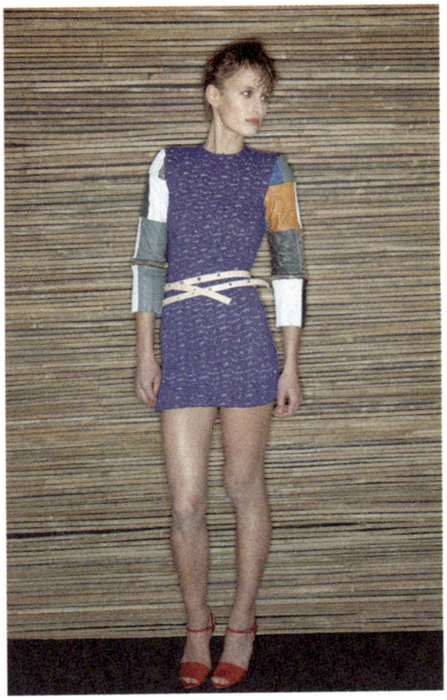

Design!

Martina Spetlova
Ethisch korrekte Beschaffung

– Blue jean baby –

Das Modephänomen der abgeschnittenen Jeans tauchte erstmals Anfang der 1970er-Jahre mit den ultrakurzen Hotpants auf, die in Amerika als Daisy Dukes bezeichnet werden (nach der Rolle von Catherine Bach in *Ein Duke kommt selten allein*). Seitdem gibt es sie in allen Längen, Stilen und Farben – eine alte Jeans lässt sich so am Leben erhalten.

– Kimonos –

Das japanische Wort „Kimono" bedeutet wörtlich übersetzt „etwas zum Tragen", jedoch versteht man darunter keine Alltagskleidung, denn dieses fantastische lange Traditionsgewand wird in der Regel nur zu besonderen Gelegenheiten getragen. Auch wenn es, insbesondere in der westlichen Welt, kaum Anlässe gibt, zu denen ein Kimono nach traditioneller Art getragen wird, leistet er als umfangreiches Ausgangsmaterial für Recycling-Projekte hervorragende Dienste, weil er eine große Menge an Stoff bietet. Die T-Form mit geraden Rändern und langen, weiten, rechteckigen Ärmeln ist recht einfach aufzutrennen. In Japan werden alte Kimonos häufig zu Handtaschen oder anderen Accessoires verarbeitet. Wichtig beim Wiederverwerten eines Kimonos ist die Berücksichtigung von Mustern und etwaigen Stickereien, daher empfehlen sich Schnitte, bei denen durch die Linienführung die oft kunstvollen Dessins möglichst wenig zerschnitten werden. Lange, einfache Wickelröcke in A-Form sind ideal, ebenso voluminöse einfache Etuikleider und gerade geschnittene Oberteile.

– Geometrisches –

Ein einfaches Stoffquadrat, wie man es von Kopf- und Schultertüchern kennt, wird schon seit Jahrhunderten von Männern und Frauen gleichermaßen getragen. Es ist praktisch als zusätzlicher Wärmespender, bei der Arbeit oder um einem scheidenden Liebhaber hinterherzuwinken und die eine oder andere Träne abzutupfen. Sie sind romantisch, nostalgisch, auch witzig und können ein ansonsten eintöniges Outfit aufpeppen. Traditionell wird ein solches Tuch aus Baumwolle gefertigt, es gibt sie aber auch in Leinen, Wolle, Seide oder Spitze. Ob gemustert oder einfarbig, mit Borte und einer dazupassenden Umrandung – nahezu jede Version ist möglich. Um den Kopf geschlungen oder als Schultertuch kann es vorne an Kleid oder Bluse befestigt werden. Wer eines schneidern möchte, sollte ein Quadrat ausschneiden und die Kanten möglichst schmal säumen. Für die, die gern spitze Ecken mögen, bietet sich auch die Dreiecksform an.

Design!

Rachael Cassar Öko-Couture

Die australische Öko-Designerin Rachael Cassar gründete ihr gleichnamiges Modelabel 2007 nur vier Monate nach ihrem Studienabschluss an der University of Technology in Sydney. Noch im selben Jahr erhielt sie eine Auszeichnung bei der Verleihung des prestigeträchtigen internationalen „Mittelmoda Fashion Award“ für Nachwuchstalente.

Cassar zählt zur neuen Generation der Dekonstruktivisten, ihre aufwendigen Kollektionen bestehen zu 90 Prozent aus recycelten Materialien. Das ist den ausgefallenen und experimentellen Entwürfen allerdings nicht anzusehen, da Cassar mit sicherem Blick für schmückendes Beiwerk und Details darum bemüht ist, deutlich zu machen, dass Luxus nicht auf dem Altar der Nachhaltigkeit geopfert werden muss.

SCHRITT-FÜR-SCHRITT

Ein Kleid auf die Schnelle

Eine Last-Minute-Cocktailparty steht ins Haus, und die gute Fee von Aschenputtel ist nicht in Sicht, um ein neues Kleid herbeizuzaubern? Mit ein paar Handgriffen kann man aus zwei passenden quadratischen Seidentüchern ein schickes Abendkleid gestalten, ganz ohne Magie. Nach Mitternacht kann das Ganze dann in etwas anderes verwandelt werden, beispielsweise in einen Rock oder eine luxuriöse Abendstola.

Benötigt werden:

_ 2 Seidentücher (entweder mit gleichem Muster oder zueinanderpassend)
_ Band oder Kordel
_ Nähmaschine
_ Schere
_ Stecknadeln, Sicherheitsnadel
_ Nadel und Nähgarn

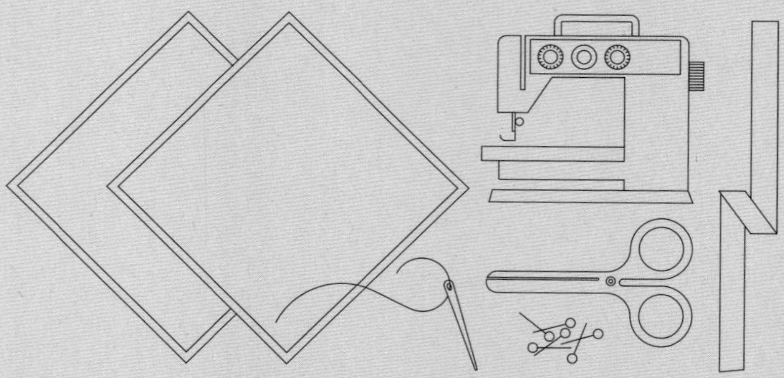

1_ Die Tücher rechts auf rechts aufeinanderlegen und glatt streichen, dabei sollen die Muster (falls sie sich gleichen) genau passend aufeinanderliegen.

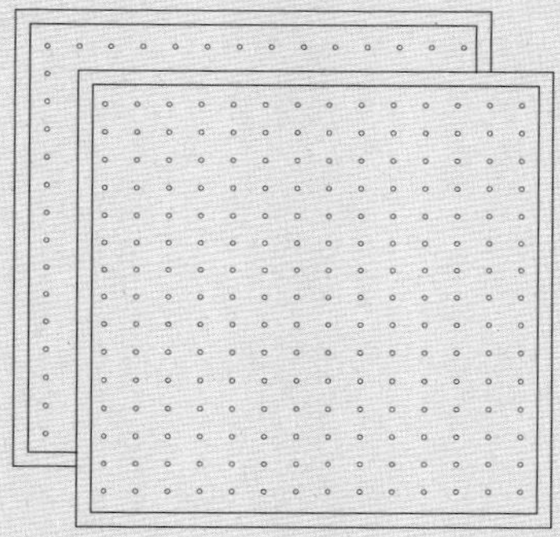

2_Tücher an einer Seite mit Stecknadeln fixieren und zusammennähen.

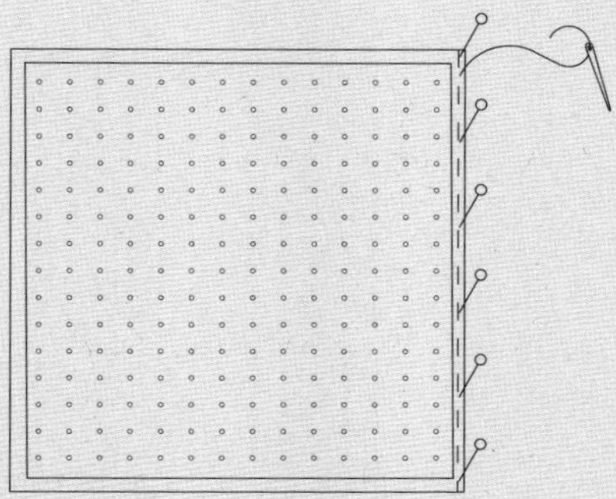

3_ Stoffteil auseinanderfalten, von hinten um den Körper legen, die Mittelnaht ist hinten. Die beiden oberen Enden so halten, dass sie oberhalb der Brust zwei Dreiecke bilden. Den Stoff zum Nacken führen und mit Stecknadeln fixieren. Drei Punkte markieren: A – Position der rückwärtigen Mittelnaht unterhalb der Schulterblätter; B – Position der rückwärtigen Naht in der Taille; C – Position an der Vorderseite, an der die Tücher zusammengefasst werden (je nachdem, wie tief der Ausschnitt geplant ist).

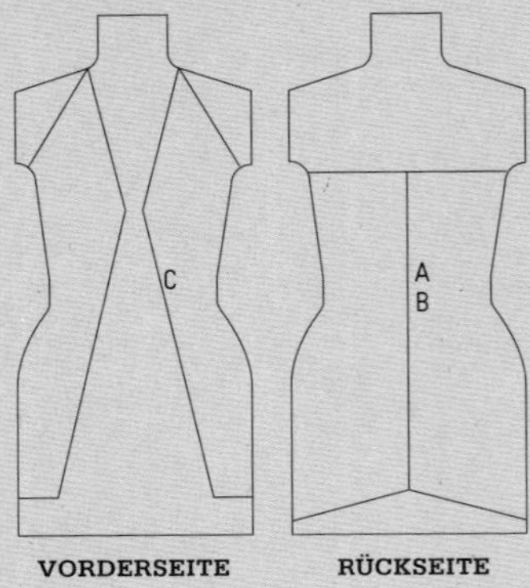

4_ Tücher wieder rechts auf rechts legen und eine Linie zwischen den Punkten A und B markieren, Linie mit Stecknadeln fixieren und überstehende Ecke abschneiden. Tücher entlang der Linie zusammennähen.

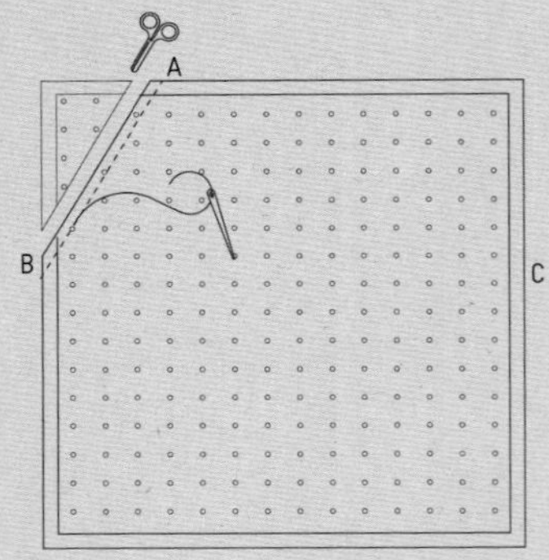

5_ Anschließend die gegenüberliegende Seite von unten bis Punkt C zusammenstecken und -nähen. Es sollte nun ein Schlauch entstanden sein, der an einer Seite eine kleine Öffnung (hier ist der Halsausschnitt des Kleids) und eine abgeschrägte Ecke hat.

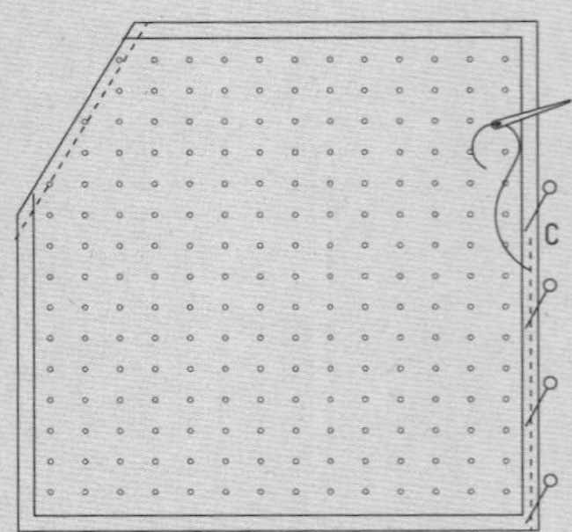

6_ Obere Kanten für einen Tunnelzug (etwas breiter als das Band) doppelt umschlagen und sorgfältig säumen, Enden offen lassen. Mithilfe der Sicherheitsnadel Kordel oder Band einziehen.

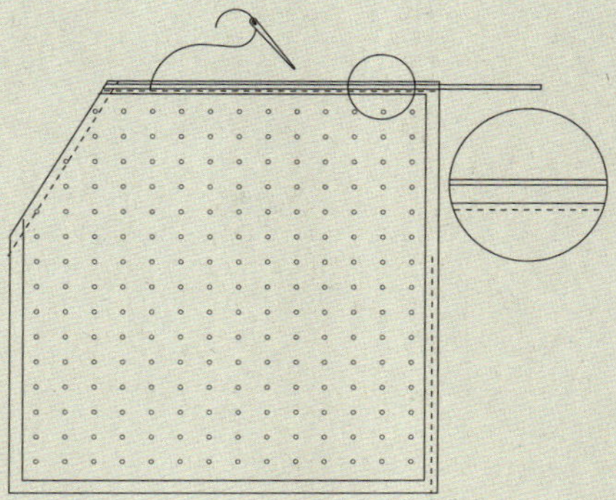

7_ Das Kleid ist fertig, jetzt muss es nur noch anprobiert werden. Band oder Kordel als Träger um den Hals binden. Ein längeres Band kann auch um das Kleid gewickelt werden, um Passform und Stil zu verändern.

Design!

Milena Silvano
Natur als Inspirationsquelle

Die italienische Designerin und Stylistin Milena Silvano war für das Label Costume National und für die Designerin Jessica Ogden tätig, bevor sie ihr eigenes Modelabel für Damenbekleidung gründete.

Beim Entwerfen ihrer Kreationen lässt sie sich von ökologischen Grundsätzen leiten, die aus ihrer Leidenschaft für Natur und ihren Mythen resultieren. Ihre femininen Kleidungsstücke zeigen eine gewisse Erdverbundenheit und trotzen mit aufwendiger Handarbeit der Wegwerfkultur und dem saisonalen Modediktat.

Milena Silvano verwendet bevorzugt ungebrauchte Stoffabfälle und färbt oder bemalt sie von Hand, bevor sie sie zusammen mit Biobaumwolle und Wildseide zu leichten Kleidern, Multifunktions-Tüchern und -Schals verarbeitet.

Design!

Sam Frenzel
Bravade

Während der Mercedes-Benz Fashion Week in Berlin 2009 wurde dem frischgebackenen Designabsolventen Sam Frenzel der Nachwuchspreis „Designer for Tomorrow“ verliehen. Angesichts von 150 Mitbewerbern in jenem Jahr ist diese Glanzleistung umso beeindruckender, als der junge deutsche Designer an jenem Nachmittag seine allererste Kollektion gezeigt hatte.

Seine Entwürfe beinhalteten transparente Blusen, kurze Röcke und lederne Overknee-Stiefel – damit lieferte er einen Überraschungserfolg. Frenzels wahres Talent offenbarte sich allerdings in der innovativen Verwendung von Materialien. Zu Bravade, der nächsten Kollektion von Frenzel, gehörten klassische Silhouetten und Stoffe in Kombination mit kühlen Industriematerialien. Seiner Ansicht nach ähnelt das Kleidermachen ein wenig dem Kuchenbacken: „Die wesentlichen Zutaten und Schnitte sind immer dieselben. Nur die Neuzusammenstellung dieser Zutaten und die Wahl der richtigen Backform entscheiden darüber, ob der Kuchen gelingt.“

Design!

Sam Frenzel
Bravade

Design!

Goodone
Colour blocking

Nin Castle und Phoebe Emerson gründeten das Label Goodone aus der Überzeugung heraus, dass gutes Design zwar für Inspiration sorgen und dazu beitragen sollte, neue Stilrichtungen weiterzuentwickeln, gleichzeitig auch einen wichtigen Beitrag zu Umweltaspekten in der Modeindustrie leisten kann.

Die lebendigen, trendbewussten Kollektionen werden aus recycelten Stoffen in Kombination mit nachhaltigen neuen Materialien gefertigt. Besonders auffallend ist die raffinierte Kombination von kräftigen Farben. Das Label wurde mit zahlreichen Preisen ausgezeichnet und hat eine Minikollektion für den Onlinehändler ASOS entworfen sowie mit Amnesty International, Liberty, WWF, Greenpeace, Shelter und No Sweat an einem Projekt gearbeitet, bei dem alte Werbe-T-Shirts wiederverwertet wurden.

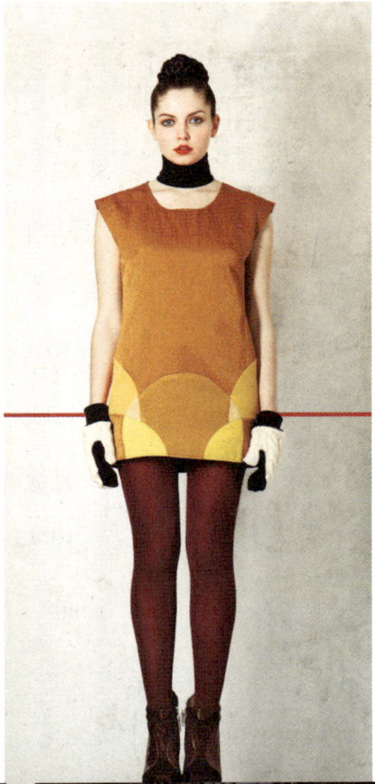

SCHRITT-FÜR-SCHRITT

Hand und Fuß

Lederstiefel mit langem Schaft bringt man nicht sofort in Verbindung mit selbstgeschneiderter Kleidung. Umso erstaunlicher, was sich aus einer alten Lederjacke und einem Paar Schuhen in passender Farbe zaubern lässt.

Benötigt werden:

_ Lederschere (Schneiderscheren würden dabei stumpf werden)
_ alte Lederjacke (auf Trödelmärkten leicht zu finden)
_ zur Jacke passende Schuhe
_ Nahttrenner
_ Klebstoff
_ Schaumstoff (nach Belieben)

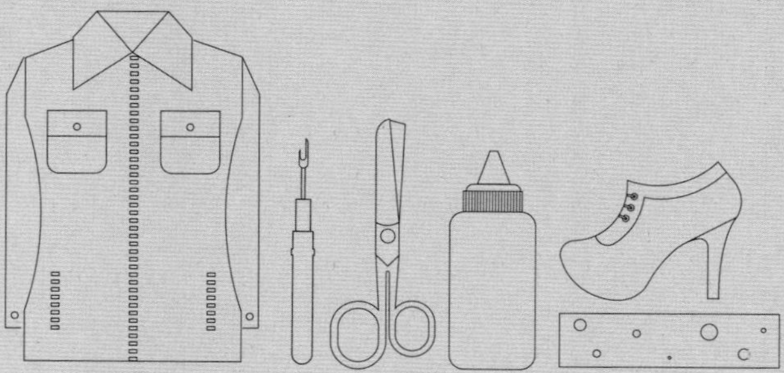

1_ Jackenärmel abtrennen, das Futter dabei nicht beschädigen.

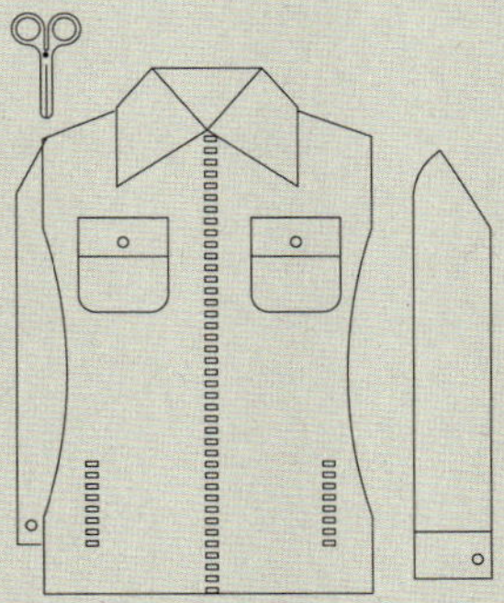

2_ Einen Ärmel über die Wade streifen, sodass die (eventuell vorhandenen) Bündchen oder die Ärmelunterkante am Knöchel sitzen, Schuhe anziehen. Die Ärmel sollten über die Schuhe reichen, anschließend die Länge in der gewünschten Beinhöhe festlegen. Länge markieren und 2 cm Zugabe hinzurechnen.

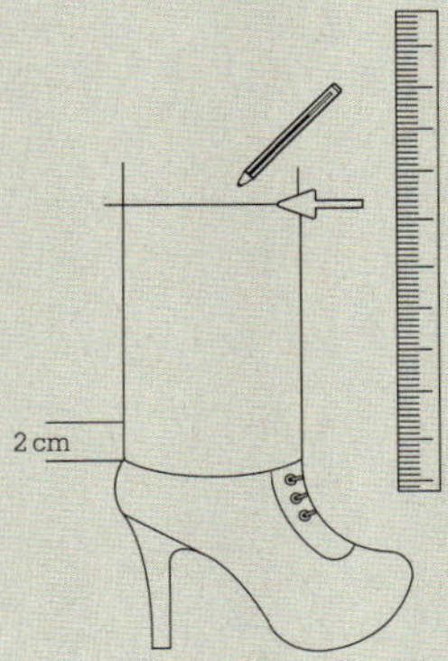

3_ Ärmel abnehmen, Markierungen auf den anderen Ärmel übertragen und Teile an der Markierung mit der Lederschere abschneiden. Futter vorsichtig an der Unterkante abschneiden und aufbewahren, es wird weiterverwendet.

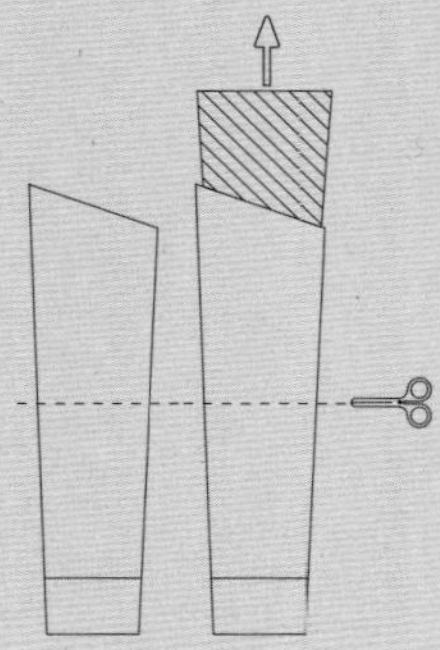

4_ Jeweils die Innennaht der schlauchartigen Teile auftrennen. Teile flach ausbreiten und die Ränder begradigen, sodass ein Rechteck entsteht. Dieses um den Fuß legen und prüfen, ob die Weite ausreicht, andernfalls muss an einer Längskante ein Streifen zur Erweiterung der Stulpen angesetzt werden.

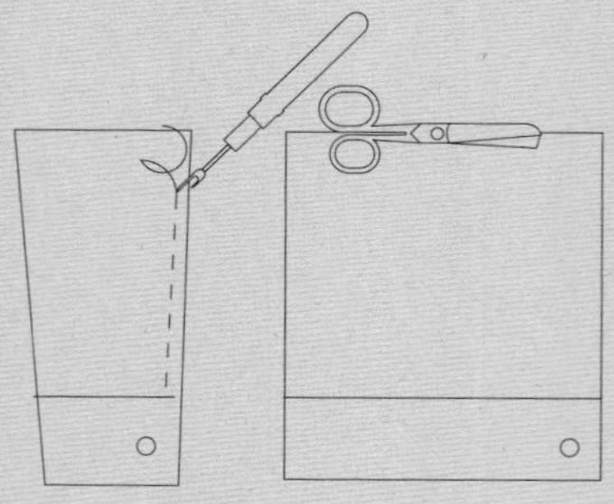

5_ Längskanten rechts auf rechts legen und zusammennähen. Dabei eine Ledernadel verwenden und an der Nähmaschine die entsprechende Einstellung für Leder wählen. Nahtzugaben mit etwas Klebstoff fixieren.

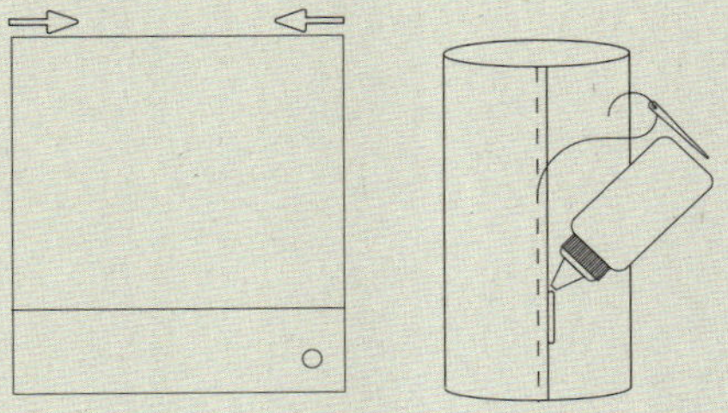

6_ Die abgeschnittenen Futterstoffteile in die Lederschläuche stecken, Etwaiges Bündchen berücksichtigen und Teile an Ober- und Unterkante zusammenheften oder -kleben. Sollten die Stulpen etwas steifer sein, kann man zwischen Leder und Futter eine dünne Schaumstofflage befestigen und diese vor dem Feststeppen mit etwas Klebstoff fixieren.

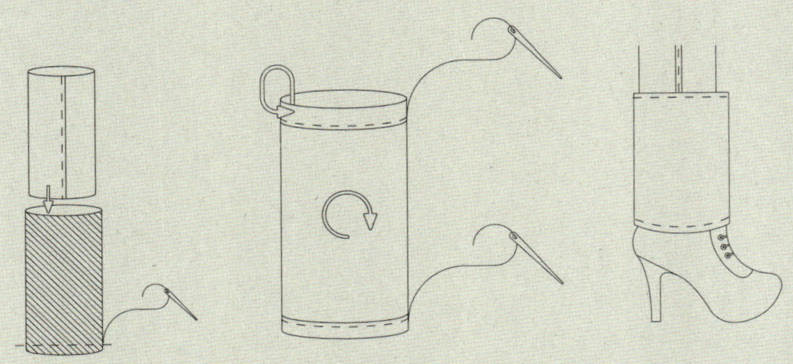

didas

Design!

MIA
Africa Fashion Week

Auf den Straßenmärkten in Malawi floriert der Handel mit Secondhandbekleidung, die überwiegend aus Europa und den USA importiert wird. Preiswerte Kleidung ist keine Mangelware in Afrika, und das Tragen von gebrauchten Textilien gilt als umweltbewusst. Das Problem ist jedoch anders gelagert: Für regionale Hersteller wirkt sich all das negativ auf die Nachfrage aus, und zudem verschwindet damit ein Teil der traditionellen Kleidung.

Die Designerin Mia Nisbet möchte eine Alternative schaffen, indem sie recycelte Stoffe mit traditionellen malawischen Textilien kombiniert. Ihr preisgekröntes Label vereint westlichen Stil mit afrikanischen Mustern und vermarktet diese Kombination weltweit. Die Designerin arbeitet direkt mit regionalen Produzenten in Malawi zusammen und reinvestiert Gewinne in die Förderung nachhaltiger Arbeitsprozesse, in Ausbildung sowie Infrastrukturmaßnahmen, die die Voraussetzung für den Marktzugang darstellen.

02

KLEIDUNG FÜR MÄNNER

Shorts, Shirts, Hosen, Krawatten, Hüte,

Sakkos, Westen, Overalls und Hosenträger

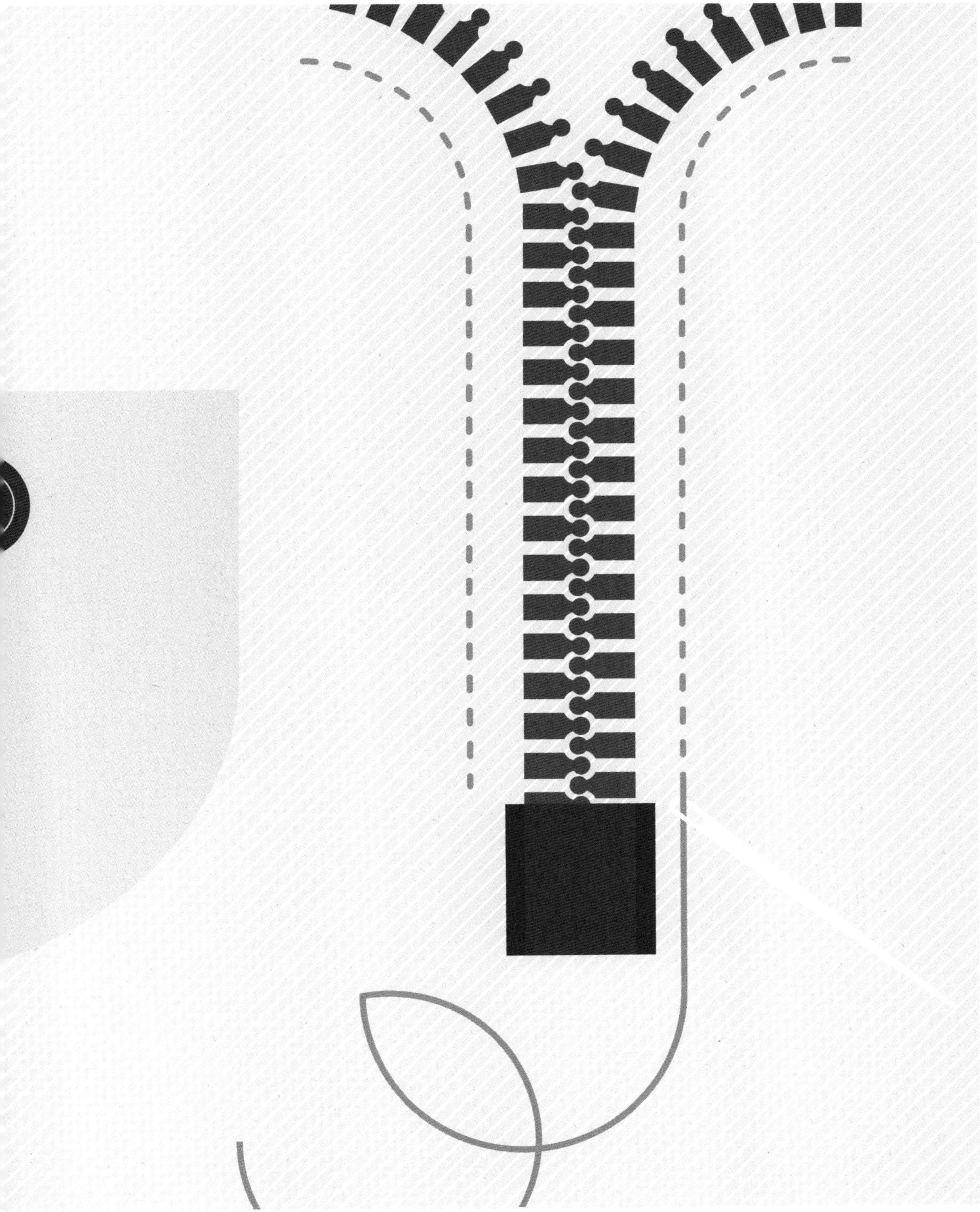

– Tuchfühlung –

Strandurlaub ist schon seit mehr als einem Jahrhundert angesagt, aber erst der britische Mann toppte die Strandmode mit der Erfindung des Taschentuchhuts, der schließlich zum Nationalheiligtum avancierte. Das Modell besteht aus einem großen Taschentuch, das an jeder Ecke mit einem Knoten versehen wird. Es tauchte zum ersten Mal an einem heißen Tag im 19. Jahrhundert auf und ist nicht nur nützlicher Kopfschutz, sondern regelrechtes Kultkleidungsstück in England. Am besten passen dazu hochgekrempelte Cordhosen – dann steht einer kleinen Bootspartie nichts mehr im Wege. Auch im Garten kann diese Kopfbedeckung den Träger beim Verzehr von Sandwiches und einer Tasse Tee mit Milch behüten.

– Flickwerk –

Auch wenn sie in der schnelllebigen Modewelt von heute beinahe in Vergessenheit geraten sind – Ellbogenaufnäher dienten schon immer dazu, die Haltbarkeit beispielsweise eines Sakkos oder Mantels zu verlängern, Sei es nun zur Vorbeugung, zu Ausbesserungs- oder rein dekorativen Zwecken, das Ergebnis zeugt immer von praktischem Denken, Weitblick und Tüchtigkeit. Für einen selbst gemachten Aufnäher wird ein Stoff-, Leder- oder Wildlederrest benötigt, am besten ein Material, das der Elastizität des Kleidungsstücks entspricht. Die Ärmel werden abgemessen und die gewünschten Stellen für die Flicken markiert. Anschließend ovale Teile aus dem gewählten Material ausschneiden und mit dichten, breiten Zickzackstichen auf die Ärmel nähen.

– Verwandlungskünstler –

Wer sich im sonnigen Kalifornien niederlässt und dem Skilanglauf endgültig den Rücken gekehrt hat, muss seine Thermounterwäsche noch lange nicht über den Jordan schicken. Wenn man die Beine von langen Unterhosen abschneidet, entsteht im Handumdrehen eine luftig-kurze Variante. Aus dem langärmligen Unterhemd wird kurzerhand ein Trägerhemd geschneidert. Die Knöchelbündchen der langen Unterhosen geben wunderbare Schweißbänder ab, und die übrigen Beinstücke werden zum passenden Stirnband umfunktioniert. Kurzum, eine passende Kombination, um am Pool im Rhythmus mit den jungen Weltrettern um die Wette zu rocken und auf der Dachterrasse dynamische Yogaübungen zu machen.

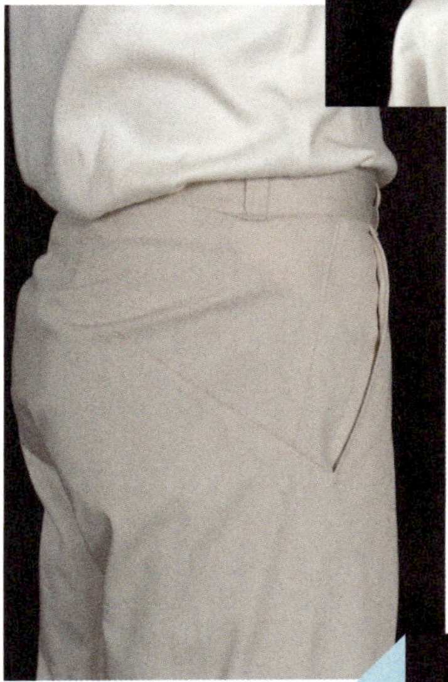

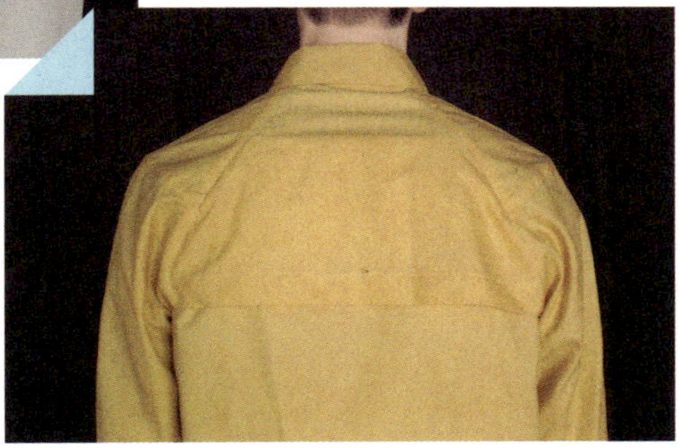

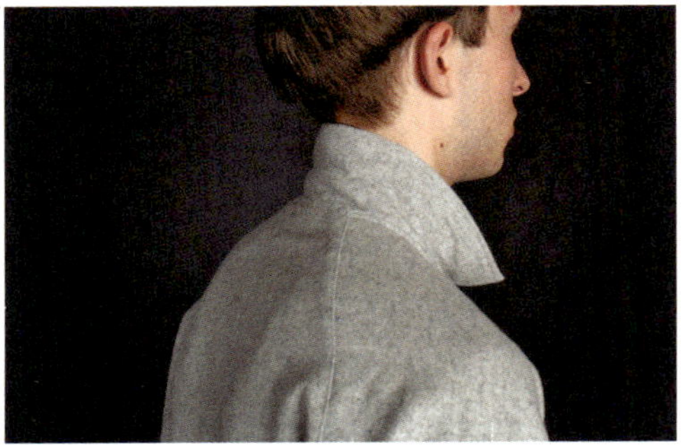

Design!

David Telfer Minimalschneiderei

Während seines Modestudiums an der University of Brighton im Jahr 2008 setzte sich David Telfer zum ersten Mal mit der Idee auseinander, bei einem Entwurf mit möglichst wenig Nähten auszukommen. Sein selbstgestecktes Ziel war die Kreation von Kleidungsstücken mit jeweils nur vier Nähten – als Voraussetzung für effizientere Herstellungsprozesse. Die Idee begrenzte zwar die Stoffwahl, Schnitte und Passform, aber die Überlegungen des Designers stellten einen neuen Ansatz für die Produktion von Kleidung dar.

In einem Anschlussprojekt befasste sich David Telfer mit Kleidung, die aus einem einzigen Stoffteil gefertigt werden kann, und entwarf mehrere Modelle, die aus nur einem Schnittteil bestanden.

Timo Rissanen und Holly McQuillan luden den Designer nach Neuseeland zur Ausstellung *Yield: Making Fashion Without Making Waste* ein. Aus diesem Anlass entwarf er einen einteiligen Dufflecoat aus schwerem Wollstoff, der mit einem Minimum an Nähten und Stoffabfällen gefertigt wurde.

Design!

Schmidt Takahashi
Geschichte neu interpretiert

Das Berliner Gemeinschaftslabel von Eugenie Schmidt und Mariko Takahashi hat sich klarer japanischer Ästhetik verschrieben. Die Neuzusammenstellung von gebrauchten Kleidungsstücken wirkt ebenso apart wie in hohem Maße unkonventionell. So wird ein kariertes Männersakko etwa mit einem Damenpelzmantel kombiniert, und ein leichtes Seidenshirt verwandelt sich zu einem Sommeroutfit, das mit einem Gürtel aus schwerem Jerseystrick versehen wird.

– Innere Werte –

Eine Lederjacke, eine Tasche oder Lederschuhe lassen sich mit Knöpfen, Farbe, Lammfell oder anderem Pelz für das Innenleben mit wenigen Handgriffen in ein individuelles Designerstück verwandeln. Farbe und Materialmix, außen oder innen angebracht, verleihen dem ansonsten eher klassischen Look mehr Pep, ohne übertrieben zu wirken. Bei alten Schnürstiefeln (zum Beispiel vom Militär) kann man den Schaft inklusive Zunge auf Knöchelhöhe umschlagen und mit Knöpfen fixieren.

– Arbeitskleidung –

Hierzulande ist sie als Blaumann bekannt, in den USA als Overall – Arbeitskleidung ist auf der ganzen Welt preisgünstig zu haben. Sie lässt sich auf unzählige Arten verändern, aufpeppen und individualisieren. Trennt man das Oberteil ab, lassen sich aus der Montur meist auch zwei Stücke machen. Aus einem einteiligen Arbeitsanzug kann eine Jacke und aus dem Hosenteil mithilfe von Gürtel und Aufschlag eine brauchbare Jeans oder Arbeitshose gemacht werden kann.

– Schlips und Kragen –

Die Herstellung von Querbindern, besser bekannt als „Fliegen", ist zeitintensiv und erfordert viel handwerkliches Geschick. Der schwere Seidenstoff muss exakt zugeschnitten werden, die Kenntnis der vielen Teile (wie Flügel, Nackenband, Ankerverschluss) ist ebenso unerlässlich wie das richtige Kippen, Schlingen und Binden der Fliege. Das Projekt taugt weniger für den Hobbyschneider, ist wegen der stoffsparenden Schnittteile aber besonders umweltfreundlich. Aber auch ohne Fliege bieten sich viele Möglichkeiten zum Improvisieren. Mit etwas Stoff und Fantasie eignet sich die heutige Krawattenmode für viele Arten von Halsbekleidung.

Anfang des 19. Jahrhunderts war das perfekte Binden eines Krawattenschals eine Kunst für sich, und ein Gentleman, der etwas auf sich hielt, wechselte seine Krawatten bis zu drei Mal am Tag, um für verschiedene Tätigkeiten und Anlässe richtig gewandet zu sein. Mannigfache Knotentechniken – von einfach bis lächerlich – lassen sich in *Neckclothitania* entdecken, einem satirischen Ratgeber, der 1818 veröffentlicht wurde, als das Krawattenfieber bereits in großem Stil grassierte.

Design!

Dr Noki

NOKI

Dr. Noki kann als Aktivist für umweltfreundliche und ethisch korrekte Mode bezeichnet werden. Sein in höchstem Maße subversiver Ansatz besteht in der Ablehnung von Marken und Konsum – als „Gegenmittel" propagiert er die Wiederverwertung und schnelle Verwandlung von Kleidung.

Sein Markenzeichen ist die Maske Noki-SOB (Suffocation Of Branding – Ersticken von Marken), die, zusammen mit seinen anderen Kreationen, durchaus als Angriff auf das homogene Massenprodukt Mode verstanden werden kann.

Zu seinen Inspirationsquellen gehört Shakespeare ebenso wie ein Jeans-Ladenhüter. Er verwendet herkömmliche Kleidung, ausrangierte Stücke, Fetzen und Stoffreste, um daraus seine unverwechselbaren Entwürfe zu fertigen. Dafür kommen keine traditionellen Techniken zum Einsatz, die Textilien werden vielmehr grob zerschnitten, auseinandergenommen, verdreht und neu zusammengefügt. Der in London ansässige Designer, der an der Edinburgh School of Art studierte, arbeitete mit anderen Designern wie Helen Storey, Whitaker Malem und Owen Gastor zusammen, bevor er sein Label NHS, „Noki's House of Sustainability", gründete.

SCHRITT-FÜR-SCHRITT

Bindemittel

Hosenträger etablierten sich Anfang des 19. Jahrhunderts, um den modischen Beinkleidern mit hoher Taille Halt zu geben, wozu sich ein gewöhnlicher Gürtel nicht eignete. Lange Zeit wurden sie der Unterwäsche zugerechnet, haben sich aber im Lauf der Jahre an die Oberfläche gekämpft und zieren heute die Brust von Bankern und Börsenhändlern ebenso wie die von Punks. Es gibt verschiedene Arten, sie einfach selbst zu machen. Die komfortabelsten Modelle sind nur an den Enden dehnbar, es gibt aber auch vollelastische Varianten wie die hier vorgestellte. Statt Knöpfen können auch Metallclips verwendet werden, da die Hosenträger dann zu verschiedenen Beinkleidern getragen werden können. Als Rohmaterial können sowohl Krawatten, Kofferriemen, Gürtel, Polstergurte, Elastikbänder anderer Kleidungsstücke als auch Reste robuster Stoffe dienen.

Benötigt werden:

_ 6 Knöpfe
_ breites Elastikband (etwa 1 m lang oder entsprechend kürzer, wenn die Enden angenäht werden)
_ Leder (Reste oder zerschnittene Flohmarktfunde)
_ Teppichmesser
_ Hose
_ Nadel und Nähgarn

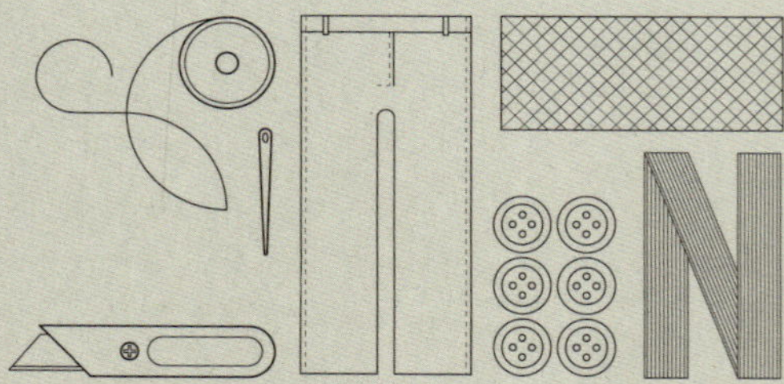

1_ Reste von festem Leder beispielsweise von einer Tasche vom Trödelmarkt oder anderen ausrangierten Stücken abschneiden. Benötigt werden ein Teil in Rautenform mit etwa 3 cm Kantenlänge sowie drei etwa 10 cm lange Streifen für die Knopflaschen. Diese an den Enden wie in der Abbildung keulenförmig zuschneiden.

2_ An den Enden jeder Knopflasche die Knopflöcher abmessen und mit dem Teppichmesser vorsichtig in entsprechender Knopfgröße einschneiden.

3_ Knopflaschen längs mittig falten und an den Längskanten (jedoch nicht an den gerundeten Enden) zusammennähen.

4_ Elastikband/Träger entsprechend der Abbildung ganz unten abmessen und in drei Teile schneiden (zwei gleich lange, die von vorn über die Schultern führen und auf Höhe der Schulterblätter aufeinandertreffen, wo sie mit dem dritten Teil in der Rückenmitte in Y-Form verbunden werden). Das letzte Stück ist deutlich kürzer und verläuft mittig zum hinteren Hosenbund.

1_

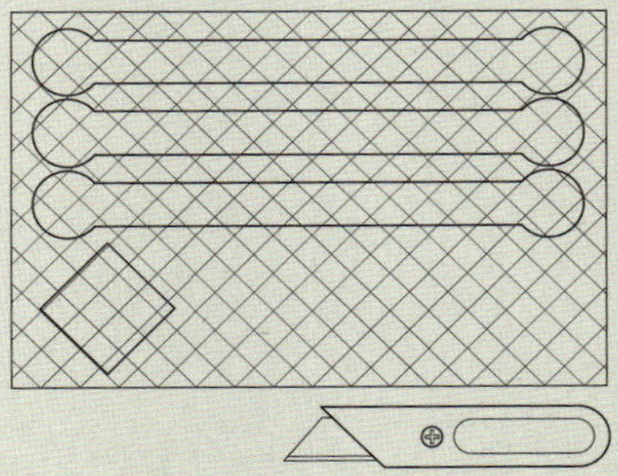

2_

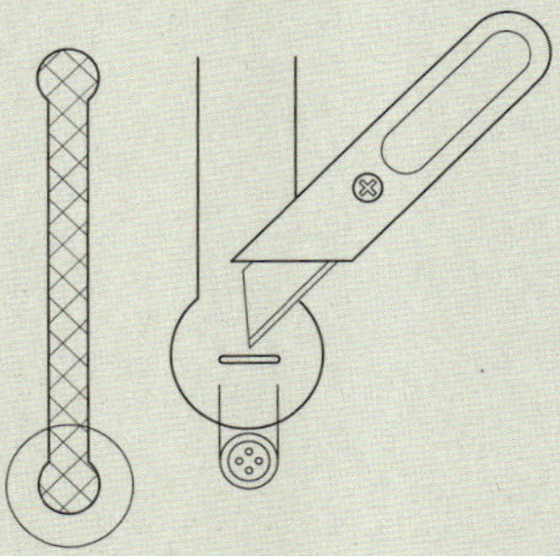

3_

4_

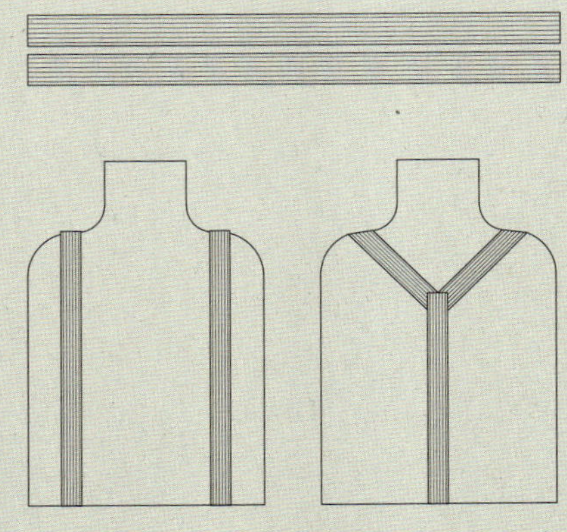

5_ Die Elastikbänder jeweils mit einem Ende um die Mitte der Lederlaschen legen und festnähen. Die Lederlaschen dürfen nicht mit fixiert werden, sondern sollten noch etwas Spielraum haben. Einige Male über die Naht nähen, damit sie stabil genug ist – an dieser Stelle wirken die größten Spannungskräfte auf die Hosenträger.

6_ Elastikbänder in Y-Form zusammennähen, wobei die beiden langen Stücke einen 90°-Winkel zueinander bilden. Auch hier Nähte mehrfach setzen, um sie zu sichern.

7_ Die Rautenform aus Leder auf die Verbindungsstelle legen und ringsum mit kleinen Stichen festnähen.

8_ Die Position der Knöpfe am Hosenbund sollte zunächst sorgfältig ausgemessen werden. Dabei eine gedachte Linie von der Mitte jedes Hosenbeins nach oben fortführen und die Knöpfe rechts und links davon in gleichmäßigem Abstand anbringen. Am Hosenrückteil sollten die Knöpfe beidseits der Bundmitte sitzen. Die Knöpfe nach Belieben innen oder außen am Bund annähen.

5_

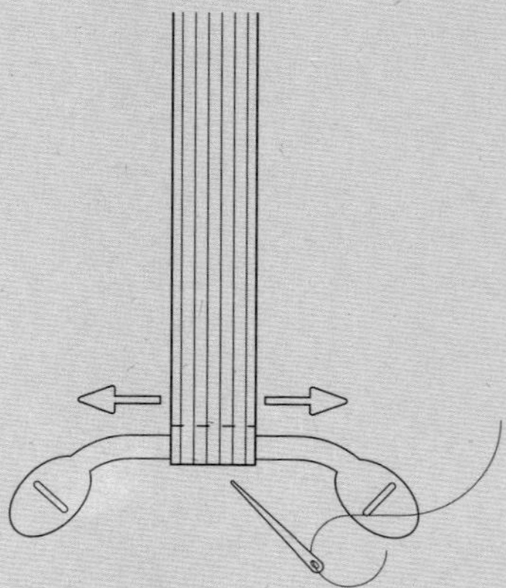

6_

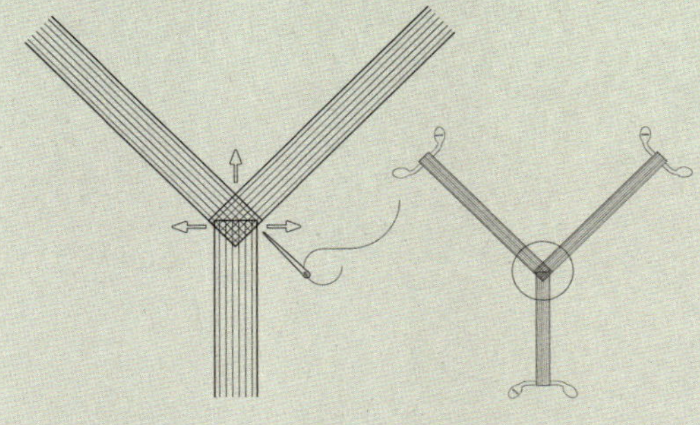

7_

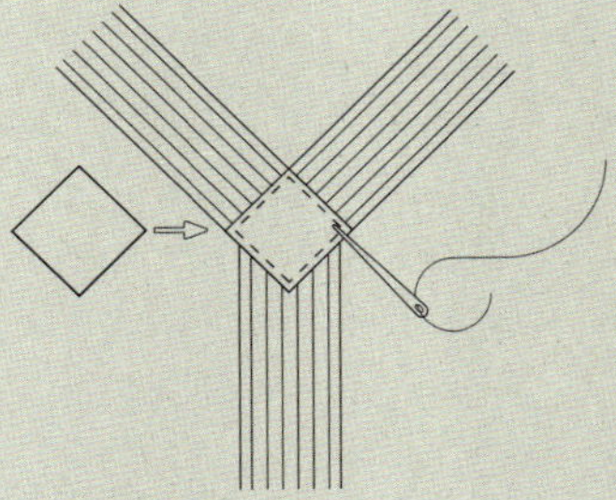

8_

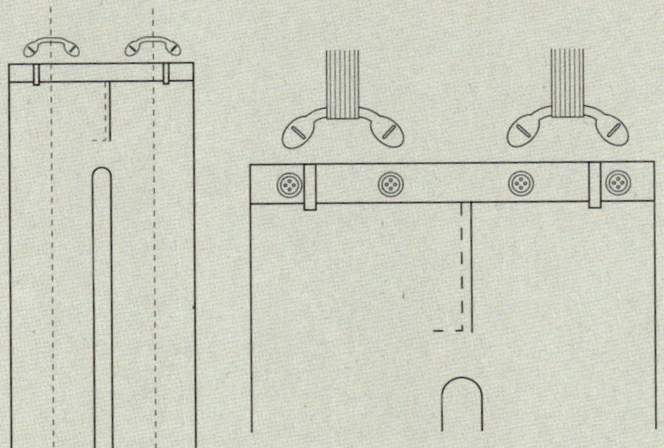

Timo Rissanen
Ertragreich

Als Timo Rissanens Großmutter während des Zweiten Weltkriegs in Finnland heiratete, bekam sie eine Aussteuer, zu der auch zwei Bettlaken gehörten. In Zeiten von Rationierung und Mangelwirtschaft wurden sie mehrfach ausgebessert, dann kamen sie in den Besitz von Timo Rissanen. Sie hatten nur einen einzigen Bestimmungszweck.

Zu seinen Aufgaben als Juniorprofessor im Bereich Modedesign und Nachhaltigkeit der New Yorker Parsons The New School for Design gehörte es, neue Wege zum Thema Nachhaltigkeit für die vier Studiengänge zu erschließen. Diesen Aspekt hatte er schon einige Zeit auf der Agenda (als Dozent für Modedesign war er sieben Jahre lang an der University of Technology in Sydney, in dieser Stadt lancierte er auch sein Herrenmodelabel Usvsu). Das Thema seiner Doktorarbeit lautete „Mode entwerfen ohne Stoffabfall", wozu auch eine eigene Herrenkollektion gehörte. Im Jahr 2011 war er zusammen mit Holly McQuillan Kurator der Wanderausstellung *Yield: Making Fashion Without Making Waste* zum Thema Musterschnitt ohne Stoffabfälle. Die Bettlaken von Rissanens Großmutter waren für diese Ausstellung wie gemacht und wurden – ganz ohne Verschnitt – zu einem Pyjama umgearbeitet.

Design!

Julia Lumsden
Zuschnitt ohne Verschnitt

Nach ihrem Master-Abschluss im Bereich Design an der Massey University in Neuseeland führte Julia Lumsden ihre Studien zu „Herrenbekleidung ohne Stoffabfall“ fort. Dabei setzte sie gezielt die Schnitttechnik als Gestaltungselement ein – sie entwickelte eine Reihe von Vorlagen, bei denen keine Stoffreste anfallen, wobei sie sich an der minimalistischen Ästhetik der Maßschneiderei orientierte.

Die Herausforderungen einer solcher Schnittgestaltung resultierten in ungewöhnlichen und verblüffenden Designdetails. Julia Lumsdens Ziel war es auch, für die Schnitte kürzere Stoffbahnen als üblich einzusetzen, um so höchste Effizienz zu erzielen.

SCHRITT-FÜR-SCHRITT

Hemdkragen wenden

Am Hemdkragen zeigen sich durch das Scheuern im Nackenbereich meist die ersten Abnutzungserscheinungen. Die herkömmlichste Reparaturmöglichkeit besteht darin, den Kragen zu wenden. Alternativ (oder wenn Dampfbügeln nicht ausreicht, um ihn wieder vorzeigbar zu machen) kann er auch ganz herausgetrennt werden und nach Schließen der offenen Naht zum Stehkragen eines „Großvaterhemds" umfunktioniert werden.

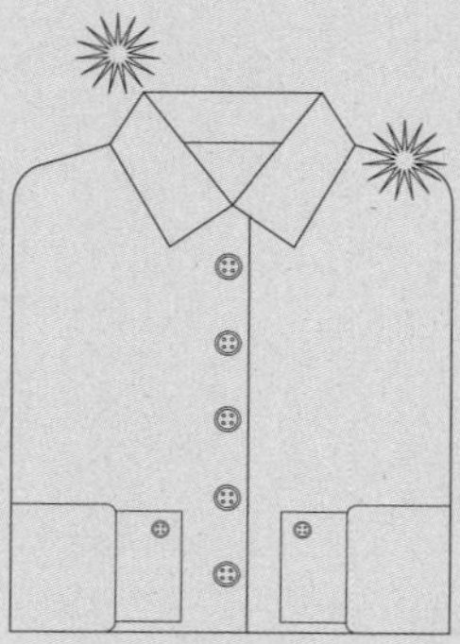

Benötigt werden:

_ Hemd
_ Nahttrenner
_ Bügeleisen
_ Nadeln und Nähgarn
_ Nähmaschine (optional)

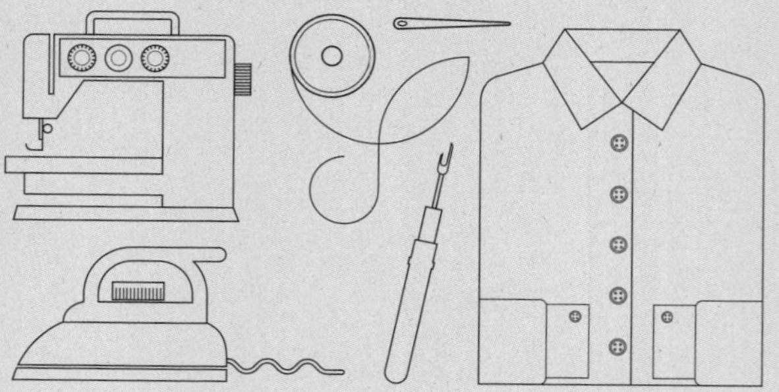

1_ Zunächst etwaige Plastikstäbchen (meist bei Business-Hemden) aus dem Kragen entfernen und prüfen, ob die Unterseite dazu geeignet ist, aus ihrem Schattendasein heraus ins Rampenlicht zu treten.

2_ Mithilfe eines Nahttrenners den Kragen (nach Belieben mit oder ohne Steg) vorsichtig abtrennen und dabei lose Fäden entfernen.

3_ Kragen abnehmen und von beiden Seiten so glatt wie möglich bügeln.

4_ Abgetrennten Kragen von der Rückseite wieder sorgfältig am Halsausschnitt feststecken und mit der Maschine oder von Hand festnähen, dabei Überwendlingsstich anwenden, damit die Naht unauffällig wird. Alternativ dazu kann der Steg auch als Stehkragen dienen, dann die obere Stegnaht mit kleinen Stichen schließen.

1_

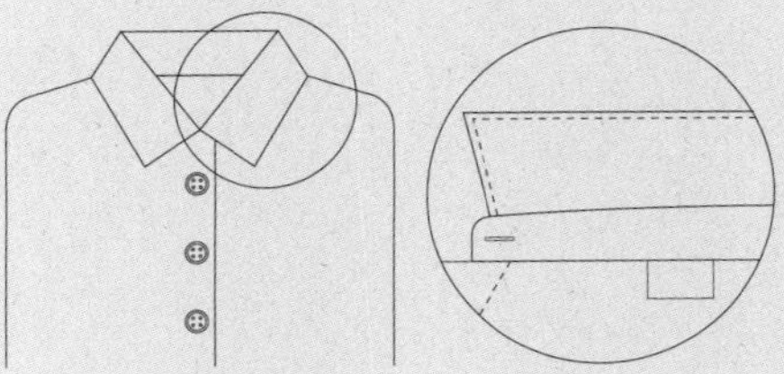

2_

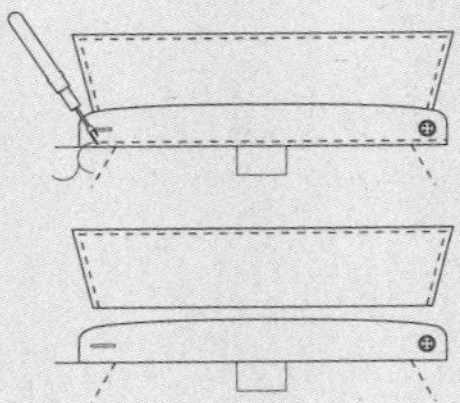

3_

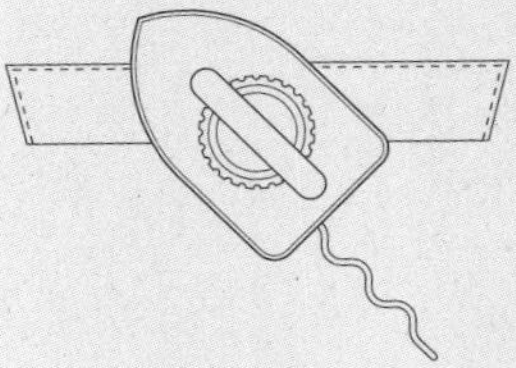

4_

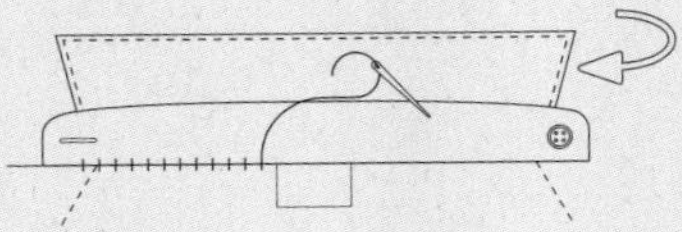

Design!

Junky Styling
Mutierte Couturemode

Was der *New Yorker* als „exzentrisch-schicke Linie einer mutierten Couturemode“ bezeichnet, ist das Produkt der in London ansässigen Designerinnen Annika Sanders und Kerry Seager. Das Duo gründete seine Werkstatt 1997 ganz ohne formale Ausbildung, allein inspiriert von Recyclingtechniken und dem Erfindungsreichtum, der ihnen auf ihren Reisen nach San Francisco, Vietnam und Tokio begegnet war. Junky Styling dekonstruiert gebrauchte Kleidung und kombiniert sie neu zu einmaligen Stücken (siehe auch S. 64–65).

Design!

Christopher Raeburn
Militärischer Überschuss

Die Designerstücke von Christopher Raeburn haben immer eine Vergangenheit, ob es sich nun um eine Windjacke aus Fallschirmseide oder um einen Schweizer Militärregenmantel aus den 1950er-Jahren handelt, der sich zu einer modischen, leicht verstaubaren Regenjacke gewandelt hat.

Der in London ansässige Designer bezieht seine Textilien aus der ganzen Welt und spielt in seinen Kollektionen mit den unterschiedlichen ästhetischen und praktischen Qualitäten seiner Fundstücke – sei es der Wüstentarnanzug aus nicht mehr nutzbaren Lagerbeständen oder Fallschirmseide. Wichtigste Voraussetzung dabei ist, dass die Mengen jeweils für 100 bis 200 Modelle pro Entwurf ausreichen.

Christopher Raeburn, der besonderen Wert auf Entwurfsdetails legt, hat bereits für das ethisch orientierte Modeunternehmen Worn Again eine Taschenkollektion aus ausgemusterten Uniformen und Zubehör der britischen Fluglinie Virgin Atlantic gefertigt (siehe auch S. 50–51 und S. 232–233).

Design!

Alabama Chanin Studio Style DIY

Die Entwürfe von Natalie Chanin basieren auf recycelten und wiederverwendeten Materialien in Kombination mit echter Biobaumwolle. Sie werden von kleinen, regionalen Handwerkerteams gefertigt, die traditionelle Quilt- und Sticktechniken beherrschen. Nach seiner Gründung im Jahr 2006 avancierte das Label in den USA zur kultigen Lifestyle-Marke, die sich dem Slow Design und der Nachhaltigkeit verschrieben hat. Zuvor hatte Natalie Chanin in Europa zehn Jahre als Stylistin und Kostümmacherin für Film und Fotografie gearbeitet.

Nach ihrer Auffassung sollte gutes Design alltäglich sein – Ziel ist es, die alten Handwerkstechniken im modernen Kontext zu erhalten, damit sie von Generation zu Generation weitergegeben werden können. Getreu dieser Philosophie arbeiten in den Werkstätten mehrere Generationen von Stickerinnen, und die Signatur jeder Künstlerin, die die Nähte handgefertigt hat, ist auf jedem Einzelstück zu finden.

– Ärmel hoch –

Ein altes Hemd bekommt neuen Schwung, wenn die Ärmel gekürzt oder gänzlich abgetrennt werden. Lässig wirkt das vor allem bei Jeanshemden oder solchen mit Karomustern, bei denen die Ränder ungesäumt bleiben oder einmal umgesteppt etwas ordentlicher wirken. Schnelle Veränderungen lassen sich auch mit farblich kontrastierenden Brusttaschenklappen oder Paspeln an diversen Kanten erzielen.

– Ahoi –

Aus Resten von Segeltuch oder Persenning lassen sich wunderbar Jacken und Regenponchos fertigen, bei denen die wasser- und windabweisenden Eigenschaften der robusten Stoffe am besten zur Geltung kommen. Wenn in einem genügend großen Stoffrest bereits verstärkte Ösen vorhanden sind, kann man eine Tasche daraus machen – einfach ein Quadrat oder Rechteck mit den Ösen an der oberen Kante zuschneiden, bei Bedarf einige mehr einarbeiten und ein Zugband durchziehen.

– Zeigt her eure Knie –

Kurze Hosen gehören in der Männermode zum Freizeitlook. Es gibt jedoch, ganz nüchtern betrachtet, nur wenige formale oder berufliche Anlässe, das Knie herzuzeigen, sei es nun knubbelig oder nicht. Das heißt jedoch nicht, dass lang gediente Hosen eines Sommeranzugs ihren Lebensabend nicht im neuen Look verbringen könnten. Hosenbeine mit genügend Zugabe in der gewünschten Länge abmessen und entsprechend säumen, dabei auch noch ausreichend Stoff zum Hochkrempeln einkalkulieren. Die empfohlene Hosenlänge ist eine Frage der Ästhetik, aber wer sie knapp über dem Knie enden lässt, macht selten etwas verkehrt. Je enger die Hosen geschnitten sind, desto kürzer können die Shorts ausfallen.

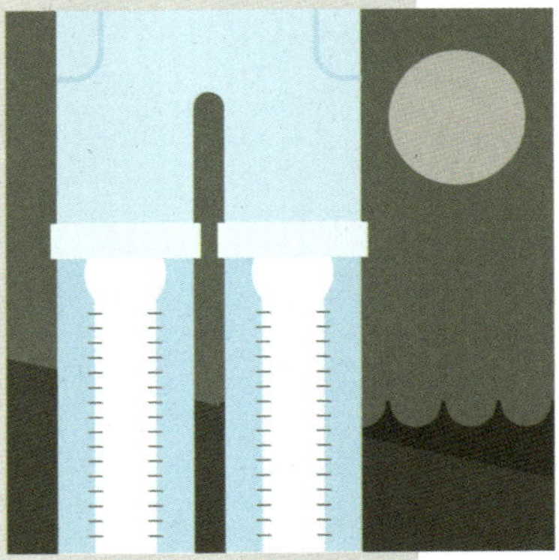

Design!

Prophetik
Geschneiderte Geschichten

Jeff Garners Label kann als nachhaltige Mode im Südstaatenlook beschrieben werden. In nostalgischer Reminiszenz an die gute alte Zeit in seiner Heimat Tennessee verwendet der Designer in seinen Kollektionen vorrangig natürliche Materialien und Farben.

Für Garner ist die in der Modebranche gängige „von vornherein eingebaute künstliche Veralterung" eine große Herausforderung. Auf die Spitze getriebene Recycling-Projekte unterstreichen das, so beispielsweise in der Herbst/Winter-Kollektion 2011/2012, für die er einen 100 Jahre alten Quilt seiner Großmutter zu einem langen Sakko umgearbeitet auf den Laufsteg schickte. Berichten zufolge war ein anderes Sakko aus dem Quilt gefertigt, der bei Garner in Kinderzeiten auf seinem Bett lag.

– Scheiden tut weh –

Um ein Anzugsakko beispielsweise als Jackett zu einer nicht dazu gehörigen Hose tragen zu können, muss es demonstrativ und ordnungsgemäß von seiner besseren Hälfte getrennt werden. Trennung auf Zeit überzeugt wenig, insbesondere angesichts der unvermeidlichen, möglicherweise auch nur vorübergehenden späteren Wiedervereinigung. Mit nur wenigen Handgriffen kann man dem alten Sakko zu einem neuen Leben als Single verhelfen: andere Knöpfe, Ellbogenflicken oder Besätze tragen dazu bei, die neu definierte Persönlichkeit und Unabhängigkeit zu verdeutlichen.

– Nützlicher Chic –

Es ist möglicherweise das praktischste Stück in der Garderobe jedes Mannes und wird heutzutage dennoch häufig übersehen: das Halstuch. Weniger formal als die Krawatte des wohlhabenden Herrn, wurde es von den Altvorderen täglich zur Arbeit getragen und findet sich immer noch bei vielen Super- und Westernhelden, Forschern, Abenteurern, Künstlern sowie Philosophen. Sie alle können sicherlich bestätigen, dass ein einfaches Quadrat aus Baumwollstoff im Notfall häufig nützlicher sein kann als ein Schweizer Taschenmesser. Und das nicht nur unter modischem Aspekt, denn ein Halstuch kann blitzschnell zur Armschlinge umfunktioniert werden. Es kann an einem einzigen (sehr aufregenden) Tag als Serviette, Waschlappen, Schweißband, Verband, Knebel und Souvenir dienen. Das Beste an diesem Alleskönner ist jedoch, dass er aus fast jedem Stoffrest von mittelschwerem Gewicht gefertigt werden kann (auch ein alter Baumwollärmel ist geeignet): als Quadrat oder Dreieck zuschneiden, ringsum säumen – und fertig! Tuch vorn zum Knoten geschlungen tragen.

– Lebensabschnitt –

In der Männermode war die abgeschnittene Jeans nicht immer unumstritten. Nichtsdestotrotz obsiegt hier der praktische Aspekt, und es ist nicht zu leugnen, dass sie an der französischen Riviera zum angesagten Outfit des schicken Mannes gehört. Der Schlüssel zum Erfolg sind (wie bei jeder anderen kurzen Hose) die braun gebrannte Männerwade, der passende Schuh und die richtige Länge, die bei den meisten knapp oberhalb des Knies liegt. Jeans vor dem Abschneiden bügeln, abmessen und markieren, Zugaben für einen Aufschlag und eventuelle Korrekturen berücksichtigen.

MODE FÜR ALLE

Jeans, Hosen, T-Shirts, Shorts, Westen, Trainingsanzüge, Socken, Ponchos und Hausschuhe

03

SCHRITT-FÜR-SCHRITT

Vielseitige T-Shirts

Alte T-Shirts sind des faulen Schneiderleins liebstes Projekt, nicht nur weil sie eine preisgünstige Ausgangsbasis darstellen und weil sie, ähnlich wie Jeans, nicht unbedingt an den Rändern gesäumt werden müssen. Wenn man feinen Baumwolljersey im geraden Fadenlauf zuschneidet, entstehen meist wie von selbst Säume – es reicht, die Kanten etwas zu dehnen, beim Zusammenziehen rollen sie sich dann ein. Das Ergebnis ist hip und bequem zu tragen. Hier einige Tipps für zehn klassische Schnitte:

Benötigt werden:

_ ein altes T-Shirt
_ Stift zum Markieren
_ Nähgarn
_ Schere
_ Knöpfe, Perlen
_ ein altes Hemd

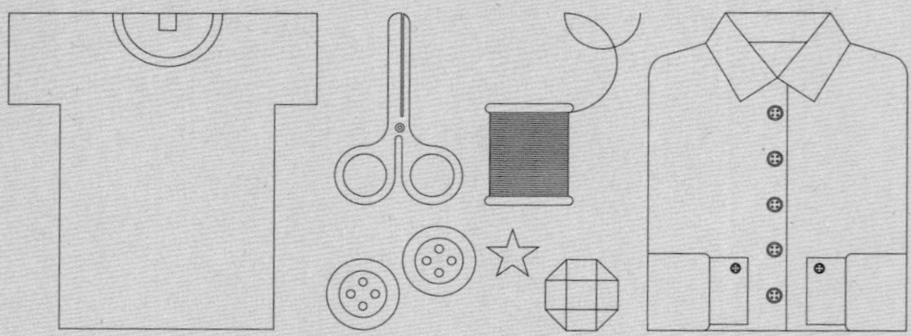

1_ Ärmel in beliebiger Länge abschneiden, sodass kürzere Ärmel, Flügelärmel oder ein ärmelloses Top entstehen.

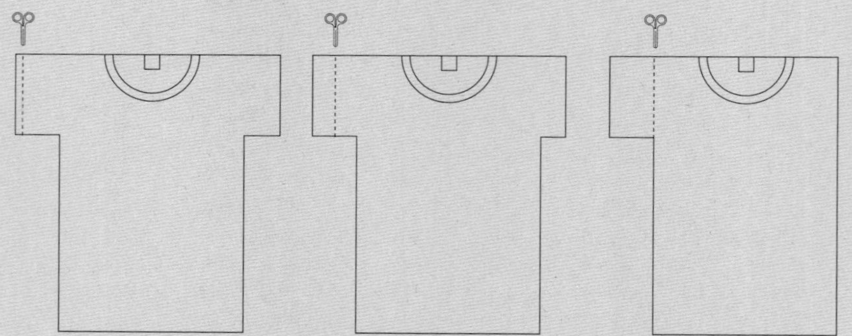

2_ Halsausschnitt verbreitern, jedoch nicht zu tief legen, sondern in der vorderen Mitte am besten direkt unterhalb der Einfassung schneiden. Linie zuvor mit einem Stift markieren.

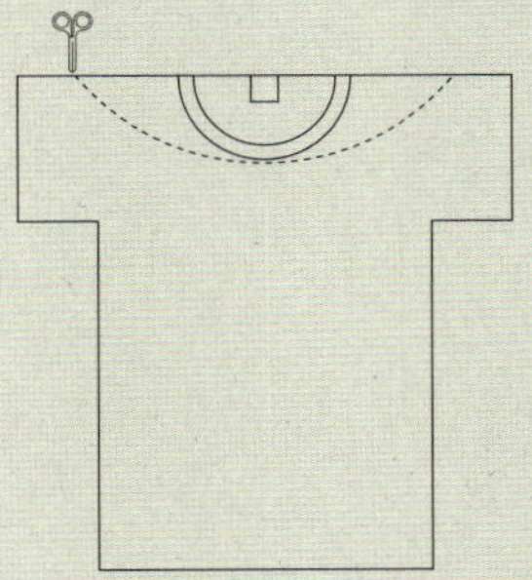

3_ Unteren Saum in gewünschter Länge und passend zu den Ärmeln und dem Ausschnitt abschneiden. Oder ein bauchfreies Shirt daraus machen, das mit taillierten Röcken, Hosen oder Waschbrettbauch getragen wird.

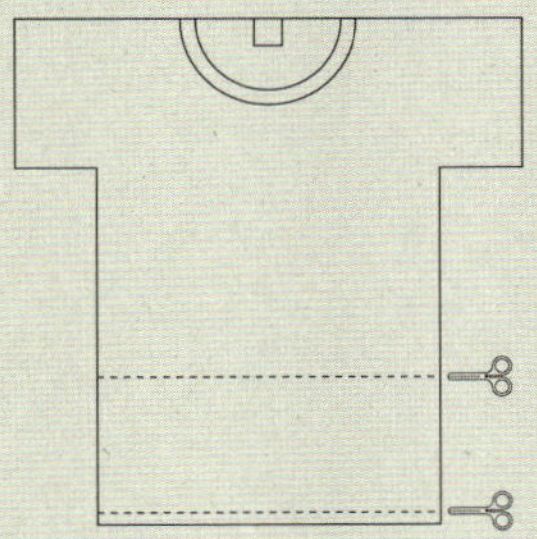

4_ Ein eng anliegendes T-Shirt kann oben und unten so abgeschnitten werden, dass nur mehr ein Band übrig bleibt. Das Mittelstück mit einem langen Band aus den abgeschnittenen Resten zu einem Bikinioberteil zusammenbinden und eventuell Träger anfügen.

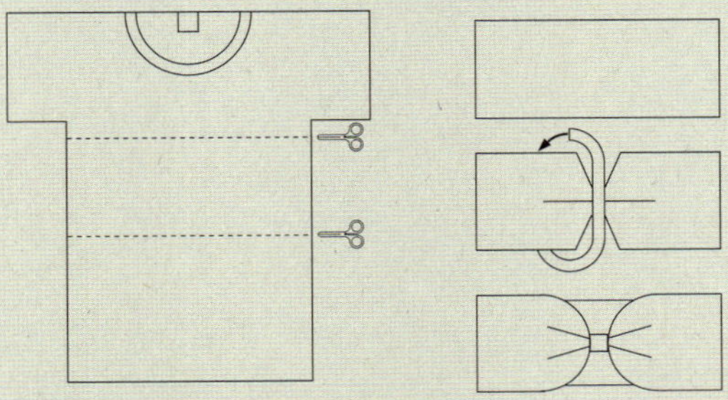

5_ Für ein Shirt im Cowboy-Stil die Ärmel fransig einschneiden. Punkig dagegen wird es mit waagrechten Einschnitten auf Vorder- und Rückseite.

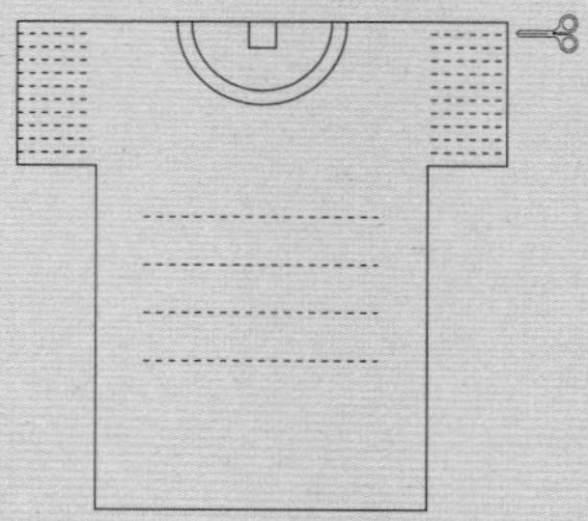

6_ Man kann auch den Ausschnitt vorn oder hinten tiefer zuschneiden oder einen V-Ausschnitt gestalten. Manche Ausschnittformen rollen sich nicht ein und müssen gesäumt werden, damit sie gut aussehen und länger halten.

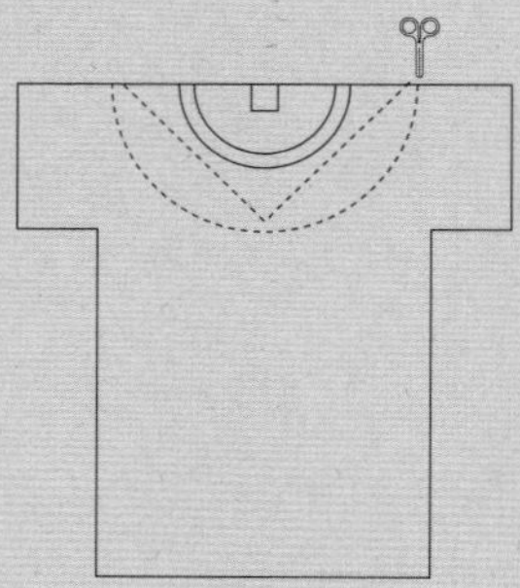

7_ Ein altes T-Shirt wird zum Trägertop, wenn die Ärmel abgeschnitten werden und der Ausschnitt rechteckig gestaltet wird (so bleiben zwei breite Träger übrig). Schulternaht aufschneiden und die Träger in drei Streifen schneiden. Diese flechten und an den Schultern wieder zusammenfügen, mit einem Bändchen aus einem Stoffrest zusammenbinden.

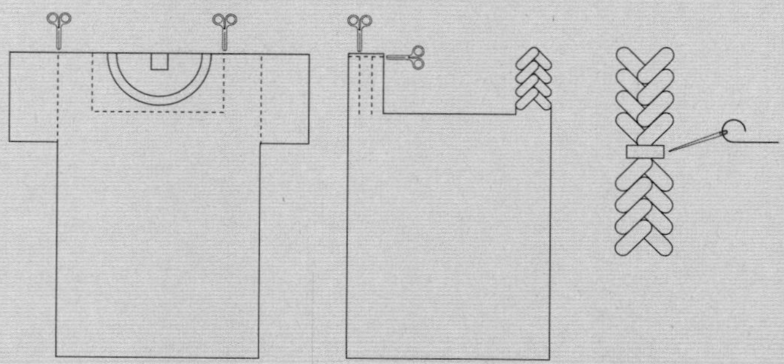

8_ Die Träger können anstatt geflochten auch mit dickem Garn aller Art umwickelt werden. Damit die Sache hält, das Garn zunächst am T-Shirt festnähen und diese Stiche dann beim Umwickeln überdecken.

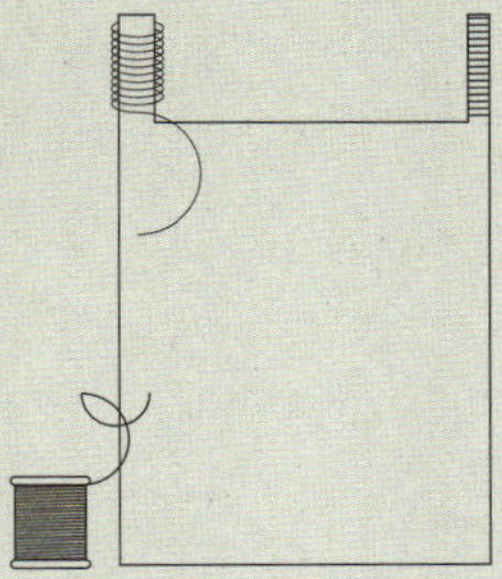

9_ Kaffeeflecken können ein tolles weißes T-Shirt um Jahre altern lassen. Wenn sich die Flecken nicht mit Applikationen oder Einfärben (siehe Seite 130) kaschieren lassen, kann meist darübergedruckt oder mit Permanentmarker ein cooler Slogan daraufgeschrieben oder -gemalt werden. Hier bietet sich das Aufmalen von falschen Knöpfen oder Schmuck auf der Vorderseite an.

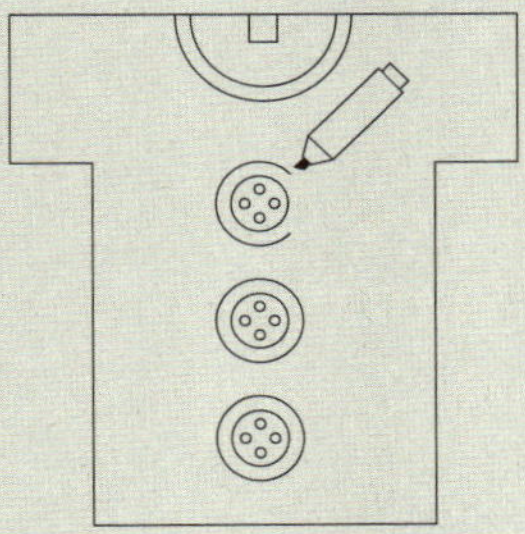

10_ Die „Mercedeslösung“ für ein T-Shirt ist das Aufnähen eines Kragens, einer Reihe von Knöpfen und Manschetten von einem alten Hemd. Das Ergebnis ist ein schickes Teil mit Wohlfühlfaktor. Am besten sieht die Veränderung aus, wenn beide Kleidungsstücke dieselbe Farbe haben.

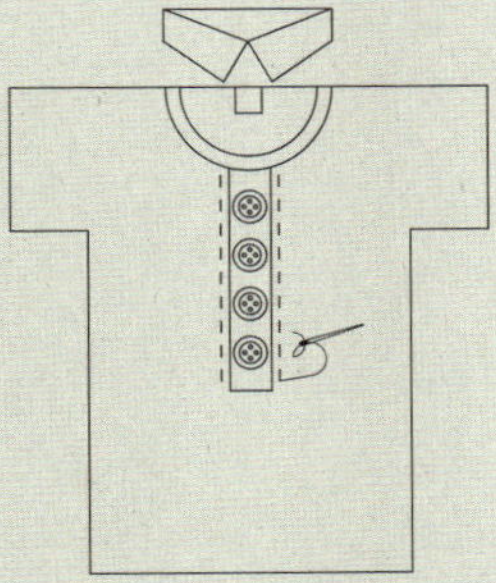

Design!

Issey Miyake
A-POC

Der technologiebetonte, intellektuelle Ansatz von Issey Miyakes Entwürfen hat die Grundfesten der Modebranche seit Anfang der 1970er-Jahre immer wieder erschüttert. Seine frühesten und radikalsten Konzepte mit dem Thema „zweidimensionale Bekleidung“ beinhalten eine Kollektion, für die er seine Models in eine einzige Stoffbahn gehüllt auf den Laufsteg schickte. In seinen Entwürfen ist „Ma“ (der Raum zwischen den Objekten), ein wichtiges Element japanischer Ästhetik, allgegenwärtig. Umstritten ist der universelle Charakter seines Stils, bei dem physische Unterschiede im Hinblick auf Geschlecht, Alter oder Gewicht in den Hintergrund treten und abstrakte, asymmetrische und skulpturenähnliche Formen den Körper umgeben.

Die Kollektion A-POC – „A Piece of Cloth“ entwickelte Miyake 1998 zusammen mit dem Textilingenieur und Designer Dai Fujiwara, der später Kreativdirektor des Modelabels wurde. Die A-POC-Kleidungsstücke basieren auf einer Reihe schlauchförmiger Strickstoffe, die auf riesigen Rollen an speziellen Strickmaschinen gefertigt werden. Die Schnittteile sind ohne fransende Kanten so in den Stoff eingearbeitet, dass keine Maschinennähte erforderlich sind. Stattdessen können sie vom Kunden selbst in Länge, Form oder Stil variiert werden, wobei die Universalgröße der elastischen Strickmodelle sich jeder Figur anschmiegt.

Design!

Julia Crew
Öko-Taschen

Nach ihrem Master-Abschluss am London College of Fashion eröffnete Julia Crew gemeinsam mit drei ehemaligen Studienkollegen im Londoner East End 2010 ein Studio mit Shop mit der Bezeichnung „Here Today Here Tomorrow“. Hier nahm die Marke der Designerin konkrete Formen an. Sie verwendete neben Industrieabfällen (Endstücke von Polsterstoffen und Schnittabfälle) auch abgelegte Teile von Konsumenten in Form von gebrauchten Lederjacken und Gürteln. Julia Crews Ansatz beschränkt sich nicht nur auf verantwortungsbewusste Ressourcen oder nachhaltiges Design, sondern umfasst auch einen Aspekt, den sie als „Lifestyle-Engagement des Verbrauchers“ bezeichnet.

Die Designerin interessiert sich für Menschen, die sich aktiv um nachhaltigen Konsum bemühen, daher legt sie besonderen Wert auf ökologisch verträgliche, robuste Stoffe sowie auf eine zeitlose Ästhetik ihrer Entwürfe. Darüber hinaus bestärkt sie ihre Kunden darin, Produkte gezielt einzukaufen und dem Massenkonsum abzuschwören. Daher müssen die Taschen im Hinblick auf Verarbeitungsweise, Stil und Nutzwert langlebig sein. Viele ihrer Stücke sind auf die Bedürfnisse von Radfahrern abgestimmt und entsprechen somit auch einem gesunden Lebensstil mit bewusst reduziertem CO_2-Fußabdruck.

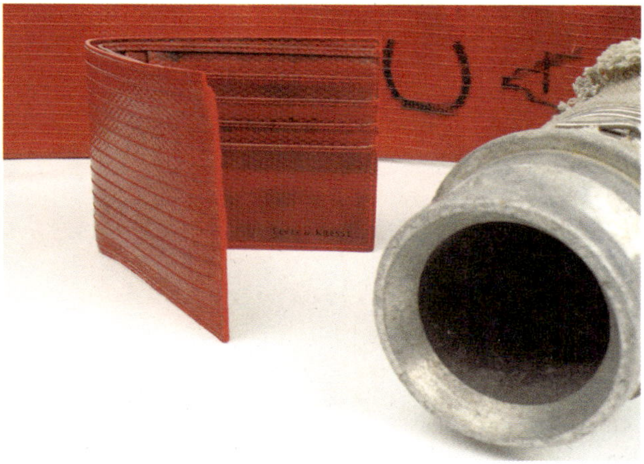

Design!

Elvis & Kresse
Feuerwehrschlauch-Accessoires

Tee- und Kaffeesäcke, Kontrollstreifen der Luftüberwachung, Schuhschachteln, Kontaktlinsenverpackungen von Optikern, Etikettenendstücke, alte Zeitungen, gebrauchte Luftpolster-Versandtaschen und Teebeutelpapier sind nur einige der Materialien, die von Elvis & Kresse zur Herstellung ihrer Taschen, Gürtel und Accessoires verwendet werden.

Auf eine Goldgrube stieß das in London ansässige Designer-duo allerdings bei der örtlichen Feuerwehr, wo es sich sofort in die alten Schläuche verliebte und darin das Potenzial für ihre erste Produktlinie erkannte. Trotz ihrer beeindruckenden Karriere als Feuerlöscher und Lebensretter landen ausgemusterte Feuerwehrschläuche einfach auf dem Müll. Die Designer wollten dieses bemerkenswerte Material zu etwas Neuem verarbeiten. Nachdem die Schläuche von Ruß, Fett und Schmutz gereinigt sind, die sich in 25 Jahren Verwendungszeit darauf angesammelt haben, werden sie zugeschnitten und zu einer Serie haltbarer und wasserdichter Taschen und Portemonnaies in der typisch roten Farbe verarbeitet. Zum Dank spenden die Designer die Hälfte ihres Gewinns der Wohltätigkeitsorganisation der britischen Feuerwehrleute.

SCHRITT-FÜR-SCHRITT

An die Farben – fertig – los!

Angefangen bei Maulbeeren, über Schnecken, Kaffee, Kamille, bis hin zu Rinde und Insekten – solange die Menschen Kleidung tragen, haben sie alles Mögliche gehackt, pulverisiert und gekocht, um daraus Farbstoffe herzustellen. Das Spektrum des Regenbogens lässt sich so ebenso produzieren wie eine subtile Palette dezenter Farbtöne. Auch hier gilt: Experimentieren macht schlau.

Benötigt werden:

_ pflanzliches Material für den Farbstoff (Blüten, getrocknete Blätter, Beeren und Nussschalen; das Verhältnis Pflanzen zu Stoff sollte etwa 1:1 betragen)
_ Stoff zum Einfärben; Naturmaterialien wie Seide, Baumwolle und Wolle lassen sich am besten färben; der ursprüngliche Farbton beeinflusst das Ergebnis
_ ein großer Stieltopf
_ ein großer Topf
_ Alaunsalz (in der Apotheke erhältich, für 200 g Stoff etwa 50 g)
_ Essig zum Fixieren
_ Gummihandschuhe
_ Messer
_ feines Sieb

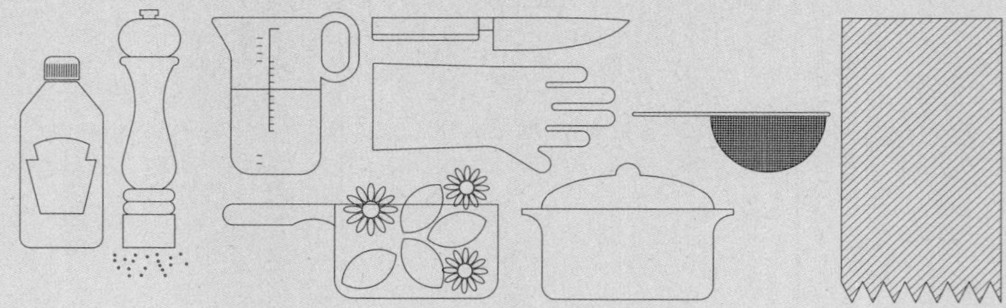

1_ Pflanzenmaterial sehr klein schneiden und in einen Topf geben. Je größer die Menge, desto intensiver der erzielte Farbton. Auf einen Teil Pflanzenmaterial gibt man zwei Teile Wasser hinzu. Alles aufkochen und etwa eine Stunde köcheln lassen. Färbeflüssigkeit in einen großen Topf abseihen und die festen Bestandteile entsorgen.

2_ Der Stoff muss vor dem Färben vorbehandelt werden: Diesen dafür zwei Stunden in einer Lösung aus Alaunsalz und 3–5 l Wasser köcheln lassen.

3_ Stoff im Sud abkühlen lassen, unter fließendem Wasser auswaschen, den feuchten Stoff anschließend in den Topf mit dem Farbsud geben und so lange köcheln lassen, bis der gewünschte Farbton erreicht ist. Man beachte, dass die Stofffarbe im getrockneten Zustand immer etwas heller sein wird.

4_ Stoff unter fließendem kaltem Wasser auswaschen, bis das Spülwasser klar bleibt.

5_ Nach Belieben die Farbe mit Essig fixieren: Stoff in ein letztes Spülbad mit etwas Essig und warmem Wasser etwa zehn Minuten einlegen, dann gut auswaschen. Je nach verwendetem Pflanzenmaterial kann die Farbe dadurch blasser werden, deshalb vorher ein Probestück im Essigbad fixieren. Gefärbte Stoffe separat und im Kaltwaschgang waschen. Die Farbe kann im Lauf der Zeit ausbleichen.

1_

2_

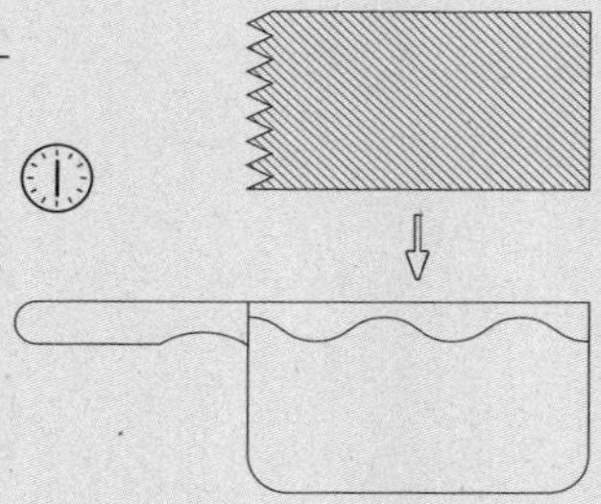

3_

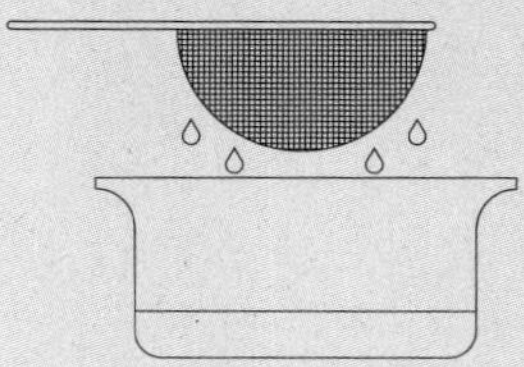

4_

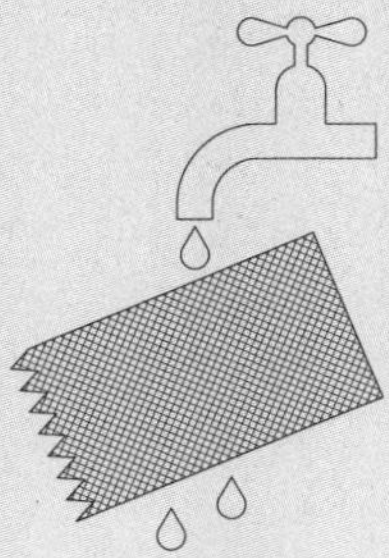

5_

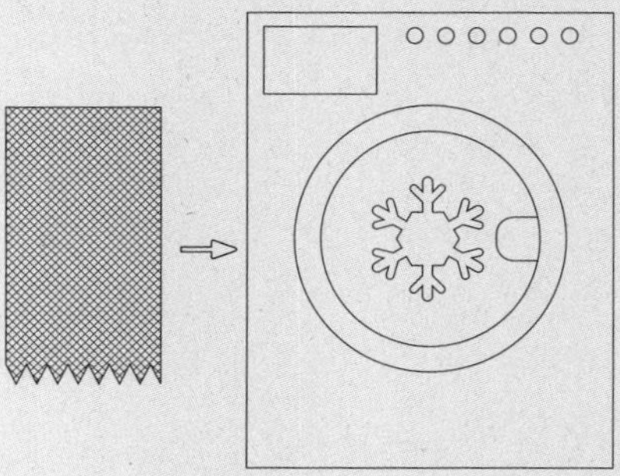

– Über kurz oder lang –

Ärmel und Hosenbeine eines alten Trainingsanzugs kann man abtrennen, um daraus ein neues Outfit für die sportliche Betätigung im Sommer zu machen. Gesäumt sieht es professionell aus und ist langlebiger. Eine Sweathose verwandelt sich in eine Caprihose, indem man sie kürzt – die elastischen Bündchen können abgeschnitten und unterhalb des Knies angesetzt werden. Jogginghosen zu Laufshorts kürzen ist die einfachste aller Übungen. Kleine Schlitze an den Außennähten sorgen für den guten Sitz.

– Schlagseite –

Hüfthosen mit Schlag waren in früheren Zeiten eher Matrosen und Zimmermännern vorbehalten, entwickelten sich später aber zu einem modischen Kleidungsstück. Im Lauf ihrer bewegten Geschichte war die Schlaghose entweder total in oder absolut out. Eines ist sicher, bei Schlaghosen (heute auch als Bootleg bezeichnet) gibt es keinen goldenen Mittelweg. Insbesondere Jeans eignen sich zur Umwandlung in Schlaghosen, hierfür muss nur die äußere Beinnaht bis zum Knie aufgetrennt werden und ein dreieckiges Stück alter Jeansstoff oder ein bunter 1970er-Jahre-Retrostoff eingenäht werden.

– Unter der Haube –

Eine Duschhaube ist ein unauffälliger, aber nützlicher Haarschutz, der sich leicht aus dem Rest eines Duschvorhangs oder einer Plastiktüte herstellen lässt. Wird das runde Schnittteil aus Folie mit einem zweiten aus einem klein gemusterten Baumwolldruck zusammengenäht, entsteht eine hübsche stoffüberzogene Variante.

– Schnittstelle –

Trennt man die Beine einer Leggins oder langen Unterhose ab, bleiben eine robuste Unterhose und nützliche Stoffschläuche übrig, die, auf die gewünschte Länge gekürzt, als Ärmel für ein anderes Kleidungsstück dienen können. Diese „Cut-and-Paste“-Vorgehensweise mit den abgetrennten Beinen ist äußerst flexibel, ganz anders als in der prothetischen Chirurgie ...

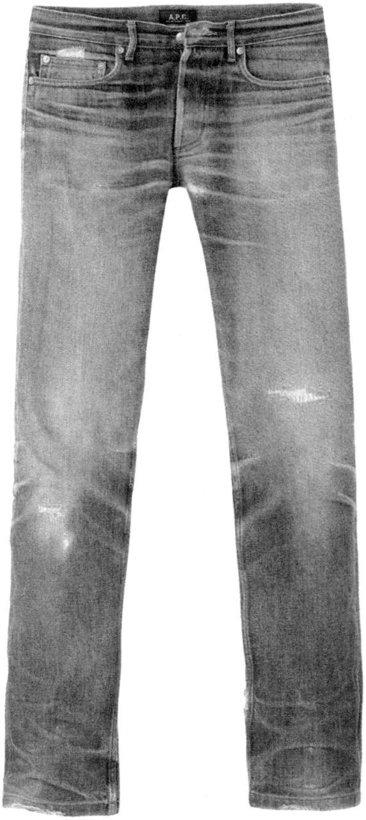

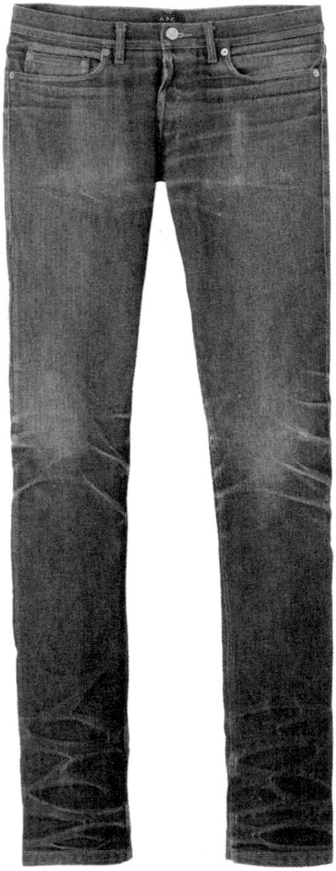

Design!

APC
Butler Jeans

Im 19. Jahrhundert ließ ein englischer Aristokrat jedes neu erworbene Kleidungsstück ein bis zwei Tage von seinem Butler eintragen, um nicht in den Verdacht zu geraten, ein „Neureicher“ zu sein. Solche Dienste sind heute unter anderem mangels Personal aus der Mode gekommen, allerdings steht es manchem Kleidungsstück gut zu Gesicht, wenn es schon etwas Patina aufzuweisen hat. Jeans stehen hier an erster Stelle, auch wenn diese Ansicht nicht von jedermann geteilt wird.

Die Feststellung, dass seine Kunden zwei unterschiedliche Gruppen bildeten, brachten Jean Touitou, den Gründer des französischen Labels APC (Atelier de Production et de Création) auf eine Idee. Denjenigen, denen nur eine jungfräuliche Jeans gut genug erscheint, bietet er an, die abgetragene beizeiten durch eine neue zu ersetzen. Die alte Jeans wird von APC anschließend gewaschen, ausgebessert und mit den Initialen seines vorherigen Trägers versehen, bevor sie als „Butler Jeans“ wieder in den Handel gelangt.

MULTIPLE CHOICE

Strippen ziehen

Es gibt in jedem Haushalt erstaunlich viele Dinge, die sich zu selbst gesponnenem Garn verarbeiten lassen. Web-, Strick- und Häkelkünstler und -künstlerinnen können ihrer Kunstfertigkeit mit der Verwendung von Zeitungen, alten T-Shirts, Tonbändern und Plastiktaschen die Krone aufsetzen. Und was sich nicht zu einem hübschen Knäuel entwickeln will, taugt zumindest noch als Schnürsenkel.

Benötigt werden:

_ Plastiktüten, T-Shirts oder ein Oberteil zum Auftrennen (beispielsweise ein Pullover)
_ Schere
_ Bügeleisen
_ Handhaspel (lässt sich auch selbst machen: zwei lange Nägel im Abstand von 90 cm auf ein Brett nageln), um das Garn aufzuwickeln (man kann es aber auch zu Knäueln aufwickeln)
_ Backpapier

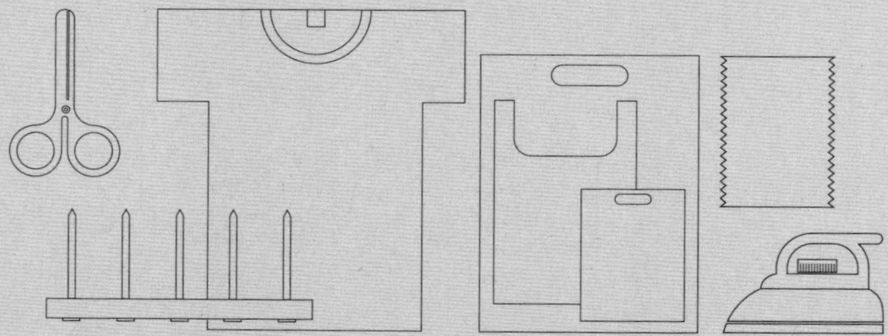

Plastic Planet

Garn aus Plastiktüten ist reißfest, Wasser abweisend und haltbar, eine nützliche Alternative für viele Zwecke im Außenbereich. Auch wenn es sich nicht unbedingt zum kuschelweichen Pullover verstricken lässt, können daraus Accessoires wie Gürtel, geflochtene Bänder zum Aufnähen oder Schnürsenkel entstehen. Für ein Knäuel Plastikgarn werden etwa zehn Plastiktüten benötigt.

1_ Plastiktüte glatt streichen und quer zu Schlaufen von 2 cm Breite schneiden.

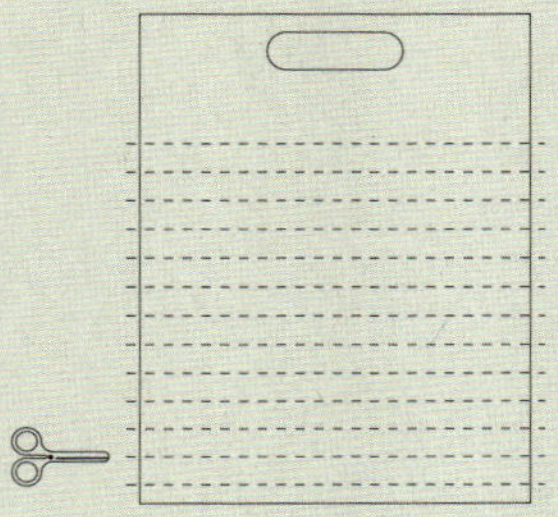

2_ Jeden Ring aufschneiden und die einzelnen Bänder dann mithilfe eines Bügeleisens an den Enden zusammenschweißen. Das Plastik vor dem Bügeln unbedingt mit Backpapier abdecken.

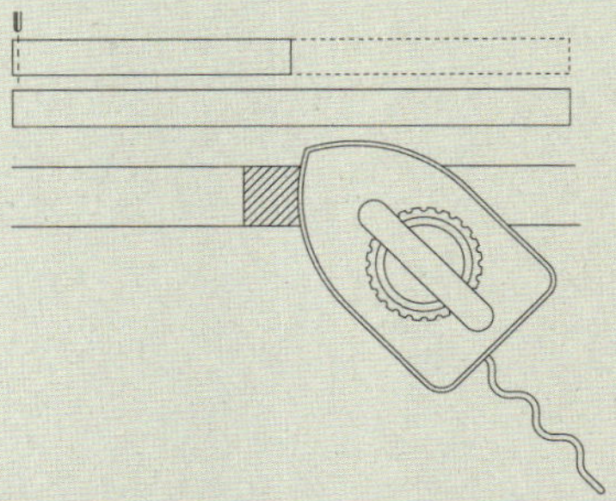

3_ Alternativ kann die Tüte fortlaufend spiralförmig aufgeschnitten werden, sodass ein langes Band entsteht.

4_ Streifen auf diese Weise zu einem sehr langen Band zusammenfügen, zu einem Knäuel aufwickeln. Mit dem Garn können neue Gestaltungsideen umgesetzt werden.

T-Shirt-Garn

Alte farbige T-Shirts (möglichst ohne Aufdruck und Nähte), wie umseitig beschrieben, quer zu Schlaufen schneiden. Statt die Enden aufeinanderzubügeln, werden sie etwa 2 cm breit übereinandergelegt und zusammengenäht, dabei über Kreuz steppen, damit die Nähte haltbar sind.

1_

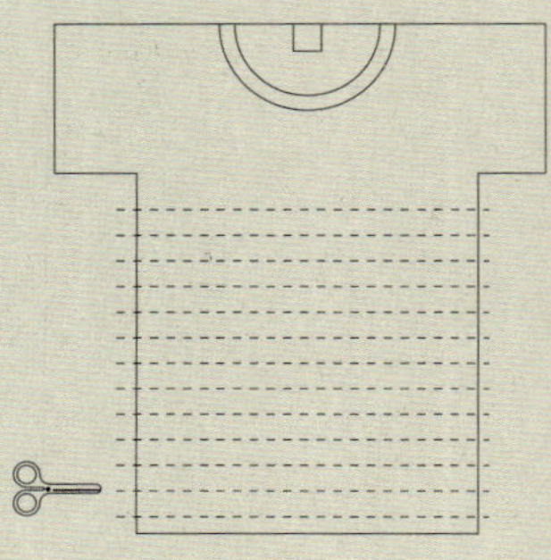

2_

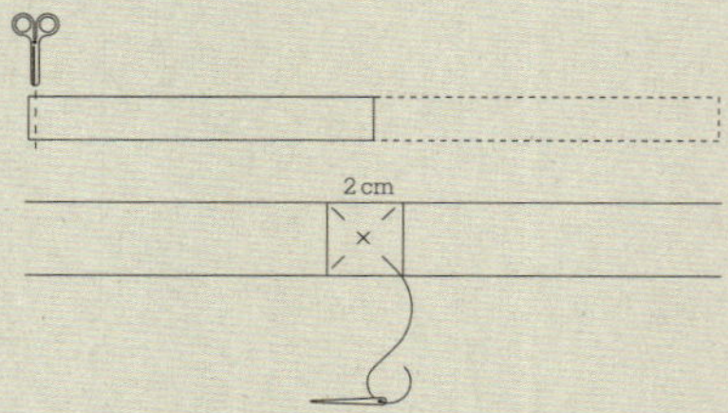

Enthüllung eines Pullovers

Aus der Wolle des einstigen Lieblingspullovers kann ein hübsches neues Set aus Schal, Mütze und Handschuhen entstehen – oder etwas beliebig anderes. Auch aus Stricksachen vom Trödel lassen sich einige Knäuel wunderbaren Garns gewinnen, selbst wenn das Originalstück beschädigt oder aus der Mode gekommen ist. Je neuer der Pullover ist, desto einfacher gestaltet sich das Auftrennen, denn mit dem Tragen verfilzen manche Garne.

Das Originalstück muss nicht handgestrickt sein, allerdings sollte die Verarbeitungsweise geprüft werden, denn Teile aus fertigem Strickstoff, deren Kanten versäubert sind, lassen sich nicht vollständig auftrennen und müssen aufgeschnitten werden, wodurch kürzere Fäden entstehen. Auch gefilzte Oberteile oder solche aus Mohair und feinen Wollsorten können manchmal überhaupt nicht oder nur sehr schwer aufgetrennt werden.

1_ Pullover zur linken Seite drehen.

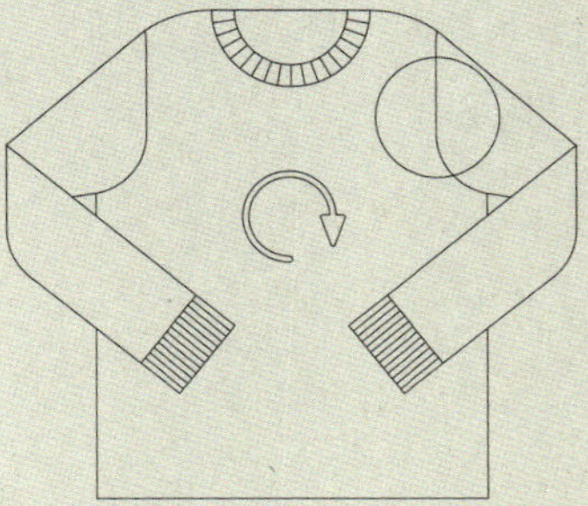

2_ Um den Pullover aufzutrennen, an den Nähten das Fadenende vom Zusammennähen suchen. Vorsichtig daran ziehen und entlang der Naht aufschneiden, darauf achten, nicht das Gestrick zu durchtrennen.

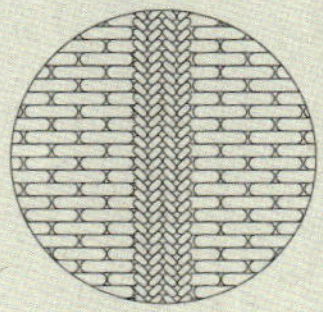

3_ Pullover nach und nach in seine Einzelteile zerlegen, zum Auftrennen am besten oben beginnen, dort wurden die Maschen zuletzt von der Nadel abgestrickt. Etwaige Hilfs- oder Stützfäden zwischen den Maschen durchschneiden, jedoch nicht die Maschen verletzen.

4_ Seitlich an den oberen Kanten kann sich ein kleiner Knoten befinden. Diesen abschneiden (oder entknoten) und mit dem Auftrennen beginnen.

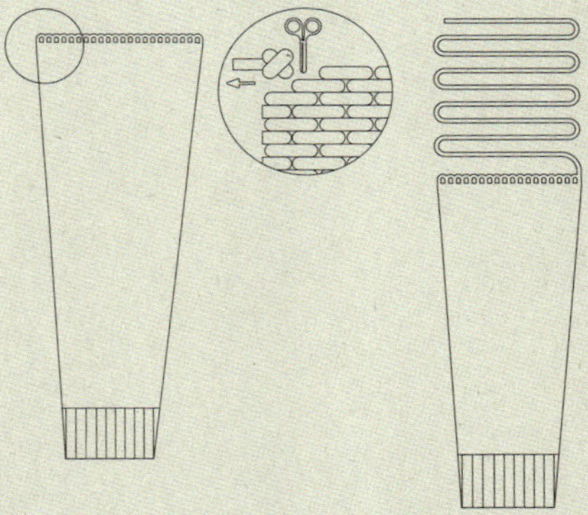

5_ Bei versäuberten Nahtkanten müssen diese abgeschnitten und die sehr kurzen Garnenden vorsichtig entfernt werden, bis eine erste vollständige Maschenreihe gefunden ist.

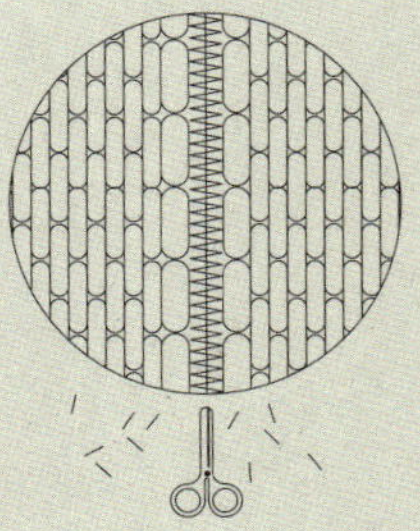

6_ Es ist zwar kein pures Vergnügen, das Garn nach dem Auftrennen des Pullovers zu Knäueln oder auf die Handhaspel zu wickeln, jedoch erspart man sich so später das Entwirren.

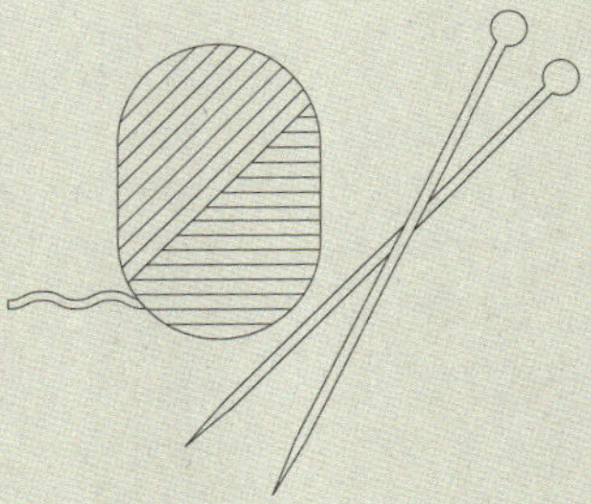

Design!

Emiliana Design Filzpantoffeln

Das in Barcelona ansässige Designstudio Emiliana von Emili Padrós und Ana Mir ist für seine Industrieprodukte und Möbel international bekannt. Im ersten Band dieser Reihe *Mach Neu aus Alt* sind die beiden mit ihren einfallsreichen Recycling-Ideen vertreten, für die sie ausgediente Rollersitze und Besen verwendeten.

Gemeinsam mit dem spanischen Teppichhersteller Nanimarquina setzte das Duo 2002 die Idee von einem Hausschuh um, der aus einem einzigen Stück Wollfilz gefertigt wird. Dank des raffinierten Schnitts ist nur eine einzige Naht an der Außenkante erforderlich, um die recycelbaren, biologisch abbaubaren und ausgesprochen liebenswerten Modelle zusammenzufügen.

– Verfilzt noch mal –

Mit dem Begriff „Pullunder“ verbindet man eine andere Generation, Popper und unerwünschte selbst gestrickte Weihnachtsgeschenke. Doch unlängst kam das Kleidungsstück mit dem trendigen Retro-Look wieder zu Ehren. Der Pullunder ist zum zeitgemäßen Klassiker avanciert. Ganz ohne Nähen lässt sich ein alter Wollpullover durch Waschen bei bestimmten Temperaturen (bei Kochwäsche schrumpft das Stück besonders stark) bewusst verfilzen und zu einem Pullunder umfunktionieren, wenn die Ärmel abgetrennt werden. Ein ausrangierter Pullover oder eine Strickjacke, die zu wenig Wollanteile zum Verfilzen haben oder fürs Schrumpfen nicht ausreichend groß genug sind, können durch das Abtrennen der Ärmel auf diese Weise auch zu einem Pullunder oder einer Weste umfunktioniert werden. Aus den übrig gebliebenen Ärmeln lassen sich (passende!) Socken oder Stulpen machen.

– Schichtweise –

Jerseystoffe aus Baumwolle oder Lycra müssen nicht gesäumt werden und eignen sich zudem auch wunderbar für den angesagten Lagenlook. Tänzer und Yogaschüler machen vor, wie Leggins und Strümpfe zu Shorts oder Hotpants umfunktioniert werden können, wie aus einem Trikot zwei Teile und T-Shirts zu Tanktops oder kurzen Overshirts werden können. Trägt man die vielfarbigen, hautengen Teile übereinander, zusammen mit Stulpen für Arme und Beine sowie einem (oder mehreren) Stirnbändern, ergibt das ein tolles Outfit, von dem nahezu jeder Recycling-Fan begeistert sein wird.

– Ponchomania –

Aus einem großen Stoffquadrat oder runden Stoffstück lässt sich ganz leicht ein Poncho schneidern. Auf diese Weise kommen Bettüberwürfe und Decken wieder zu Ehren. Ebenso kann dieses mexikanisch inspirierte Kleidungsstück einer Tisch- oder Picknickdecke neues Leben einhauchen. Ein Duschvorhang gibt einen hervorragenden Regenponcho ab. Besonders geeignet sind Ponchos aus weichen Stoffen für Kinder, die, auf diese Weise eingehüllt, nach einem aufregenden Tag gleich darin einschlafen können.

MULTIPLE CHOICE

Randerscheinungen

Viele Kleidungsstücke bekommen durch das einfache Abtrennen von Hosenbeinen oder Ärmeln eine zweite Chance. Damit das Vorhaben zu einem glücklichen Ende führt, ist es hilfreich, verschiedene Methoden zum Versäubern und/oder Säumen von Kanten kennenzulernen, um dann die passende auswählen zu können.

1. Die unbearbeitete Stoffkante

- Bei vielen Stoffen, beispielsweise Filz und Jeans, können die Säume offen bleiben. Sie lassen sich aber auf verschiedene Weise haltbarer machen, ganz gleich, ob das nun notwendig oder ganz einfach beabsichtigt ist.
- Mit dem Überwendlingsstich können in gleichmäßigem Abstand diagonale Stiche ausgeführt werden. Dabei führt man den Faden jeweils von der Ober- zur Unterseite über die Kante.
- Zackenscheren sorgen für eine gezahnte Kante, die weniger franst.
- Mit der Nähmaschine kann man knapp neben der Stoffkante eine Zickzacknaht setzen, die diese stabilisiert. Die Kanten können auch durch eine einfache Geradstichnaht gesichert werden.
- Textilklebstoffe in flüssiger Form oder zum Sprühen sind im Kurzwarenhandel erhältlich. Auch wenn man den Stoff mehrmals stärkt und bügelt, kann dies die Kanten kurzfristig vor dem Fransen bewahren (vor allem feine Stoffe können so dauerhaft stabilisiert werden), gegebenenfalls geht es auch mit Haarspray.

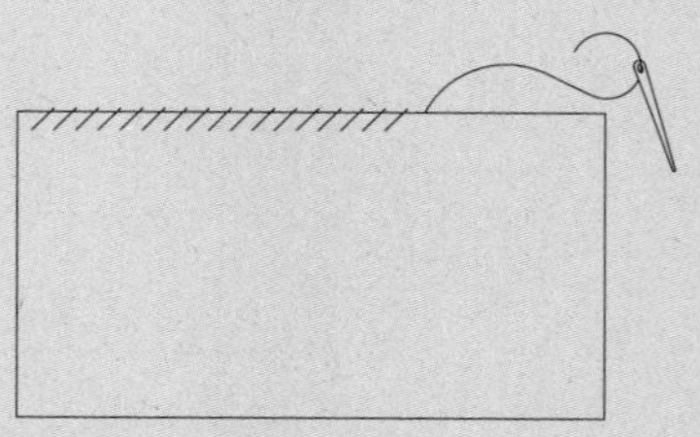

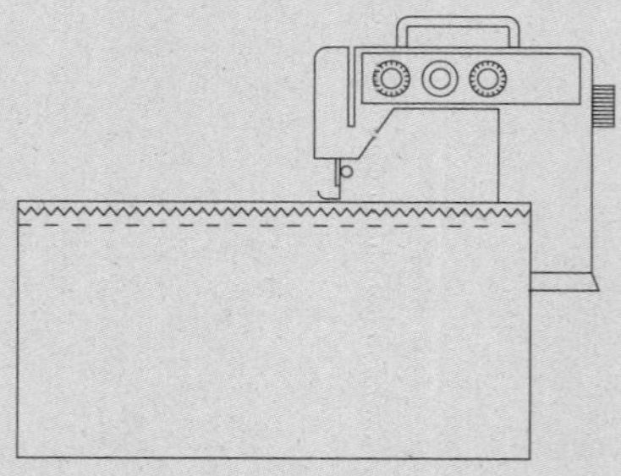

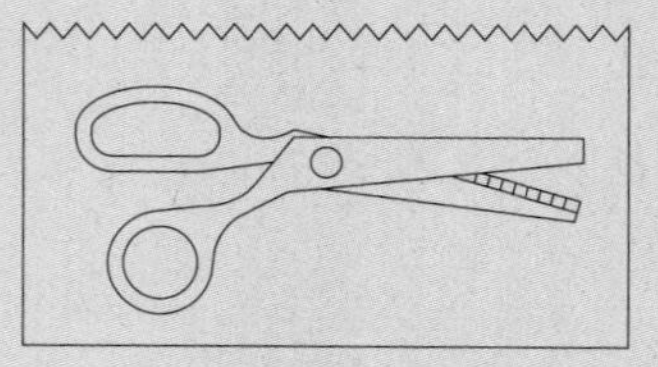

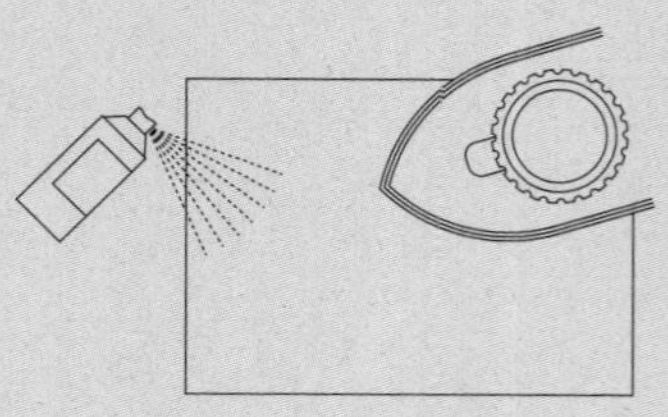

2. Der gesteppte Saum

- Vor dem Abschneiden eines Kleidungsstücks unbedingt prüfen, ob für die gewünschte Länge ausreichend Zugabe berücksichtigt wurde. Für einen normalen gesteppten Saum sind etwa 2 cm Zugabe erforderlich. Wenn die neue Saumzugabe sehr dicht am vorhandenen Saum liegt, sollte man diesen zuvor auftrennen.
- Kleidungsstück zur linken Seite wenden und Kante etwa 1 cm umschlagen und bügeln. Bei dicken Stoffen kann das schon ausreichen, manchmal hat man auch nicht mehr genügend Material. Wenn der Umschlag nicht zu stark aufträgt, sollte man die Kante noch einmal umschlagen, der Saum wird dadurch schöner und haltbarer. Dann Saum bügeln und/oder feststecken.
- Mit der Nähmaschine dicht neben der Bruchkante steppen und dabei nach und nach die Stecknadeln entfernen.

3. Falscher Saum

- Dieser Saum wird genäht, wenn die vorhandene Stoffmenge nicht ausreicht oder das Kleidungsstück zu kurz geworden ist. Dafür verwendet man vorgefalztes Schrägband (bei Säumen mit Rundungen oder schräg geschnittenen Teilen) oder Saumband (bei geraden Kanten), das im Kurzwarengeschäft erhältlich ist.
- Das Schräg- oder Saumband (in der entsprechenden Länge) rechts auf rechts an den Saum des Kleidungsstücks stecken, Enden einschlagen. Schrägband im Falz, Saumband knappkantig festnähen.
- Naht ausbügeln, Band zur Innenseite des Kleidungsstücks umschlagen und entweder mit der Nähmaschine feststeppen oder von Hand annähen.

SCHRITT-FÜR-SCHRITT

Designkopie

Es ist wunderbar, fantastische Stoffe in Form von ausgedienten Bettbezügen und Fallschirmen zu horten, der Schlüssel zu wahrem Erfindungsreichtum liegt allerdings auch im Recycling von gutem Design. Wenn man den Schnitt eines vorhandenen Kleidungsstücks dafür verwendet, hat man zweifachen Nutzen: Mit dem heißgeliebten Modell sind wir vertraut und wir wissen, dass es gut passt, und zudem kann es dann sogar noch verändert und verbessert werden. Eigentlich müsste jedes Original aufgetrennt werden, um die einzelnen Teile auf Schnittpapier abzupausen. Das bietet sich beispielsweise für ein Kleid vom Flohmarkt an, das aus einem anderen Stoff gefertigt werden soll, ohne das Original behalten zu wollen. Meist jedoch bringt man es nicht fertig, das Lieblingsstück auseinanderzunehmen. Ist das der Fall, gibt es eine andere Lösung.

Benötigt werden:

_ Kleidungsstück als Vorlage für den neuen Schnitt (frisch gebügelt)
_ eine Decke
_ Stecknadeln oder Kopierrädchen
_ Lineal
_ Schneiderlineal
_ große Papierbogen (Schnittmusterpapier oder Seidenpapier eignet sich besser als Zeitung, da die Druckerschwärze auf den Stoff abfärben kann)
_ Schere

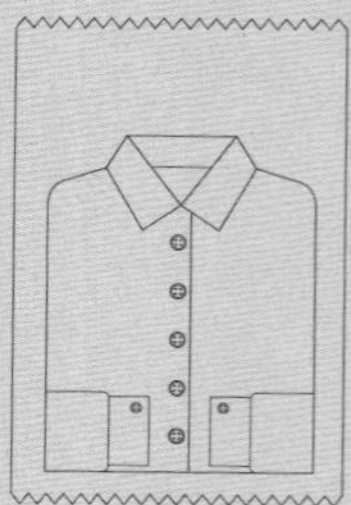

1_ Decke auf dem Tisch oder dem Boden ausbreiten und Papier darüberlegen. Kleidungsstück flach darauf ausbreiten.

2_ Kleidungsstück glatt streichen und entlang der Nähte auf der Decke feststecken.

3_ Markierungen sorgfältig entlang der Nähte anbringen, dazu in regelmäßigen Abständen Stecknadeln durch die Nahtkante (sehr dicht neben der Kante) hindurch in das Papier und die Decke stecken. Alternativ dazu kann man auch ein Kopierrädchen verwenden.

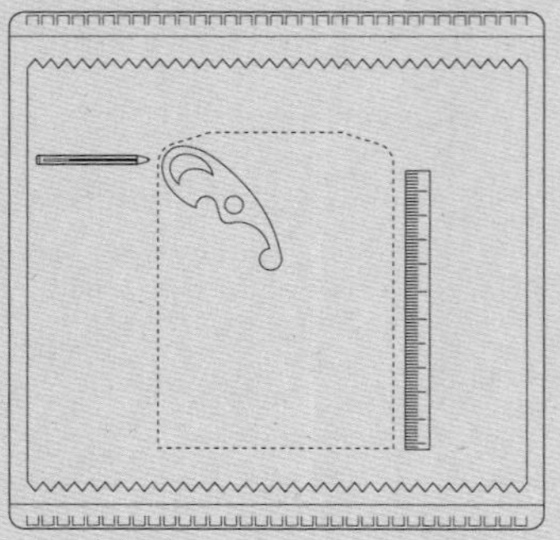

4_ Stecknadeln wieder aus dem Kleidungsstück entfernen. Die Schnittlinien sollten auf dem Papier sichtbar sein. Papierbogen abnehmen, alle Maße mit dem Maßband überprüfen und Linien mit einem Lineal oder einem Schneiderlineal (vor allem bei Rundungen empfehlenswert) nachziehen.

5_ Decke und Papier wieder aufeinanderlegen, nächstes Kleidungsteil feststecken und wie oben beschrieben verfahren.

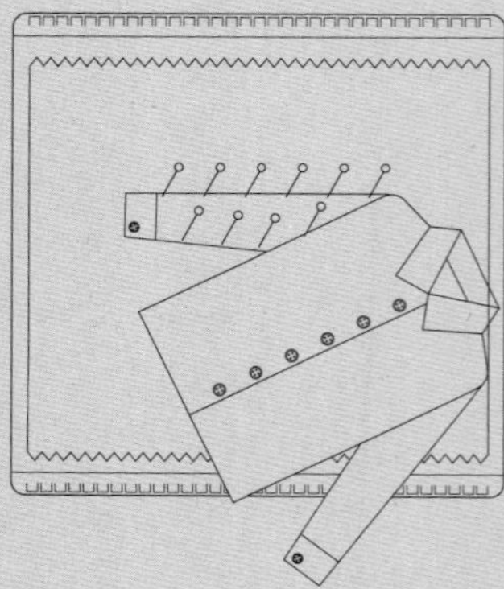

6_ Nachdem alle Stecknadeln entfernt sind und sämtliche Linien nachgezogen wurden, eine Nahtzugabe von etwa 1,5 cm anzeichnen.

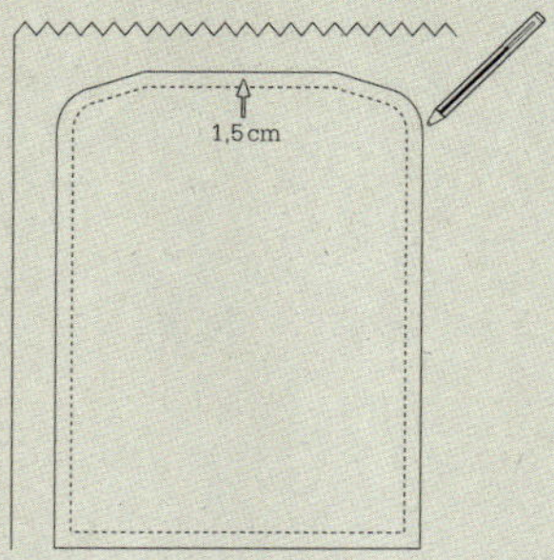

7_ Hat das Kleidungsstück einen Reißverschluss, sollte dieser auf dem Papier markiert und ein Musterstreifen derselben Länge angefertigt werden (plus Nahtzugabe). Damit wird der Bereich, an dem der Reißverschluss eingenäht wird, verstärkt.

8_ Alle Teile beschriften und Vorder- und Rückseite anzeichnen, bevor es ans Ausschneiden der Papiervorlage geht.

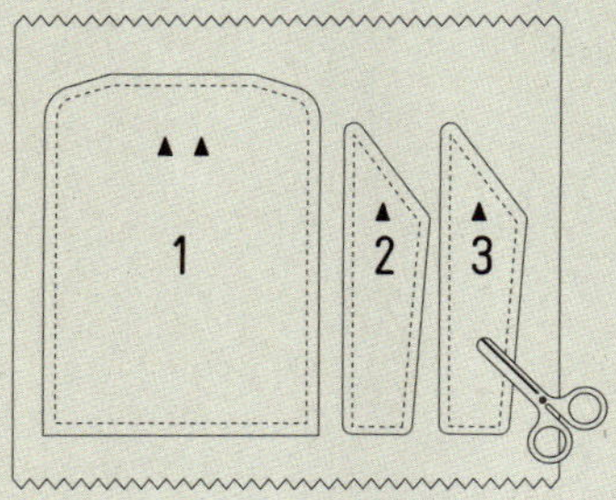

9_ Vor dem Zuschneiden noch einmal alle Papierteile mit dem Kleidungsstück vergleichen, um sicherzugehen, dass alle Maße korrekt sind und genügend Naht- und Saumzugaben für jedes Schnittteil berücksichtigt wurden.

AIR
AIR
Gola

Design!

Walter Raes
Kunst und Design zum Anziehen

Der belgische Designer Walter Raes zog 1989 nach London. Dort wurde er dazu inspiriert, etwas gegen die „kriminellen“ Mengen an nutzbaren Abfällen zu tun, die sich in allen Städten auf der ganzen Welt auftürmen. Walter Raes begann, aus diesem Konsummüll tragbare Kunst und Kleidungsstücke zu entwerfen, wobei er sich insbesondere auf Haushalts- und Industrieabfälle spezialisierte, die nicht selten direkt aus dem Müllcontainer stammten.

Die Entwürfe des Designers sind eine verblüffende Antwort auf die Wegwerfgesellschaft. Er macht sich die Funktionalität seiner Rohstoffe zunutze und verwendet die Schnürsenkel ausrangierter Turnschuhe beispielsweise für ein Korsett und Staubwedel als „Pelz“ für einen Mantel. Die Ausgangsmaterialien sind häufig nicht auf den ersten Blick zu erkennen, bei näherem Hinsehen entdeckt man aber so erstaunliche Dinge wie Kabelbinder, Tampons, Schnuller, Bügelbretter oder Schuhregale, die im Lauf der Jahre den Weg in seine Kleidungsstücke gefunden haben.

Design!

Walter Raes
Kunst und Design zum Anziehen

SCHRITT-FÜR-SCHRITT

Plastic Planet

Die einfache Plastiktüte ist als übler Umweltverschmutzer in Verruf geraten. Das hat zur Steigerung ihres materiellen Werts beigetragen, was nicht nur daran liegt, dass sie seltener wird, sondern auch am Preis, der an der Kasse für sie verlangt wird. So könnte sie eines Tages auf der Roten Liste zu finden sein, weil Supermärkte und Ladenketten Maßnahmen ergriffen haben, die ihren Gebrauch drastisch einschränken sollen. Es ist also an der Zeit, sich dieses noch allgegenwärtigen Rohmaterials anzunehmen.

Die dekorativen Eigenschaften von Plastiktüten erschöpfen sich nicht mit ihrer Zierde von Bäumen, Flüssen oder Gehwegen. Wer sie als Stoff betrachtet, kann sich diese Objekte zunutze machen. So lässt sich auch ein größerer Vorrat davon verbrauchen, und zudem kann man sich auf ungewöhnliche Weise etwas freie Zeit vertreiben.

Mit der hier dargestellten Methode kann man ein Material herstellen, das mit einer normalen Nähmaschine verarbeitet werden kann und wasser- und reißfest ist. Das Ergebnis erinnert in keinster Weise mehr an eine frühere Existenz als Tragetasche, es sei denn, vorhandene Logos werden im Entwurf integriert.

Es empfiehlt sich, zunächst etwas zu experimentieren, bevor man das Design entwickelt oder die besten Tüten aus der Sammlung bereits verbraucht sind. Mit der Kombination verschiedener Farben und Lagen aus unterschiedlichen Formen lassen sich neue Effekte und Muster erzielen. Transparente Kleiderfolie aus der Reinigung ergibt einen durchsichtigen Stoff, in den sich Glitzerpartikel oder kleine Papierfetzchen zwischen den Lagen einarbeiten lassen.

Benötigt werden:

- viele Plastiktüten
- Schere
- Bügeleisen
- Backpapier (auch Schnittmusterpapier oder dünner Karton sind geeignet)
- Geduld

1_ Jede Plastiktüte zunächst glattstreichen, dann Tragehenkel und Boden abschneiden.

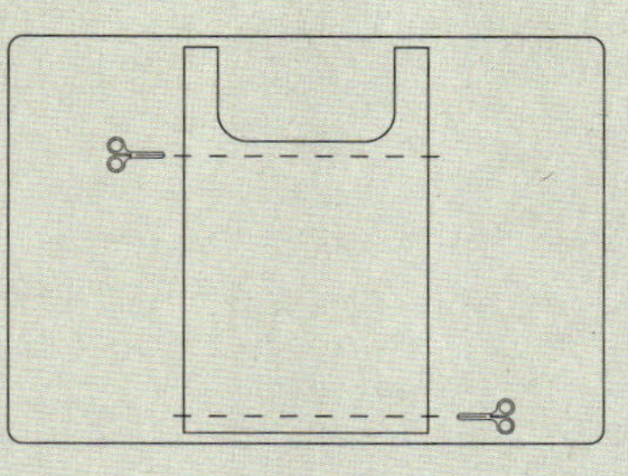

2_ Tüten jeweils an einer Seite aufschneiden und auffalten, sodass ein Rechteck entsteht.

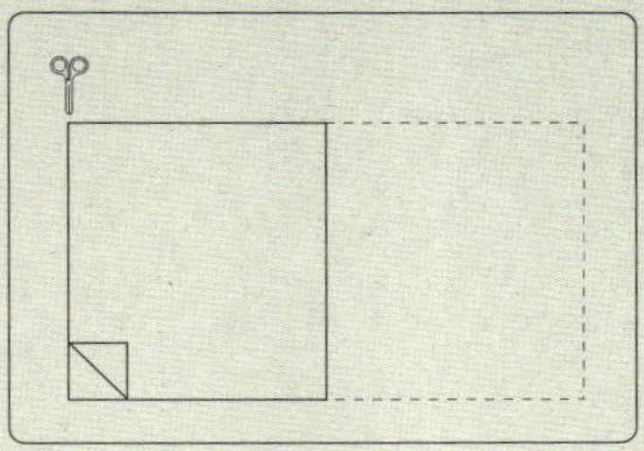

3_ Auf dem Bügelbrett (oder einer anderen ebenen Oberfläche) Backpapier ausbreiten und darauf 5–8 Lagen Plastiktüten aufeinanderlegen.

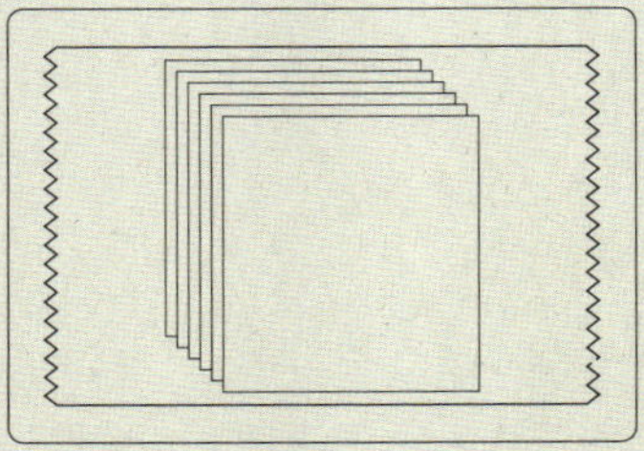

4_ Tütenschicht mit einer weiteren Lage Backpapier abschließen. Tüten niemals direkt bügeln, da sonst eine klebrige Plastikmasse am Bügeleisen haftet, das unter Umständen kaputt geht und entsorgt werden muss.

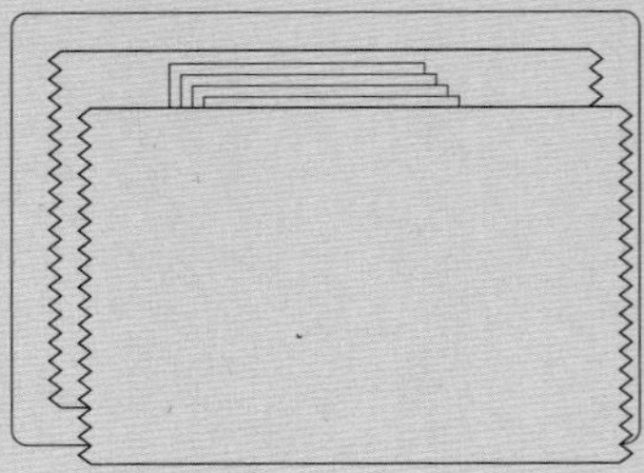

5_ Bügeleisen vorheizen – die Einstellung für Baumwolle ist gut geeignet, aber es lohnt sich, zuerst ein Teststück anzufertigen, denn jedes Bügeleisen ist anders. Auch die Qualität des Backpapiers oder des Kartons beeinflusst das Ergebnis, ebenso wie die Anzahl der verwendeten Plastiklagen.

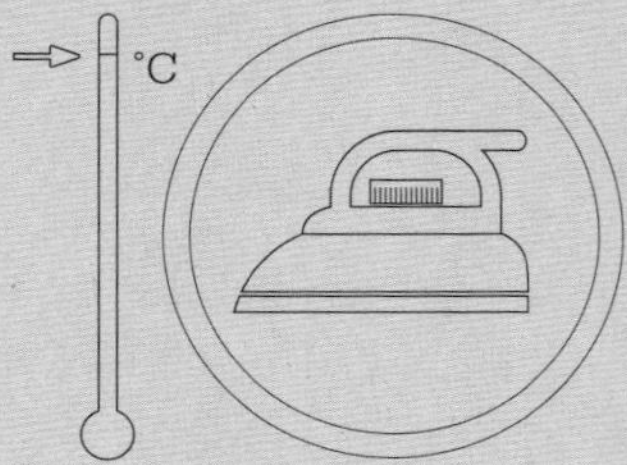

6_ Bei geöffnetem Fenster weiterarbeiten. Das Bügeleisen aufsetzen und mit festem Druck auf dem Backpapier hin und her bewegen, damit die Plastiktüten miteinander verschmelzen, aber keine Löcher darin entstehen. Es gehört ein wenig Übung dazu, aber mit Backpapier kann man den Vorgang beobachten – ein Vorteil gegenüber der Verwendung von Karton.

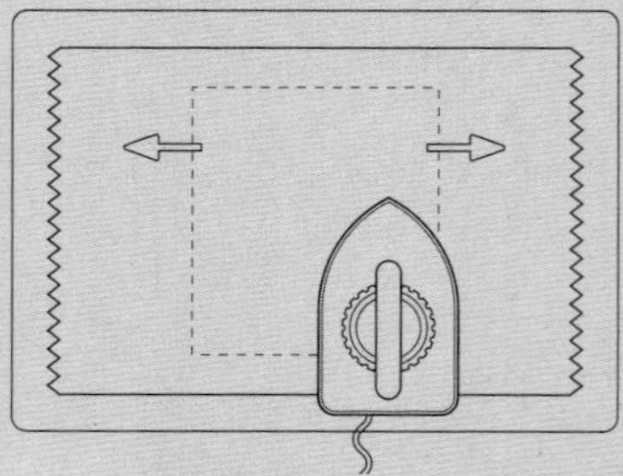

7_ Das Ganze einige Minuten abkühlen lassen, anschließend das Backpapier vorsichtig abziehen und prüfen, ob es noch Bereiche gibt, die nicht miteinander verschmolzen sind. Gegebenenfalls den Vorgang wiederholen.

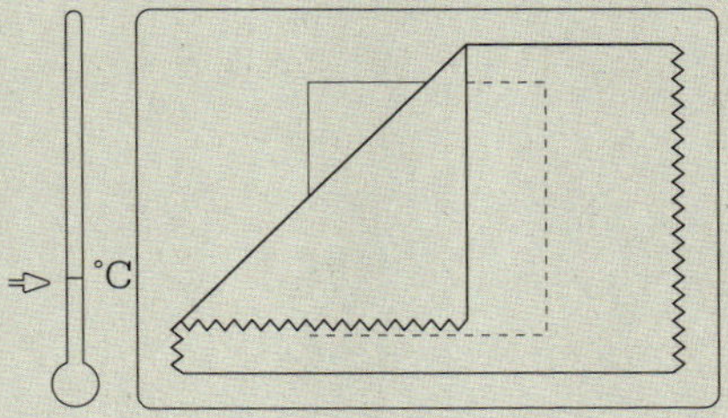

8_ Das neue Material kann mit der Schere zugeschnitten und mit der Nähmaschine verarbeitet werden.

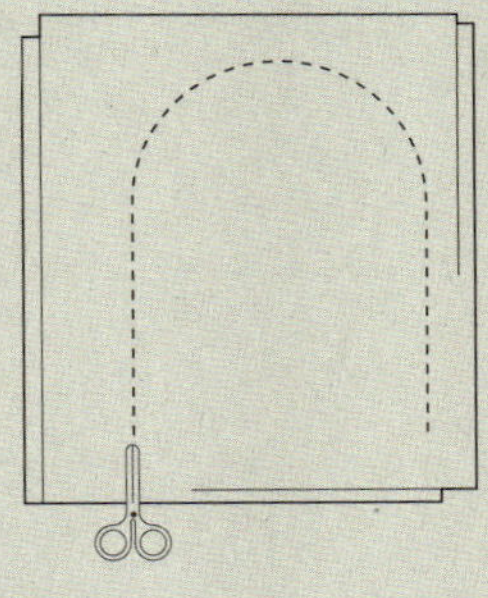

– Im Schweiße deines Angesichts –

Aus den Bündchen überzähliger Sportsocken aus Frottier lassen sich Schweißarmbänder machen. Noch besser als Ausgangsmaterial geeignet sind ein altes Handtuch und Elastikband, woraus sich auch ein Stirnband fertigen lässt. Elastikband um den Kopf legen und abmessen – das Band soll straff sitzen, aber nicht einengen. Länge markieren und das Elastikband mit Zugabe zuschneiden, sodass die Enden zusammengefügt werden können. Anschließend ein entsprechend langes Band aus dem Frottiertuch schneiden, rechts auf rechts längs falten und an der Längskante zusammennähen. Schlauch zur rechten Seite wenden und bügeln. Elastikband einziehen, dieses an der Markierung zusammennähen, dann die noch offenen seitlichen Kanten am Schlauch einschlagen und von Hand zunähen.

– Aufgehübscht –

Stoffreste aus feinen Materialien können zum Aufpeppen von Kleidungsstücken verwendet werden, die schon etwas langweilig wirken. Taschen, Kragen oder Manschetten lassen sich mit einem farbenfrohen hellen Stoff füttern, den nur die Trägerin sieht. Dezente, aber schicke Bänder an einem Ärmel halten diesen hübscher in Position. Hinzufügen kann man Knopfschlaufen oder eine Taschenklappe. Aus Seide oder Gaze zugeschnittene Bänder lassen sich als zarter Besatz am Halsausschnitt von Kleidern, Jacken oder Blusen aufnähen, was sie sofort neu und luxuriös erscheinen lässt. Derselbe Trick funktioniert auch bei einem alten T-Shirt, bei dem Säume und Halsausschnitteinfassung abgeschnitten wurden.

– Ich sehe was, was du nicht siehst –

Reflektierende Stoffe und Bänder von Sportfunktionskleidung können zusammen mit Resten neonfarbener Schutzkleidung verwendet werden, um zu praktischen wie dekorativen Streifen für alle Lebenslagen umfunktioniert zu werden. Sie lassen sich an abnehmbare Kapuzen nähen, größere Stücke werden zu Ponchos und Kragen verarbeitet, die für mehr Sichtbarkeit beim Radfahren dienen. Gürtel, Armbänder und Armbinden bekommen modische Streifen verpasst, die sich im Gelände als nützlich erweisen. Wer oft im Dunklen joggt, kann reflektierende Streifen an Laufkleidung oder Schuhen befestigen.

– Anhänglich –

Fast jedes Objekt kann zum Schlüsselanhänger umfunktioniert werden, es sollte aber strapazierfähig, gut zu fassen und zu sehen sein (dabei aber weder zu groß noch zu schwer geraten). Geeignet ist beispielsweise ein Lederstück von einem alten Gürtel oder eine kleine Perlenschnur von einer abgerissenen Halskette. Kleine Spielsachen, Lampenzüge und Werkzeuge, Taschenlampen und Flaschenöffner sind bewährte Klassiker, ebenso wie Karabiner und Karabinerhaken. Aber es gibt noch viele weitere Möglichkeiten: Die Plastikkapsel aus einem Kinderüberraschungsei zum Beispiel kann man mit kleinen Öffnungen versehen (mithilfe eines feinen Bohrers), durch die man eine stabile Schnur fädelt – fertig ist die Pillendose für unterwegs. Auch aus einem leeren Make-up-Döschen mit Spiegel lässt sich ein Schlüsselanhänger basteln, in dem Kurznachrichten, Mantras, Notfallnummern oder Fotos Platz finden.

– Reinkarnation –

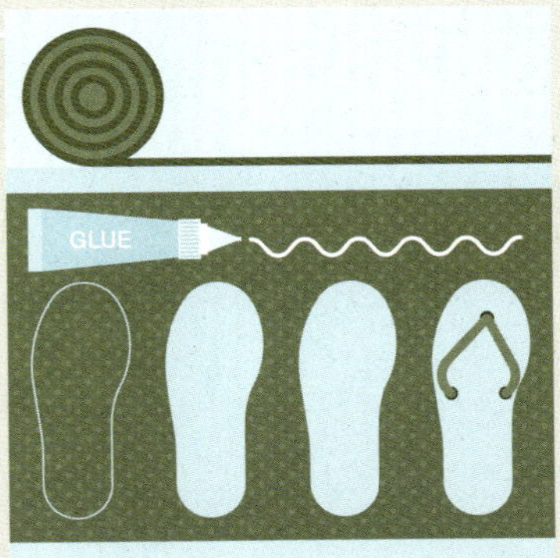

Reinkarnation ist nicht nur ein Thema für Yogis, sondern auch für ihre Matten. In ihrem nächsten Leben können Yogamatten als Flip-Flops wiedergeboren werden. Nach gründlicher Reinigung wird der Sohlenumriss von vorhandenen Flip-Flops oder Turnschuhen auf die Matte übertragen. Je nach Stärke der Matte werden mehrere Sohlen pro Fuß ausgeschnitten und mit einer Heißklebepistole bis auf eine restliche Sohle zusammengeklebt (eine etwaige geriffelte Seite zeigt dabei nach unten). Fuß auf die noch übrige Sohle setzen und zwischen dem großen und dem zweiten Zeh eine Markierung anbringen, dort mit dem Teppichmesser einen kleinen Schnitt setzen, ebenso jeweils nahe der seitlichen Kanten. Die Halter können aus der Matte geschnitten werden, allerdings ist ein geflochtener Stoffrest komfortabler. Haltebänder einfädeln, dabei vorn beginnen (von unten nach oben), zu einer Seite, dort nach unten, quer zum anderen seitlichen Schlitz führen, nach oben, das Ende wieder durch den vorderen Schlitz fädeln. Anprobieren und anpassen, dann Halter auf der Rückseite festkleben. Letzte Sohle festkleben und auf dem Stapel fest andrücken.

SCHRITT-FÜR-SCHRITT

Glitzerzauber

Abgesehen von passionierten Schneiderfreaks, mag die Idee, Pailletten selbst herzustellen, für Laien ebenso abwegig erscheinen wie das eigene Anfertigen von Nudelplatten für Lasagne. Es ist eher ein Zeitvertreib, der gut und gern einen ganzen Tag dauern kann. Aber, ähnlich wie bei Lasagne, ist das Resultat nicht nur beeindruckender und befriedigender, auch die Variationsmöglichkeiten sind unendlich.

Benötigt werden:

_ dünne Dokumenten- oder Prospekthüllen, laminiertes Papier, ausrangierter Weihnachtsschmuck aus Metallfolie, Filmrollen oder Farbfilter oder Klebeband (für die Paillettenfläche zwei Lagen aufeinanderkleben oder eine Plastiktüte, eine alte Zeitschrift oder Ähnliches damit verstärken)
_ Locher oder Schere
_ dicke, spitze Nadel, am besten eine Polsternadel
_ Nadel und Nähgarn

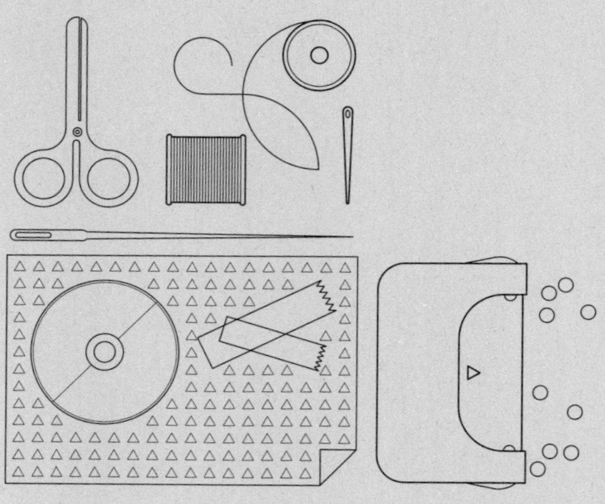

1_ Material auswählen und mit dem Locher Konfetti ausstanzen.
2_ Alternativ kann das Material mit der Schere zu Rechtecken oder Quadraten geschnitten werden.
3_ Mit der Polsternadel jeweils mittig ein Loch in die Konfetti stechen. Bei Rechtecken das Loch am besten mittig am oberen Rand einstechen.
4_ Pailletten in (je nach Entwurf horizontalen) Lagen aufnähen, dabei am unteren Ende der entsprechenden Fläche beginnen und nach oben arbeiten.

1_

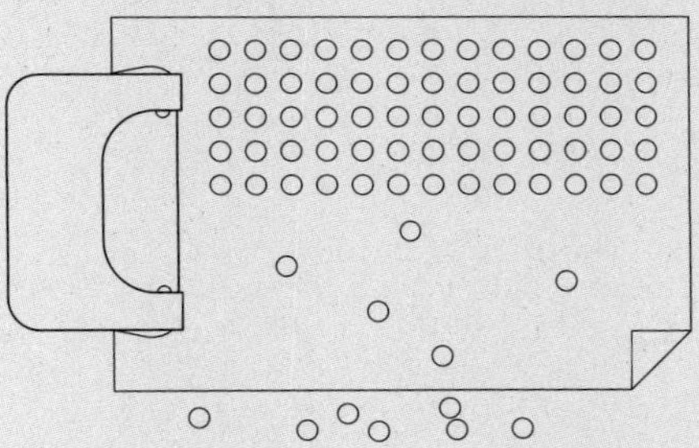

2_

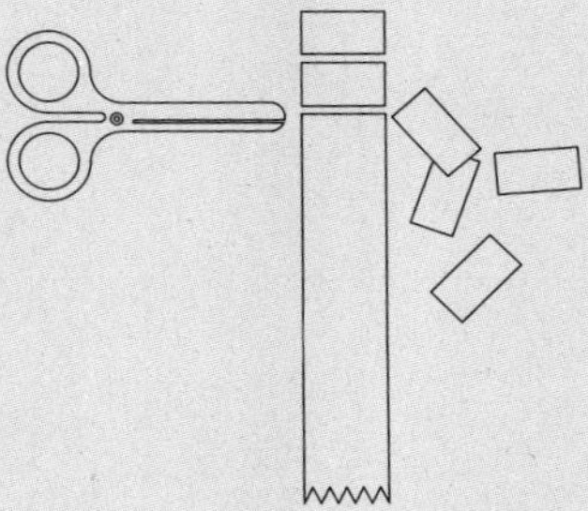

3_

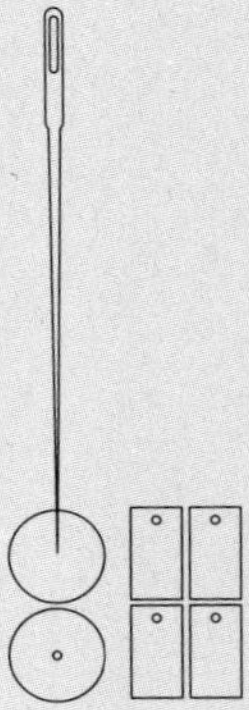

4_

Design!

Suzanne Lee
BioCouture

Es gibt zahlreiche Pioniere, die nachhaltige Mode durch reduzierte Schnitttechnik, Aufarbeiten und Wiederverwerten von Kleidung kreieren. Die in London ansässige Wissenschaftlerin Suzanne Lee wählte dagegen einen ganz neuen Weg: Sie „züchtet“ Material selbst.

Während ihrer Tätigkeit am Londoner Central Saint Martins College of Art and Design rief Lee das Programm BioCouture ins Leben, bei dem Mikroben zur Produktion von Bio-Materialien genutzt werden. Dadurch kann auf Pflanzen oder petrochemische Rohstoffe als traditionelle Ausgangsmaterialien für die Stoffproduktion verzichtet werden. Lees Forscherteam kultiviert Mischkulturen aus bakteriell erzeugter Zellulose, Hefen und anderen Mikroorganismen in einer gesüßten Lösung aus grünem Tee. Die Bakterien zersetzen den Zucker und produzieren feine Zellulosefäden, die zusammenkleben und sich als Film auf der Flüssigkeit absetzen. Nach zwei bis drei Wochen ist eine etwa 1,5 cm dicke Zelluloseschicht entstanden, die lederähnliche Qualitäten aufweist. Sie kann auf einer 3-D-Form modelliert oder flach getrocknet werden.

Die Designerin fand heraus, dass dieser Stoff mit geringeren Farbmengen gefärbt und bedruckt werden kann, was einen erheblichen ökologischen Vorteil darstellt. Der Clou ist allerdings die Kompostierbarkeit des Materials am Ende seines Lebenszyklus.

– Wie angegossen –

Alten Jeans kann man durch Umarbeiten einen neuen Schnitt und Stil verpassen. Eine Schlaghose kann zu einer Röhrenjeans umfunktioniert werden, wenn man an Innen- und Außennaht etwas Stoff entfernt. Wie bei allen Änderungen, sollten die neuen Nähte zunächst per Hand fixiert und die Jeans immer wieder probiert werden, bis das Ergebnis zufriedenstellend ist. Dann können die Nähte schließlich mit der Nähmaschine geschlossen werden. Für hautenge Jeans, die wie angegossen sitzen, sollte an der Außennaht oberhalb des Knöchels ein Bereich von etwa 20 cm offen gelassen werden, in die später ein Reißverschluss eingenäht werden kann. Dadurch wird das Anziehen der Jeans komfortabler.

– Besser Arm ab als arm dran –

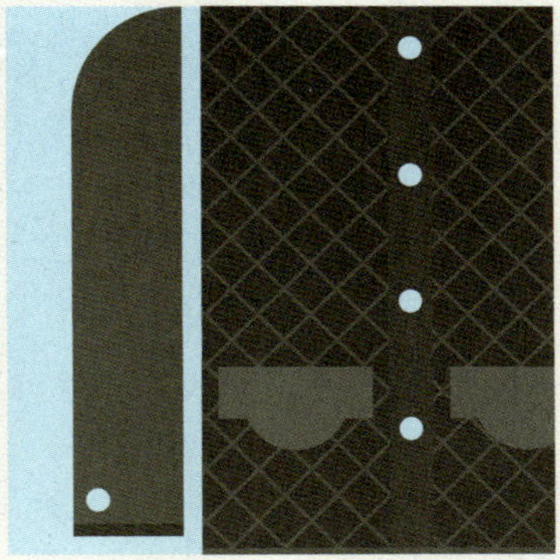

Aus einer abgelegten Jeans- oder Lederjacke wird eine sehr nützliche Weste, wenn die Ärmel abgetrennt werden. Gleiches funktioniert auch bei Steppjacken, Sakkos oder Blazern. Bei einem Sakko empfiehlt es sich, die Änderung zunächst mit einem Schneider zu beratschlagen. Mit ein paar einfallsreichen Tricks (wie etwa Saum kürzen, Revers nach dem Abtrennen in der Größe verändern und eventuell mit Seidenstoff an der Unterseite füttern) werden Stoff und Struktur – wenn auch nicht nahtlos – in ein neues Leben übergehen.

– Zeigt her eure Füße –

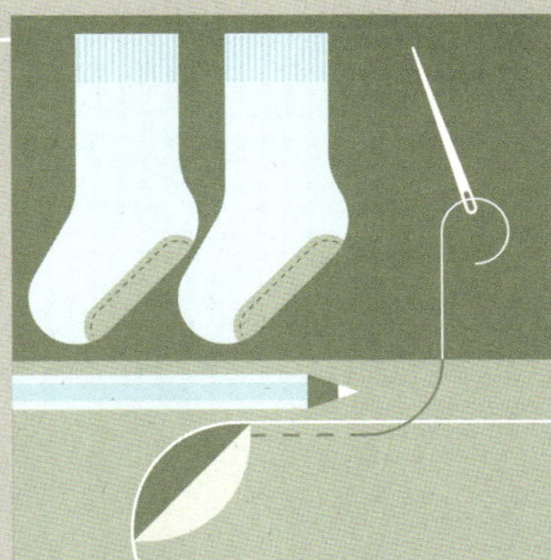

Viele tragen zu Hause statt Hausschuhen lieber dicke Socken, was zwar recht bequem ist, aber eine rutschige Angelegenheit sein kann, ganz abgesehen davon, dass Socken schnell durchgelaufen, feucht oder schmutzig sind. Da kommt die erstaunliche Erfindung der Stopper-Socken gerade recht: ein Strumpf mit einer einfachen, weichen Sohle, die für Halt, Wärme und Dauerhaftigkeit sorgt, dem ansonsten perfekten Sockengefühl aber keinen Abbruch tut. Zum Selbermachen Socken anziehen, Fußumrisse auf ein Stück Karton übertragen, Schablonen ausschneiden und die Form auf ein Stück Veloursleder oder ein anderes strapazierfähiges Material (wie etwa dünne Teppichreste oder eine dünne Matte) übertragen. Sohlen an die Sockenunterseite nähen oder kleben.

SCHRITT-FÜR-SCHRITT

Mehr als sauber

Mithilfe von Entfärber kann man einem farbigen Kleidungsstück einen verwegeneren Look verleihen, etwaige Flecken werden dabei gleich mit entfernt. Eine weiße Weste lässt sich damit in Sekunden zaubern (was jeden Diktator vor Neid erblassen ließe), allerdings sollte dabei mit Handschuhen, Schutzkleidung und bei offenem Fenster gearbeitet werden. Überlegungen zum Design – Drip-Painting à la Jackson Pollock oder „Sternenhimmel" auf schwarzem Kleid – sollten vor Arbeitsbeginn angestellt werden. Mit einer Schablone kann man auch Motive auf das Kleidungsstück aufbringen, indem man den Entfärber nur im ausgeschnittenen Bereich aufträgt.

Benötigt werden:

_ ein Kleidungsstück
_ „Freezer Paper" (aufbügelbares Spezialpapier, als Patchwork- und Quiltzubehör erhältlich)
_ Schere
_ Karton
_ Entfärber oder Bleichmittel (1:1 mit Wasser verdünnen)
_ Sprühflasche
_ Bügeleisen

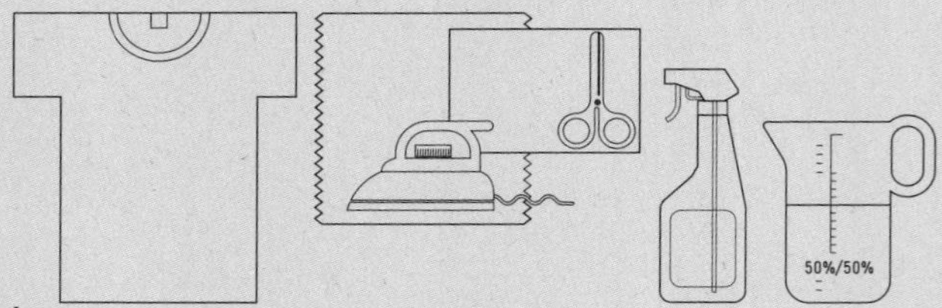

1_ Gewünschten Entwurf auf Freezer Paper zeichnen und als Schablone ausschneiden. Dabei nicht zu detailreiche Motive wählen, da die Konturen durch das Bleichen unscharf werden können.
2_ Schablone mit der beschichteten Seite nach unten auf das Kleidungsstück aufbügeln.
3_ Unter die Stofflage mit der aufgebügelten Schablone ein Stück Karton legen, damit der Entfärber nicht auf die anderen Bereiche des Kleidungsstücks durchschlägt.
4_ Entfärber in die Sprühflasche füllen und rings um die Schablone aufsprühen. Dabei möglichst wenig Entfärber verwenden, denn die Chemikalien können nicht nur die Farbe auflösen, sondern auch die Fasern angreifen.
5_ Entfärber kurz einwirken lassen und die Schablone nach einigen Minuten abziehen.
6_ Kleidungsstück gründlich waschen, um den überschüssigen Entfärber vor dem Tragen zu entfernen.

1_

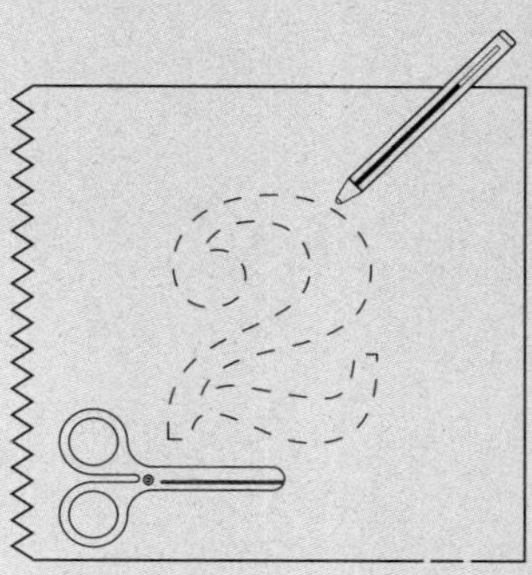

2_

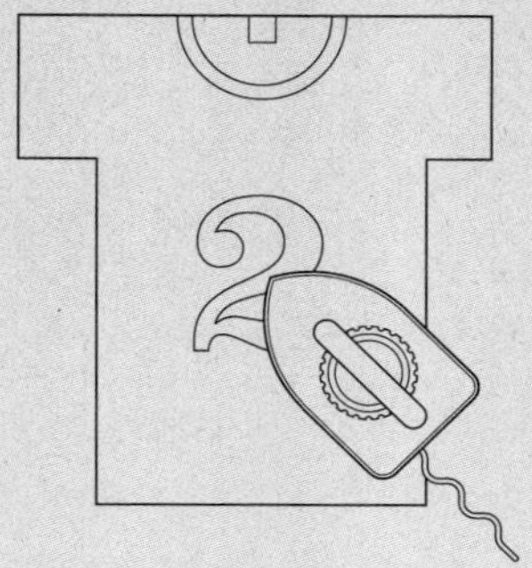

3_

4_

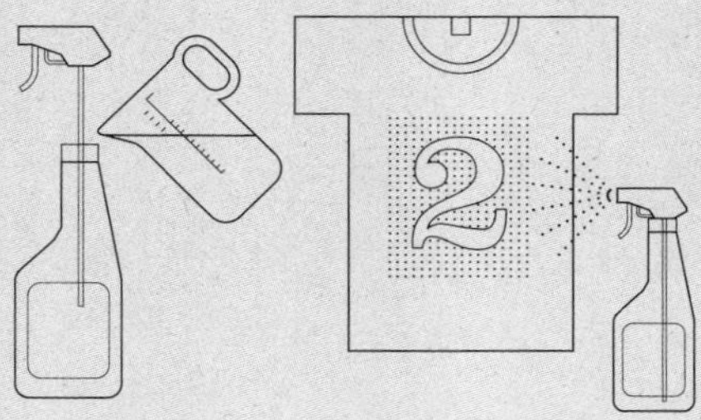

5_

6_

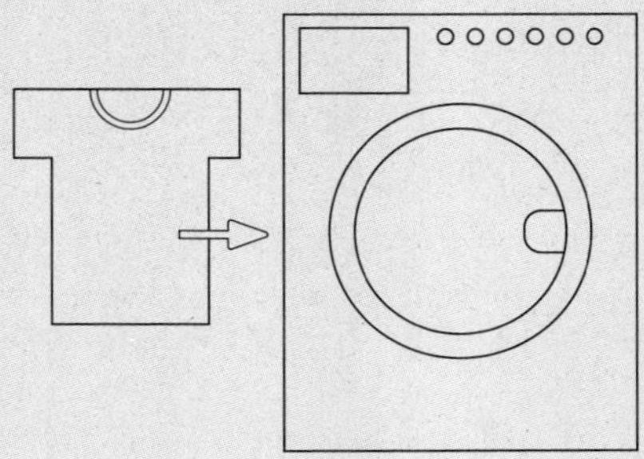

– Aufgepeppt –

Am einfachsten lässt sich ein altes Kleidungsstück mit Fransen, Schleifen, Knöpfen oder Brokat aufpeppen. Oder auch mit allem zusammen ... Hier kann eigentlich nichts danebengehen, denn man kann nach Herzenslust experimentieren und alles wieder auftrennen und von vorn beginnen, wenn das Ergebnis nicht gefällt. Knöpfe können von alten Kleidungsstücken abgetrennt oder aber selbst gemacht werden. Mit Stoffresten bezogene Knöpfe passen dann genau zum Kleidungsstück oder heben sich deutlich ab. Besätze und Fransen lassen sich aus Resten selbst herstellen, es lohnt sich also, Schleifen und Bänder aufzuheben. Auch die Henkel einer edlen Boutique-Tragetasche können verwendet werden, ebenso wie Geschenkpapier, das auf diese Weise noch länger Freude bereitet als das darin eingewickelte Präsent.

– Angebracht –

Auch mit Perlen, Stickerei, Aufnähern und Nieten lassen sich alte Stücke wunderbar aufpolieren. Außerdem lassen sich so auffällige Flecken oder Mottenlöcher kaschieren. Beim Entwurf kann man sich von den Kleidungstraditionen verschiedener Kulturen auf der ganzen Welt inspirieren lassen. Bevor man loslegt, sollten die Ideen auf Papier gebannt werden. Der Entwurf sollte gut durchdacht sein, damit das Kleidungsstück nicht überladen wirkt oder die aufgenähten Objekte zu schwer für den Stoff werden.

– Abgefärbt –

Meeresfrüchte, Insekten, Wurzeln, Rinden, Blätter, Beeren, Pilze und verschiedenes Gemüse werden schon seit jeher dazu verwendet, Stoffe zu färben. Mit den wachsenden Bedenken gegenüber synthetischen Farbstoffen und ihren Auswirkungen auf Gesundheit und Umwelt beginnt eine Rückbesinnung auf diese Praxis, die bereits in den alten Kulturen bekannt war. Bemerkenswerterweise hat sich der Färbeprozess im Lauf der Zeit wenig geändert. Je nach verwendeter Faser und Farbstoff müssen Stoffe vorgebeizt werden, etwa mit Alaunsalz, damit sie den Farbstoff besser aufnehmen. Das organische Färbematerial wird in einem Topf mit Wasser gekocht und abgeseiht, der eventuell vorgebeizte Stoff wird in den Sud gegeben und unter Erhitzen darin bewegt. Zum abschließenden Fixieren lassen sich natürliche Mittel wie Essig verwenden, die die Farbstoffe an die Textilfasern binden sollen. Anleitungen und Färbehinweise finden sich im Internet oder in Ratgebern, vielseitiges Experimentieren bringt meist die besten Ergebnisse hervor (siehe auch S. 130–131).

Gelb – frische Birkenblätter
Gold – Birkenrinde
Gelbgrün – Heidekrauttriebe
Rosa bis Mattblau – Brombeeren
Gelbgrün bis Braun – Farntriebe, Holunderblätter
Rosé bis Violett – Holunderbeeren
Braun – Walnussschalen, Eichenrinde
Gelbrot – Kiefernzapfen
Rottöne – getrockneter Färberkrapp, Rote Bete

– Gefiedert –

Federschmuck verleiht einem etwas langweiligen Kleidungsstück im Nu Glamour und spielerische Anmut, ganz gleich, ob es sich dabei um ein Abendkleid oder ein einfaches T-Shirt handelt. Einzeln lassen sich Federn nur mühsam annähen – einfacher ist es, mehrere Federn auf ein Stück Seidenpapier zu legen und mit der Nähmaschine langsam über die Kiele zu nähen. Danach kann das Seidenpapier vorsichtig entfernt und die Federn mit dem Faden einfach an das Kleidungsstück genäht werden. Üppiger wird es, wenn mehrere Reihen von Federstreifen übereinandergelegt oder die Federn zuvor auf ein Band oder eine Tresse aufgenäht werden. Hier kann man nach Belieben mit verschiedenen Federarten und -farben experimentieren, je nach Angebot und Budget.

– Geglitzer –

Pailletten finden sich häufig auf Partyklamotten. Aber wie jeder Rebell weiß, können Sonnenbrillen auch ohne Sonnenschein getragen werden, und genauso muss der kleine Glitzerzauber nicht auf den Einbruch der Dunkelheit warten. Lichtreflexe vom Stroboskop sind nicht der einzige Zweck, warum die winzigen lichtreflektierenden Scheibchen auf Kleider aufgenäht werden – ein paar Pailletten verleihen Alltagskleidung einen Hauch von Extravaganz und sind eine einfache Methode, vor allem T-Shirts etwas aufzuwerten. Fertige Pailletten gibt es in allen Formen und Größen, die selbst gemachten sind aber noch vielseitiger. Dafür mit einem Locher einfach Pailletten aus Plastikfolie, laminiertem Papier oder leeren Verpackungen ausstanzen. Mit einer robusten Schere lassen sich aus alten CDs größere Formen schneiden, um sie für ein futuristisches Design à la Paco Rabanne aus den 1960er-Jahren zu verwenden (siehe auch S. 156–157).

– Geflickt –

Die Patchworktechnik eignet sich hervorragend dazu, Stoffreste zu verwerten. Das neue Flickenmaterial kann anschließend wie eine normale Stoffbahn zum Herstellen von Kleidungsstücken, Taschen oder anderen Accessoires verwendet werden. Viele Designer, die mit Recyclingtechniken arbeiten, bedienen sich dieser Methode, wobei neben den individuellen Patchworkmustern auch Schnitt und Stil der fertigen Modelle ihre Handschrift erkennen lassen. Die klassische Patchworktechnik basiert in der Regel auf Musterwiederholungen aus unterschiedlich gemusterten geometrischen Stücken, die einfach miteinander verbunden werden können. Es gibt jedoch noch mehr Fertigungstechniken und Stilrichtungen. Bei der „Streifentechnik" etwa werden kleine Stoffstücke zu langen Streifen verbunden und diese anschließend zu großen Flächen zusammengenäht. Sorgfältiges Abmessen und Zuschneiden sind hier generell Voraussetzung für faltenfreie Stoffteile, deren Nähte sich später nicht wellen oder verziehen. Die frühesten Beispiele für Patchworkarbeiten wurden in ägyptischen Gräbern entdeckt. Seitdem hat sich die Technik stark weiterentwickelt. Im Mittelalter wurden auf diese Weise „Unterkleider" für die Rüstungen gefertigt, in denen sich die Krieger auf dem Schlachtfeld etwas wohler fühlen sollten. Zu Kriegszeiten erforderte die Stoffknappheit schon immer eine sparsame Wiederverwertung von Materialien – wozu Patchwork geradezu prädestiniert ist.

ACCESSOIRES

Gürtel, Schließen, Schlüsselringe, Hüte, Handschuhe, Stulpen, Hausschuhe, Taschen, Flip-Flops, Fliegen und Ohrenwärmer

– Handysocke –

Eine der unendlichen Nutzungsmöglichkeiten einer einsamen Socke ist die einfache Verwandlung in eine Handyhülle, die sowohl vor Diebstahl als auch Zerkratzen schützt. Ein Kinder- oder Babystrumpf muss gegebenenfalls kaum oder überhaupt nicht verändert werden, aber mit etwas Geschick lässt sich auch eine megagroße Sportsocke umarbeiten. Handy an die Socke anhalten (der Gummizug sollte einige Zentimeter oberhalb des Geräts sitzen) und unten entsprechend abschneiden. Socke zur linken Seite drehen und an der Schnittseite mit der Maschine zunähen. Hülle eventuell an den Seiten etwas enger nähen, damit sie gut sitzt.

– Sockenmütze –

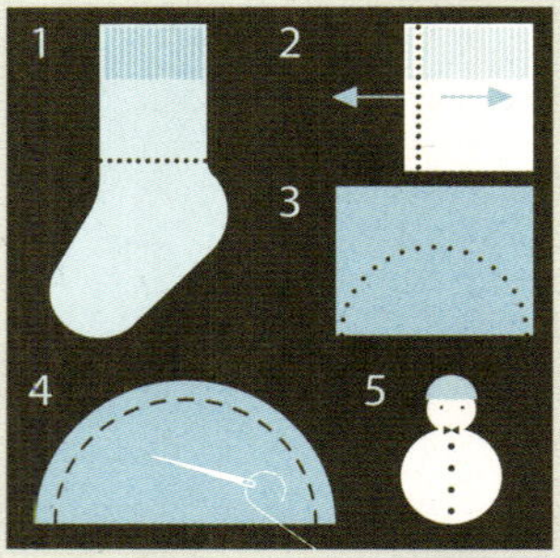

Vom Scheitel bis zur Sohle auf Recycling eingestellt – oder besser gesagt umgekehrt – ist man, wenn aus zwei alten Socken eine Mütze wird. Hierzu wird jeweils der Fußteil abgeschnitten und der verbleibende obere Schlauch an einer Seite geöffnet, sodass ein flaches Quadrat oder Rechteck entsteht. Die beiden Teile mit dem elastischen Randabschluss näht man aneinander, um den Mützenabschluss zu erhalten, Weite am Kopfumfang ausmessen und anpassen. Aus den restlichen Teilen zwei Halbkreise ausschneiden, die etwa der Hälfte des Kopfumfangs entsprechen. Diese Teile links auf links zusammennähen, ebenso den Mützenabschluss ansetzen.

– Multifunktions-Teppich –

Bereits im 19. Jahrhundert wurden Teppiche, insbesondere Orientteppiche, zu Reisetaschen in verschiedenen Formen recycelt. Ihre Haltbarkeit und Unempfindlichkeit gegenüber Flecken und Abnutzung ist bewährt. Um eine solche Tasche anzufertigen, kann man auf fertige Schnittmuster zurückgreifen. Für den klassischen Stil braucht man Zubehör wie einen Rahmen und einen Bügel, das von einer anderen alten Tasche stammen kann oder im Fachhandel erhältlich ist. Einfacher zu fertigen ist eine schlichte Umschlagtasche mit eingebauter Deckenfunktion. Früher hielt man sich in ungeheizten Eisenbahnwaggons gern mit einem Reiseplaid warm, das an den Seiten mit Lederschließen zu einem Behältnis umgewandelt werden konnte. Ein Futter verhindert das Herausfallen des Tascheninhalts und kann unter Umständen auch ein kleines Kopfkissen beinhalten.

Design!

Bernstock Speirs
Accessoires aus Luftpolsterfolie

Das Hutmacher-Label Bernstock Speirs hat dem Begriff „Schutzkleidung“ eine neue Bedeutung verliehen. Damit erweist es vor allem der Exzentrik britischer Hutträger große Dienste. Mit der 2010 kreierten Kopfbedeckung „Bubblewrap“ – einer Reminiszenz an die Damenregenhüte der 1970er-Jahre und die Do-it-yourself-Bewegung jener Zeit – bleibt bei Regenwetter zumindest der Humor trocken.

Das in London ansässige Unternehmen wurde 1982 von Paul Bernstock und Thelma Speirs gegründet, die sich während ihres Mode- und Textildesignstudiums an der Middlesex University kennenlernten. Sie setzten sich zum Ziel, ein Zeitalter von neuen Hutträgern einzuläuten – und sie wurden auch schnell erfolgreich mit ihren gelungenen Entwürfen, gekonnt abgewandelten traditionellen Hutformen sowie den unkonventionellen Stoffen und Verarbeitungstechniken.

Design!

Plastic Seconds
Schätze aus Trash

Die Designerin Maria Papadimitriou entdeckt in Flaschenverschlüssen, Kugelschreiberkappen oder Sojasoßenfischen für die japanische Küche unerwartete Schönheiten. Für das Label Plastic Seconds hängt dabei alles nur vom Kontext ab. Nach einem Abschluss in bildender Kunst wandte sich Maria Papadimitriou der Produktion von Schmuck aus eher unbeachteten Plastikteilen zu, wie beispielsweise Flaschenverschlüssen, um ihnen ein zweites Leben einzuhauchen. Für ihre beliebten Öko-Accessoires sammelt sie Verpackungsteile, die sie als Perlen verwendet, und gestaltet farbenfrohe Ringe aus den Deckeln von Shampoo- und Flüssigseifenflaschen.

Design!

Fallon Jewelry
Lautsprecherkabel-Schmuck

Nach dem Erfolg ihres Colliers aus Kristall, Perlen und Lautsprecherkabeln für die CFDA Swarovski Award Collection im Jahr 2010 entwickelte die Designerin Dana Lorenz ihre Idee weiter und brachte die erste Übergangskollektion ihres Labels Fallon Jewelry auf den Markt. Die Kollektion bestand aus 25 Teilen, die mit dem Gegensatz aus traditioneller Schmuckgestaltung und unkonventionellem Material spielten. Dazu gehörte ein Entwurf namens „Wire Management“, schleifenbesetzte Ohrringe, die wie ineinander verschlungene Kabel aussehen, sowie das Nagel-Kristall-Collier „Speed of Light“ und die Ohrstecker „Sound Bite“. Der Schmuck kam bei den Kunden so gut an, dass davon große Stückzahlen gefertigt wurden.

Margot Bowman
Mode gemalt

Bereits während ihres letzten Semesters am Londoner Central Saint Martins College of Art and Design bekam die Illustratorin, Designerin und DJane Margot Bowman zahlreiche prestigeträchtige Aufträge von Magazinen und Modehäusern (wie Topshop und Urban Outfitters). Sie arbeitet vielseitig in den Bereichen Illustration, Digital- und Siebdruck, großformatige Malerei, Produkt- und Textildesign sowie animierten Mode-GIFs (ein Grafikformat). Ihr Erfolgsgeheimnis begründet sich vermutlich auf dem spielerischen Umgang mit so vielen unterschiedlichen Bildsprachen – so kann sie für jede Botschaft das passende Medium einsetzen.

„Es geht nicht mehr darum, Erster zu sein, es geht darum, wie erfolgreich die Interaktion mit diesem Medium oder dieser Information stattfindet", erläutert sie in einem Interview. Wenn es um Mode geht, recycelt Bowman langweilige oder einfache Kleidungsstücke und verwendet sie wie eine Art Leinwand, auf die sie direkt malt.

– Auf leisen Sohlen –

Eine selbst gefertigte Einlegesohle sorgt mindestens so gut wie jede gekaufte Variante für mehr Halt und Komfort in jedem Schuhwerk. Aus Filz zugeschnitten, hält sie wunderbar warm, Moosgummi oder der Rest von alten Gummistiefeln (für die es sowieso an der Zeit war, sich in Gartenclogs zu verwandeln; Stiefelschaft einfach abschneiden) sind ebenso geeignet.

– Fingerzeig –

Um als wilder Popstar aus den 1980ern durchzugehen, genügt es, an Handschuhen die Finger abzuschneiden. Damit Wollhandschuhe dabei nicht ausfransen, empfiehlt sich eine kleine Handnaht knapp oberhalb der Stelle, an der abgeschnitten werden soll. Anschließend können die Enden etwas aufgerollt und mit einigen Stichen per Hand fixiert werden. Wer lieber Madonna in ihrer Rolle in *Susan verzweifelt gesucht* von 1985 nacheifern möchte, sollte Spitzenstrümpfe wählen und sie an den Fersen abschneiden. Dann für die „Handschuhe" die Strumpfbeine in der gewünschten Länge abschneiden und am schmaleren Ende (also am Knöchel) ein Loch für den Daumen hineinschneiden.

– Maskerade –

Für den preisgünstigen Bankräuber-Look empfiehlt sich eine improvisierte Sturmhaube aus blickdichten Strümpfen. Der smartere und umsichtigere Kriminelle entscheidet sich dagegen für den Ärmel eines alten Pullovers oder Fleeceshirts. Einfach abschneiden, Löcher für die Augen hineinschneiden – fertig. Eine größere Öffnung für das gesamte Gesicht ist dann zwar keine gute Tarnung mehr, eignet sich aber für sportliche Outdoor-Aktivitäten bei frostigem Wetter.

– Nie wieder Single –
Es existiert ein ungeschriebenes Gesetz, dass ein verlorener Handschuh immer zur gleichen Hand gehört wie der des anderen verlorenen Handschuhpaars, sodass diese Einzelstücke für alle Ewigkeiten zum Alleinsein verdammt sind. Doch auch hier gibt es Hoffnung ... Die Lösung liegt nicht im Innenleben, das Futter kann gänzlich herausgetrennt werden, bevor der Lederhandschuh zu Fingerringen weiterverarbeitet wird. Hierzu die Finger am Ansatz abschneiden und die Schlaufen etwas größer als gewünscht zuschneiden. Anschließend die Nähte mit einigen Stichen fixieren, damit sie sich nicht auflösen. Lederstücke einige Minuten in heißem Wasser kochen, aus dem Topf nehmen, in Form ziehen und trocknen lassen. Das Leder wird durch das Trocknen hart und kann anschließend mit Lederfarbe, Perlen oder Steinen gestaltet werden.

– Eingewickelt –
Ein besonderes Stück Stoff, das zum Zerschneiden zu schade ist, kann als Stola für die Abendgarderobe dienen. Dazu eignen sich vor allem auffallend gemusterte oder feine Stoffe, beispielsweise von alten Bettüberwürfen, Kimonos, Kaftanen oder anderen Textilien. Das Material abmessen, markieren und zu langen Rechtecken (etwa 90 x 180 cm) schneiden, passend dazu Futterstoff zuschneiden, am besten Satin. Die Stoffrechtecke rechts auf rechts stecken und an drei Seiten zusammennähen. Stola zur rechten Seite wenden, bügeln, Stoffkanten an der noch offenen Seite nach innen einschlagen und von Hand schließen. Stola nach Belieben mit Quasten, Fransen oder Stickerei verzieren.

– Wandlungsfähig –
Aus Industriefilz, Henkeln und einer Schließe sowie passenden Beschlägen (etwa von einem alten Ledergürtel) lässt sich ein großer Shopper fertigen. Auch ein geschrumpfter verfilzter Wollpullover kann wie ein T-Shirt zu einer ähnlichen Tasche verwandelt werden (siehe auch S. 180–181). Ein Lederstück an der Unterseite schützt das Material und sorgt für längere Haltbarkeit. Auch Füße aus umfunktionierten Eisenwaren, wie großen Schrauben, Muttern oder Bolzen oder Stiften, dienen diesem Zweck (dafür Löcher ins Leder stanzen und Teile einsetzen).

Design!

Marloes ten Bhömer
Bluemâchéshoe

Die dänische Designerin Marloes ten Bhömer setzt Extremdesign die Krone auf. Sie ist Absolventin der Higher School of Arts in Arnheim sowie des Royal College of Art in London, und ihre konzeptionelle Schuhmode hat mehr mit zeitgenössischer Architektur als mit Damenbekleidung und Mode zu tun. Sie verbindet neueste Technologie mit innovativen Herstellungsprozessen, deren Ergebnis jeden Origamikünstler vor Neid erblassen ließe. Wie eine Lotosfußmode für das 21. Jahrhundert muten die Entwürfe an, für die Leder mit einer Kaschiertechnik aufeinandergeschichtet wird. Die Innenseite der Modelle entspricht der anatomischen Fußform, von außen aber erinnern ihre ausgefallenen Silhouetten an Skulpturen.

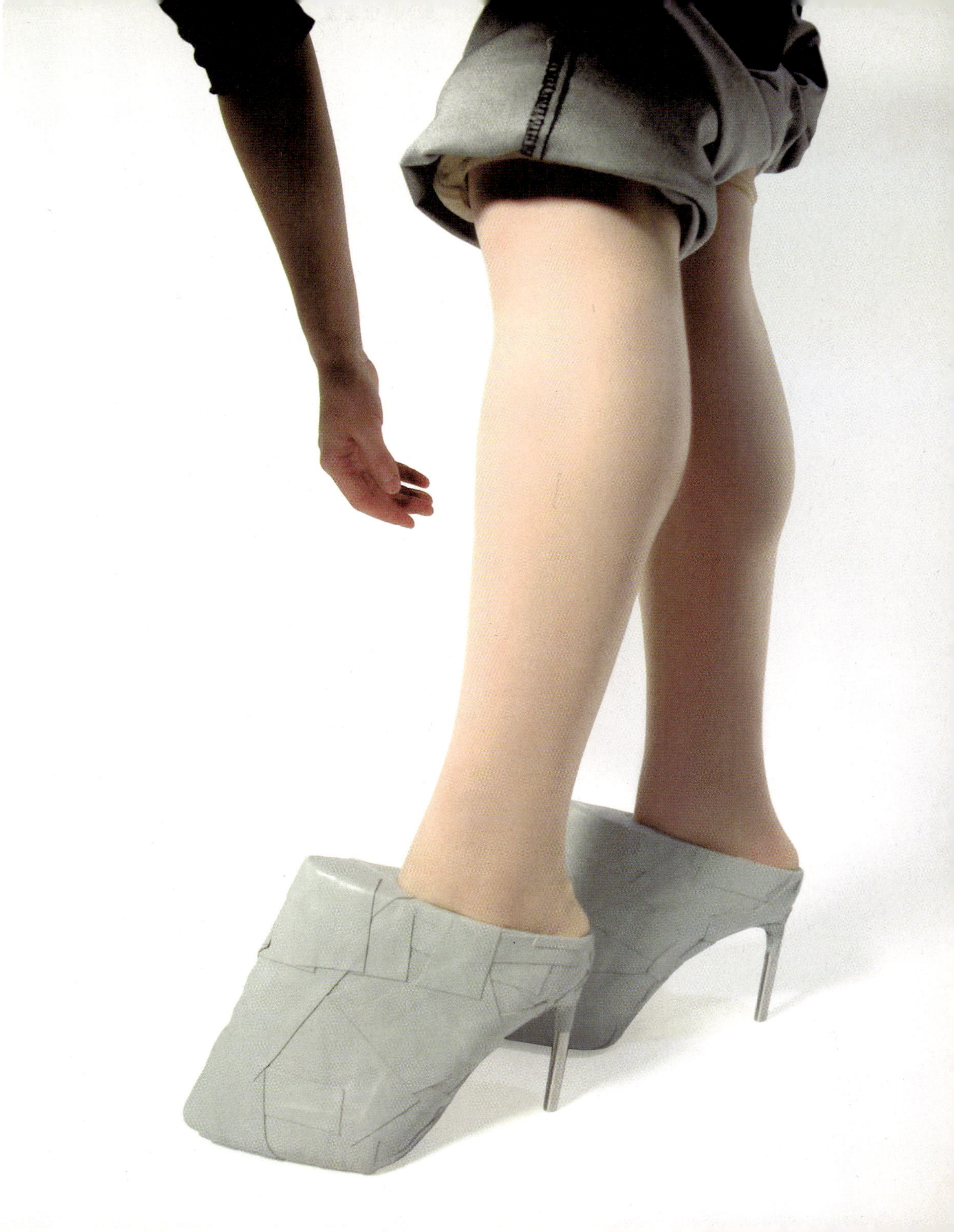

Design!

Marloes ten Bhömer
Bluemâchéshoe

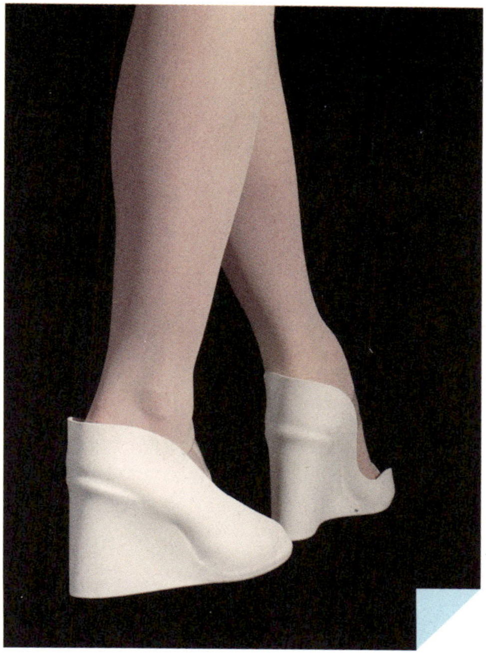

SCHRITT-FÜR-SCHRITT

Grüne T(ee)-Beutel

Dieses Projekt ist schnell und einfach gemacht wie eine Tasse Tee – hat aber den Vorteil, dass es länger hält und man Kekse gleich paketweise hineintun(ken) kann. Durch drei simple Arbeitsschritte wird aus einem alten T-Shirt im Handumdrehen eine neue Einkaufstasche.

Benötigt werden:

_ ein altes T-Shirt
_ Nähgarn
_ Nähmaschine
_ Teller oder Karton zur Anfertigung einer Schablone
_ Schere
_ Stecknadeln
_ Schneiderkreide

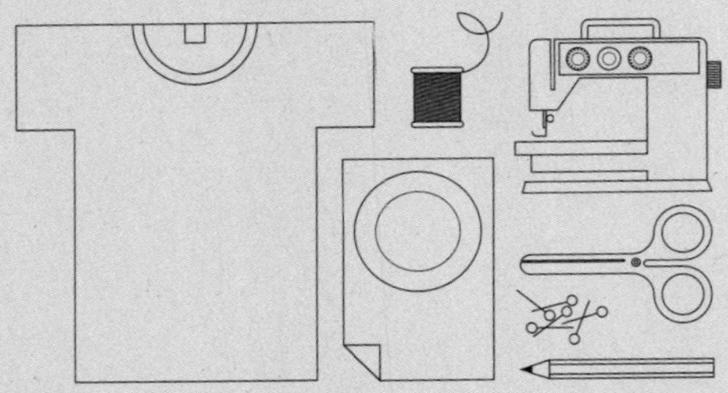

1_ T-Shirt zunächst bügeln, anschließend die Ärmel abtrennen. Nahtzugaben an den Armlöchern belassen, dadurch werden die späteren Henkel stabiler.
2_ Den Halsausschnitt ringsum großzügig erweitern, als Vorlage für die Rundung einen Teller oder eine kreisförmige Schablone aus Karton verwenden.
3_ T-Shirt zur linken Seite drehen und die Unterseite schließen, dabei mehrmals darübernähen, damit die Naht stabil wird. Shirt wieder zur rechten Seite drehen – fertig ist die Tasche!
4_ Mehr Stauraum bekommt das Behältnis, wenn man aus den abgeschnittenen Ärmeln Taschen aufnäht.

Diese Tasche eignet sich für leichte Beladung, für eine stabilere Variante zum Wenden eine Doppellage T-Shirts verwenden:

_ Ein T-Shirt zur linken Seite wenden und so in das andere schieben, dass die linken Seiten aufeinanderliegen.
_ Shirts an Ärmeln und Halsausschnitt zusammenstecken und Schnittlinien markieren, dann zuschneiden. Auch hier kann zum Ausschneiden des Halsausschnitts als Vorlage eine Schablone oder ein Teller verwendet werden.
_ T-Shirts an den Armausschnitten und am Halsausschnitt mit Zickzackstichen zusammennähen.
_ Die untere Kante begradigen, sodass beide T-Shirts gleich lang sind. Naht auf der Innenseite schließen, dabei mehrmals darübernähen.

1_

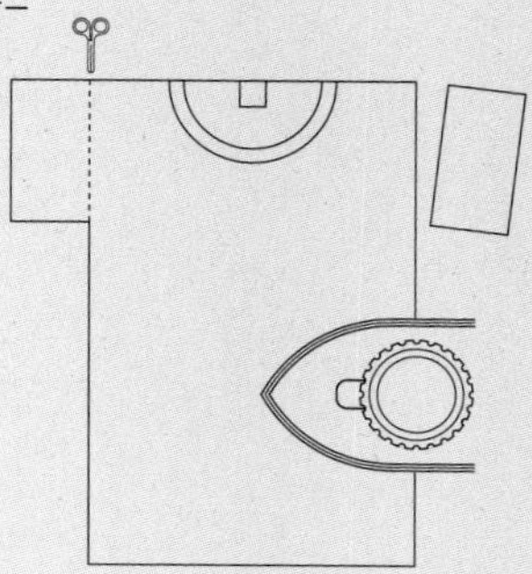

2_

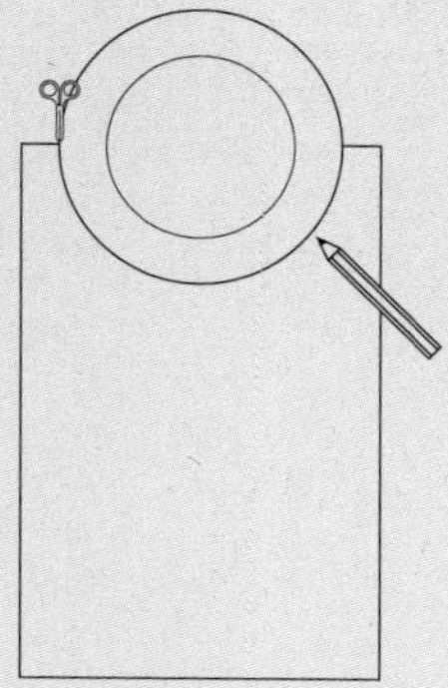

3_

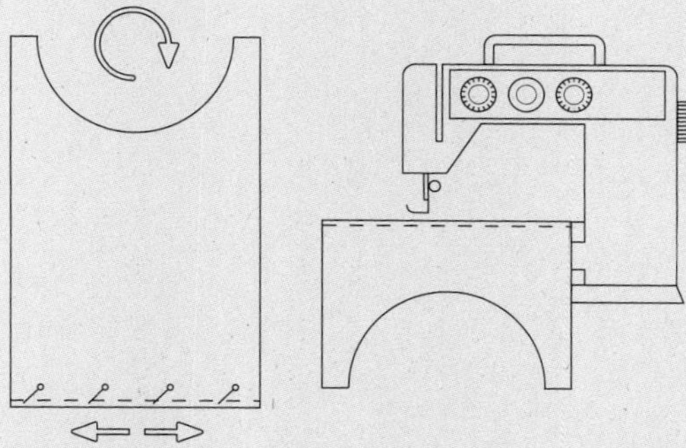

4_

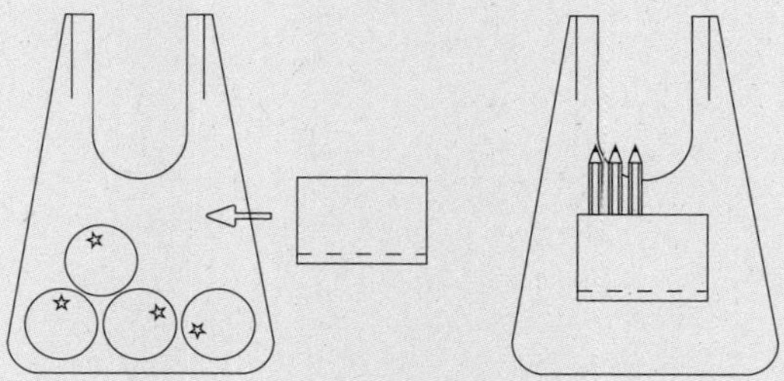

Design!

Shannon South
reMade USA

Die in New York ansässige Designerin war zunehmend enttäuscht von den Methoden der Massenproduktion in ihrem 2009 gegründeten Unternehmen. Doch Shannon South hat aus der Fertigung von Handtaschen trotzdem eine florierende Geschäftsidee gemacht. Den Anstoß gab eine alte, abgewetzte Lederjacke aus einem Secondhandladen, die sie zu einer Handtasche umarbeitete. Viele gebrauchte Lederjacken folgten, und die Produkte fanden großen Zuspruch bei interessierten Kunden. Ebenso folgten Verträge mit einigen der renommiertesten Mode- und Kaufhäuser der USA.

South arbeitet ihre Taschen selbst per Hand um, wobei sie das Design individuell anpasst und auch die Gebrauchsspuren der Jacke so weit wie möglich berücksichtigt. Jede Umhängetasche, jede Abendtasche und jeder Shopper ist ein Einzelstück. Kunden lassen auch ihre eigenen Lieblingsjacken umarbeiten, wenn sie nicht mehr tragbar sind.

Als strenge Vegetarierin bevorzugt die Designerin die Verwendung von gebrauchtem Leder, das oft widerstandsfähiger und haltbarer ist und neben den materiellen Qualitäten auch innere Werte und eine Geschichte hat.

SCHRITT-FÜR-SCHRITT

Auf Fliegen fliegen

Wer an Querbinder denkt, vor dessen innerem Auge tauchen Politiker, Architekten oder Clowns auf, um nur einige einschlägige Berufsgruppen zu nennen. Wie diese Assoziationen zustande kommen, dass ein Accessoire mit exzentrischen Zeitgenossen und Autoverkäufern in einem Zug in Verbindung gebracht wird, ist ebenso ein Geheimnis wie das korrekte Binden des guten Stücks. Diese Variante ist nicht nur unkomplizierter, sondern kommt dem Original auch wesentlich näher (Fliegen bestanden ursprünglich aus einem geraden Stück Stoff) und beweist mehr Stil als ein vorgebundener Propeller am Elastikband – auch wenn dieser zugegebenermaßen seine Qualitäten hat. Gebraucht werden nur eine normale Krawatte, etwas Raffinesse und ein Fingerhut voll Erfahrung.

Benötigt wird:

_ eine Krawatte (aus beliebigem Stoff)

1_ Krawatte mit der Vorderseite nach unten auf eine ebene Fläche legen. Das untere, breite Ende umschlagen und die Spitze in das aufgenähte Etikett stecken, das zur Mitte der Fliege wird.

2_ Das andere, schmale Ende der Krawatte umschlagen.

3_ Krawattenende fortlaufend falzen, so dass 3 Ziehharmonikafalten entstehen.

4_ Beim letzten Umschlag das lange Ende der Krawatte in der Mitte diagonal falten und anschließend um die gefalteten Stofflagen zu einer Fliege binden.

5_ Das schmale Ende durch das aufgenähte Etikett stecken, durchziehen, dann Fliege am Hals anlegen, um den Nacken führen und vorn an der Fliege auf der Unterseite feststecken.

1_

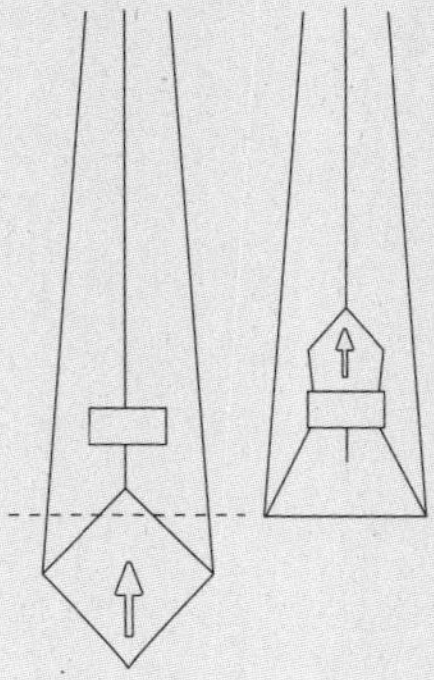

2_

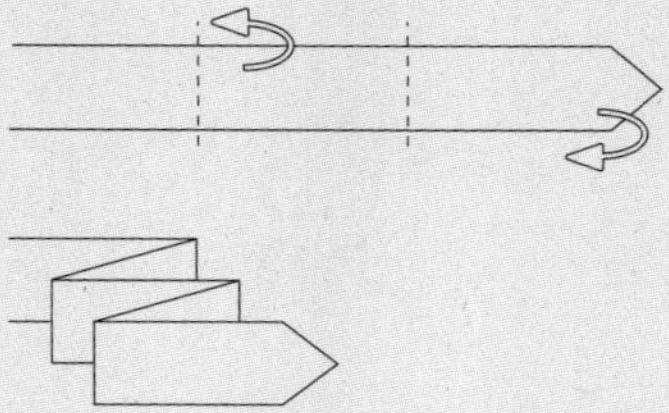

3_

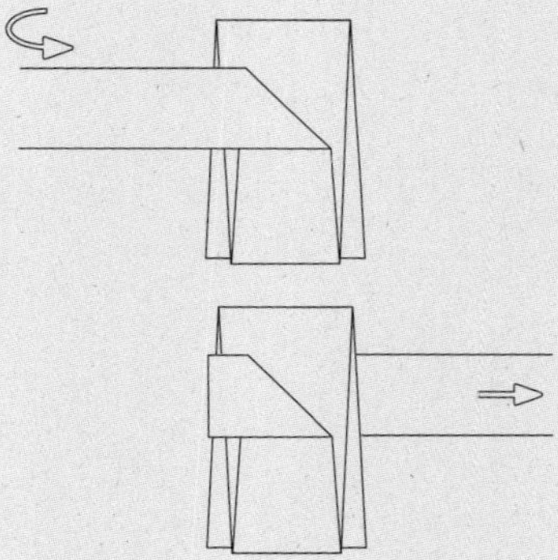

4_

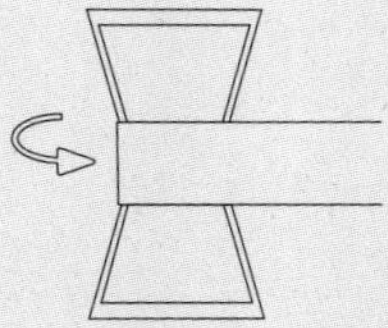

5_

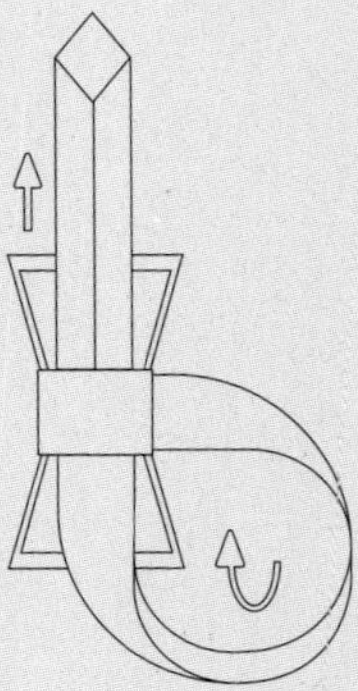

6_

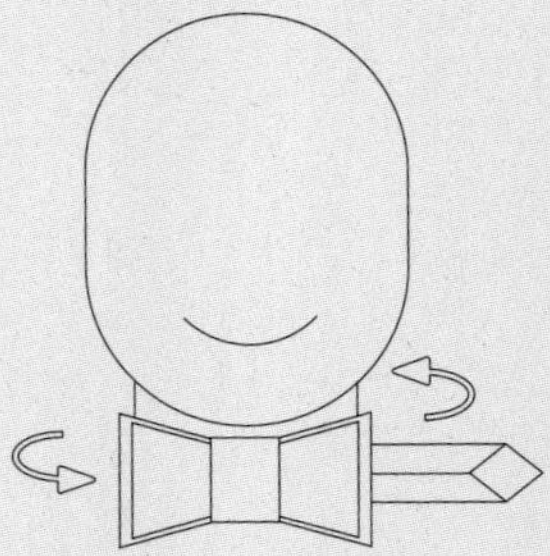

Design!

Something's Hiding in Here
Forage – Querbinder

Ein handgeschnitzter Schnauzbart am Stiel und ein von Hand gesetztes und gedrucktes Briefpapier – das sind nur einige Beispiele der beeindruckenden Produkte, die das in Philadelphia angesiedelte Designerduo des Labels Something's Hiding in Here im Repertoire hat. Der Durchbruch jedoch kam 2010 mit der Kollektion Forage, mit originellen handgemachten Fliegen in limitierter Auflage.

Die Fliegen sind aus traditionellen karierten Vintage-Stoffen hergestellt und inspiriert von bedeutenden Trägern wie Charles Eames, Le Corbusier und Louis Kahn. Die Kollektion sollte zum Tragen dieser „praktischsten Form der Halsmode" ermutigen – also ein Muss für jeden kreativen Kopf, wenn der Halsschmuck nicht in eine Maschine (oder den Suppenteller) geraten soll, wie das bei einer baumelnden Krawatte der Fall sein kann. Die Labelaufnäher werden aus traditionellen italienischen Monogrammetiketten gefertigt, und die Verpackungsaufschrift wird auf einer alten Druckerpresse von den Designern per Hand gesetzt und gedruckt, die Warenträger sind aus recycelten gedrechselten Möbelbeinen und gebrauchtem Holz gefertigt.

– Kunst am Fuß –

Diese Fläche ruft geradezu nach Farbe – und damit nach einer simplen Möglichkeit, einem Paar alter Treter mit etwas frischer Farbe wieder den besonderen Kick zu geben (auch im übertragenen Sinne). Für Stoffschuhe eignet sich Textilfarbe am besten, für Lederschuhe sind Spezialfarben erhältlich. Auch Acrylfarben auf Wasserbasis werden häufig verwendet, vorher muss der Schuh allerdings mit Aceton behandelt werden. Schnürsenkel entfernen und das gewünschte Design mit Bleistift vorzeichnen, gegebenenfalls bestimmte Bereiche, die frei bleiben sollen (besonders wichtig beim Airbrushing), abkleben. Anschließend mit Serviettentechnik-Kleber (gleichzeitig Lack) fixieren.

– Kragenkunst –

Mit alten abgetrennten Hemdkragen lässt sich ein einfaches T-Shirt oder ein Kleid aufpeppen, sie sind aber auch für eine Installation mit nackten Torsos zu gebrauchen ... Alte Hemdblusenkleider und dazupassende Schluppen sind eine Variante, leichtere Kragen in jeglicher Form und Größe können von Blusen abgetrennt oder aus einem Stoff- oder Pelzrest selbst gemacht werden. Fehlt ein Knopf, kann man stattdessen ein Band befestigen.

– Kettenreaktion –

Wie lang ist eine Schnur? Häufig lang genug, dass daraus ein Gürtel gemacht werden kann. Die Möglichkeiten, die Taille zu schnüren, die Hose zu halten oder den Umhang zu schürzen, sind so vielzählig wie das Angebot an Gürtelschnallen. Aus Stoff- oder Lederresten jeder Länge, vom alten Trageriemen bis hin zum Schrägband, alles kann zu einem Gürtel am Stück oder zu einem geflochtenen oder geknoteten Streifen verarbeitet werden, die eingebauten „Löcher" eignen sich für eine Schließe mit Dorn. Elastische Polsterbänder können mit einer Spange oder Druckknöpfen befestigt werden, außerdem eignen sich Ketten aus dem Eisenwarenladen oder Spezialseile, Kordeln oder sogar ein Sicherheitsgurt können mit Schließe zu einem Gürtel umfunktioniert werden.

Design!

Pijama
Laptop- und Handyhüllen

Das auf Behältnisse spezialisierte Label aus Mailand wurde 2006 von Monica Battistella und dem Architekten Sergio Gobbi gegründet. Im Programm sind einfache, haltbare und modische Laptop- und Handyhüllen aus traditionellen Woll- und Baumwollstoffen. Das Minimaldesign der Hüllen lässt die kräftigen Schottenkaros und Hahnentrittmuster gut zur Geltung kommen. Das Innenleben aus Neopren oder Baumwolljersey, versehen mit einem praktischen Klettverschluss, schützt die Geräte, wenn sie gerade nicht in Gebrauch sind. Durch die starke Nachfrage eroberte das Label den internationalen Markt und wurde dadurch zu einer neuen Produktlinie angeregt: Passend zu den Hüllen gibt es jetzt auch Schlafmasken.

BERS

Rörstrand
SWEDEN
ADRIA
ROSA

Design!

Sägen Butik
Geschirr-Schmuckkollektion

Inspiriert von der Erinnerung an gemeinsame Familienmahlzeiten im Haus ihrer Großmutter, hat die schwedische Schmuckdesignerin Elin Sigrén ausrangiertes Geschirr als Grundlage für ihre einfachen, nostalgischen Stücke gewählt. Halsketten, Broschen, Ohrringe und Haarschmuck gestaltet Sigrén aus Porzellan, das sie auf lokalen Flohmärkten ersteht. Sie schleift die Stücke per Hand zu geometrischen Formen und fasst sie in Silber.

Seit der Gründung des Schmucklabels im Jahr 2007 wurde die Sägen-Butik-Kollektion um Accessoires aus alten Knöpfen und Textilien erweitert. Sigrén führt die Beliebtheit ihrer Porzellanstücke auf nostalgische Gefühle für vergangene Zeiten zurück, in denen familiäre Traditionen geprägt wurden.

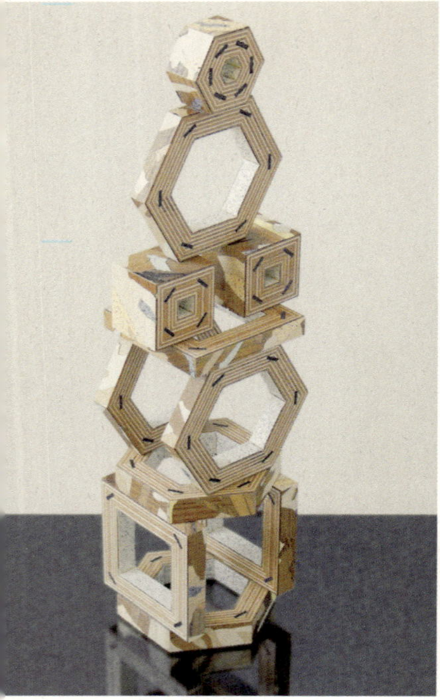

Design!

Bethan Laura Wood Particle-Kollektion

Nach ihrem Abschluss am Royal College of Art in London machte sich Bethan Laura Wood mit ihrem Label WOOD London selbstständig. Sie gestaltet und produziert Unikate, angefangen von Möbeln und Keramik, bis hin zu Schmuck. Daneben arbeitet sie zusammen mit anderen Künstlern an umfassenderen Projekten und war bereits an Ausstellungen in verschiedenen Galerien in der ganzen Welt beteiligt. Ihre Schmuckstücke aus der Particle-Serie entstanden aus einem großen gleichnamigen Möbelprojekt, für das Schichtholz sowie Resopalreste verwendet wurden, die zu außergewöhnlichen, aufwendig polierten mosaikähnlichen Oberflächen gestaltet wurden.

Die Particle-Kollektion umfasst eine limitierte Auflage von Armbändern, Armreifen und Ringen, die alle in geometrischen Formen gestaltet sind.

Design!

Henrik Vibskov
Accessoires aus Autositzauflagen

Henrik Vibskov kann als Multitalent bezeichnet werden: Er ist Künstler, Modedesigner, Schlagzeuger, Parfümeur und Bühnenbildner. Ganz gleich, was er sich vornimmt, das Ergebnis beweist immer, dass er daran Vergnügen hatte. Der König der subversiven Kopenhagener Modeszene verwendet für seine Entwürfe recycelte Materialien, die völlig unüblich und ungewöhnlich sind. Bestes Beispiel dafür ist die Laptophülle aus einer Autositzauflage aus Holzkugeln.

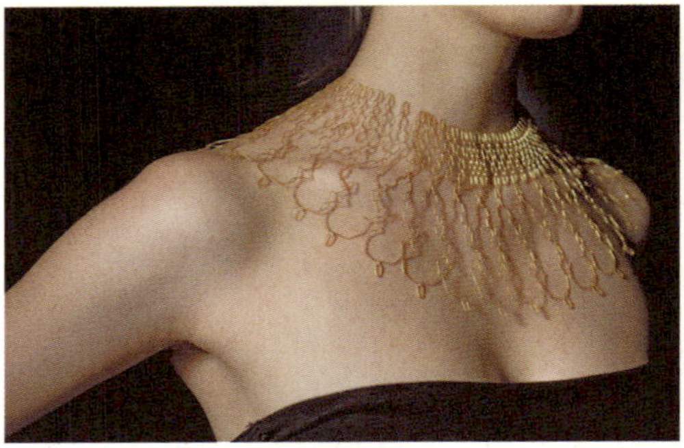

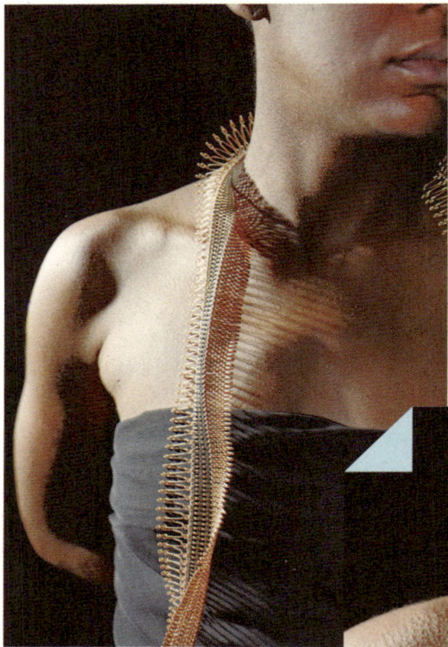

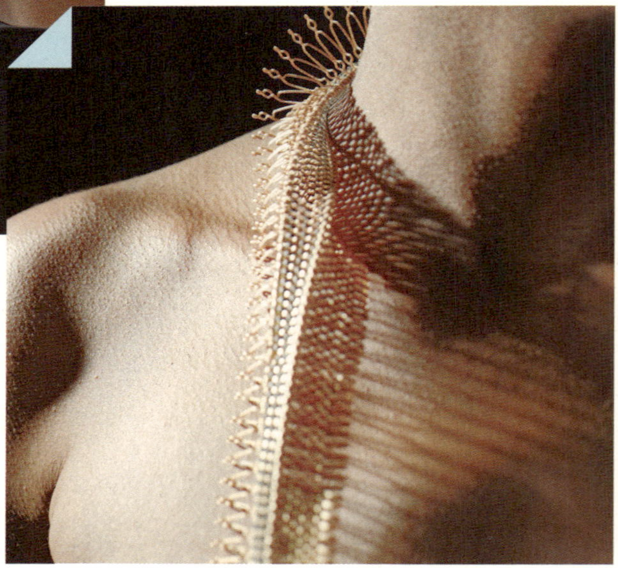

Design!

Florie Salnot
Plastic Bottle Project

Die Sahrauis waren einst Nomaden, die bis 1975 in der Westsahara lebten, bevor ihr Territorium von Marokko annektiert wurde. Seither lebt mehr als die Hälfte des Volksstamms in der dürren und abgelegenen algerischen Wüste im Exil, der Rest siedelt unter marokkanischer Verwaltung. Die kunsthandwerkliche Tradition der Sahrauis ging aufgrund mangelnder Rohstoffe (beispielsweise Leder) und Verkaufsmöglichkeiten leider schnell verloren.

Die französische Designerin Florie Salnot entwickelte das Plastic Bottle Project während ihres Studiums am Royal College of Art in London. Sie hatte in Paris Kunstgeschichte und Anthropologie studiert und die Kunsttischlerei erlernt. Sie engagiert sich dafür, Design so einzusetzen, dass damit auch ein Beitrag zur Lösung sozialer Probleme geleistet wird. Dieses Ziel motivierte Salnot, nach Möglichkeiten zu suchen, die die Sahraui-Flüchtlinge unabhängiger von humanitärer Hilfe machen und ihnen den Anstoß zu einem selbstbestimmten Leben geben würden. Die Lösung fand sie in der Entwicklung einer neuen Technik mit speziellem Werkzeug, um mit den beschränkten Mitteln, die in den Flüchtlingslagern zur Verfügung standen – eigentlich nur Plastik und Sand –, Schmuck herzustellen.

Plastikflaschen werden zunächst bemalt und anschließend in dünne Streifen geschnitten, die auf einem Nagelbrett zu verschiedenen Mustern gedreht und gelegt werden. In den heißen Sand getaucht, schmelzen die Streifen zusammen, zurück bleibt das vorgefertigte Gebilde. Mit einigen weiteren einfachen Handgriffen wird auf diese Weise aus dem Plastikabfall schöner und einzigartiger Schmuck.

MULTIPLE CHOICE

Schutz für unterwegs

Das Ergebnis ist wahrlich beeindruckend, während die Herstellung der individuellen Laptop- und Handyhüllen kinderleicht ist. Das animiert dazu, ein solches Kreativprojekt selbst zu starten. Die zahlreichen Verkäufer des Internetportals www.etsy.com könnten dies vermutlich bezeugen. Das einzige Problem bei diesem zauberhaften handgemachten Stück kann in der Auswahl des Designs liegen. Hier ein paar Tipps:

1. Wattierte Umschläge
Wattierte Versandtaschen gibt es in verschiedenen Standardgrößen, von denen einige perfekt geeignet sind für die sichere Verwahrung von Laptop, Tabletcomputer oder Mobiltelefon. Ein gebrauchter Umschlag kann mit aufgedruckten Motiven und für den Fall des Abhandenkommens mit der eigenen Adresse versehen werden. Farbige oder mit Glanzfolie versehene Exemplare eignen sich für den Festtagsgebrauch.

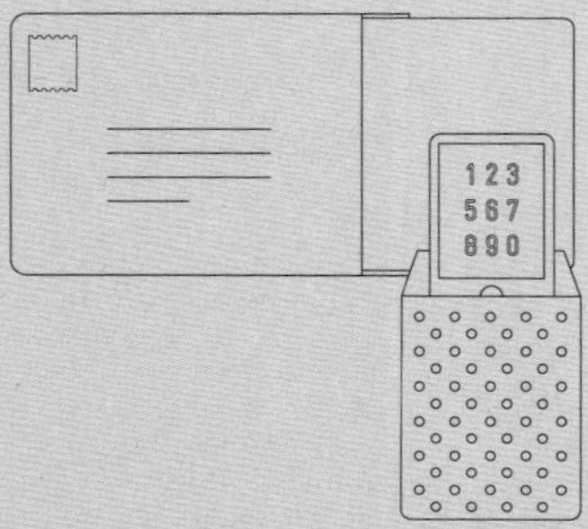

2. Decke
Dicke und haltbare Wolldecken eignen sich auch gut für den Schutz elektronischer Geräte. Ob für kalte Nächte oder ein sommerliches Picknick – sie sind ganzjahrestauglich und schützen die guten Stücke, wenn sie beim Surfen am Kamin, für die Kurznachricht am Strand oder als Navi auf der Landstraße zum Einsatz kommen.

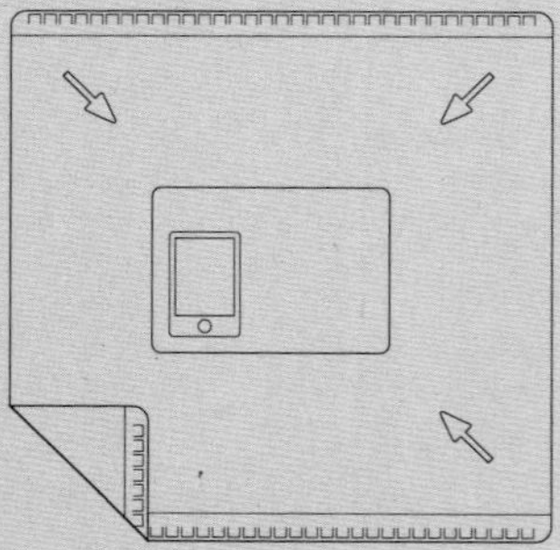

3. Pulli
Ein zu klein gewordener Kinderpullover lässt sich ohne großen Aufwand wunderbar zu einem Behältnis für einen Laptop umfunktionieren. Einfach Ärmel abtrennen, Armlöcher schließen und die Weite entsprechend anpassen. Aus den Ärmeln lassen sich dazupassende Handy-Schutzhüllen machen.

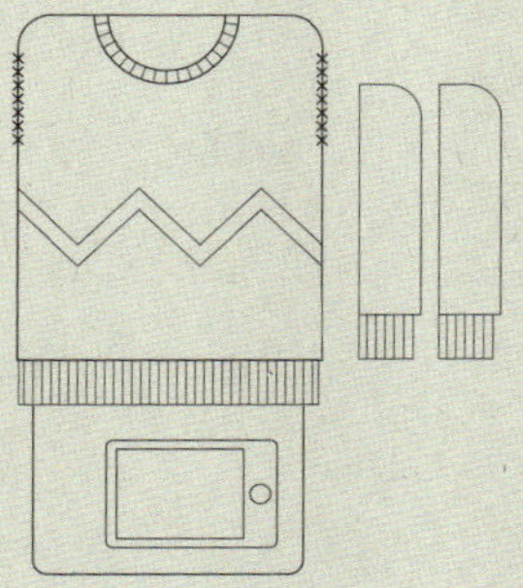

4. Wärmflaschenbezug
Wie oben sollte auch der Wärmflaschenbezug etwa so groß sein, dass Laptop oder Tabletcomputer hineinpassen. Je nach Material kann man auch die Wärmflasche selbst verwenden (sehr dickes Material lässt sich schwer schneiden). Dann muss nur die Öffnung mit einer robusten Schere abgeschnitten werden, je nach Form lässt sich auch ein Umschlag gestalten.

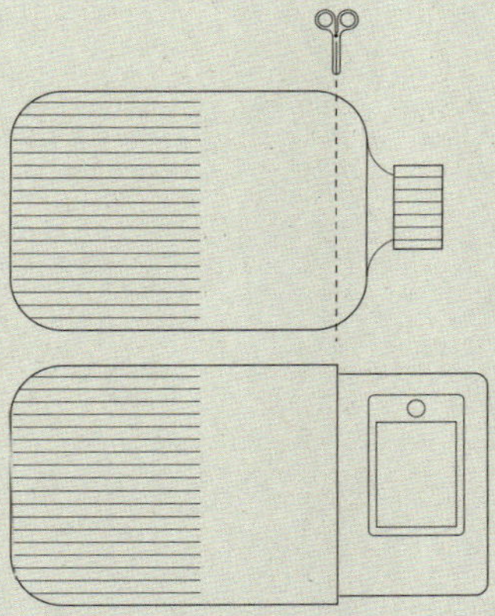

5. Leder
Aus Leder (vielleicht ein Fund vom Trödelmarkt) lassen sich schöne und haltbare Hüllen für elektronische Geräte machen, die allmählich durch das Benutzen noch schöner werden und vor Kratzern und Beschädigungen schützen, ohne allzu stark aufzutragen.

6. Neopren
Auch Neopren von einem ausrangierten Taucheranzug kann zur zweiten Haut von Laptop und Handy werden (siehe auch S. 200–203). Der sportive Look passt perfekt zu Websurfern.

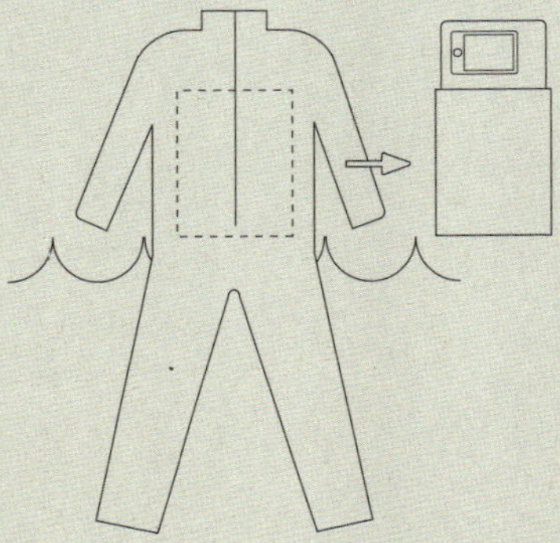

Design!

959
Accessoires aus Sicherheitsgurten
Volvo war 1959 der erste Hersteller, der seine Autos serienmäßig mit Dreipunkt-Sicherheitsgurten ausstattete, was die Auffassungen zum Thema Sicherheit in Fahrzeugen für immer veränderte. Die Gurte inspirierten den Industriedesigner Paolo Ferrari 50 Jahre später zu seinem Label 959, hinter dem sich eine Accessoires-Kollektion aus umgearbeiteten Sicherheitsgurten verbirgt.

Ferrari ist Absolvent der Politecnico di Milano und hatte lange mit der Aufarbeitung und Wiederverwertung von Industrieobjekten experimentiert, die er zu Mode- oder Designartikeln verwandelte. Die Kollektion wird vollständig aus Materialien vom Schrottplatz hergestellt – das verleiht den Polyestergurten, die bekanntlich unzerstörbar und stark sein sollten, gleichsam ein zweites Leben.

Design!

TRAIDremade Golightly-Schuhserie

TRAIDremade ist ein Label der Wohltätigkeitseinrichtung für nachhaltiges Mode-Recycling TRAID, die abgelegte und defekte Kleider wiederverwertet. Alle Artikel, Schuhe, Kleider und Accessoires werden von Hand in Brighton hergestellt, wobei Design und Schnittgestaltung flexibel den Beschränkungen und Unvorhersehbarkeiten bei der Arbeit mit wiederverwerteten Materialien angepasst werden.

Dabei bilden die „Golightly"-Ballerinas von TRAIDremade eine Ausnahme. Die Schuhserie kam 2011 auf den Markt und wird in East London und Norwich aus Leder- und Stoffresten industriell gefertigt. Die größte Herausforderung für die Produzenten bestand darin, zueinanderpassende Paare zu kreieren, wenn nur kleine Mengen stark gemusterter Vintage-Textilien zur Verfügung standen.

TRAID spendet alle Gewinne an Projekte, die der Bekämpfung der Armut in der Textilindustrie dienen.

SCHRITT-FÜR-SCHRITT

Laptop-Hülle

Wenn man bedenkt, wie einfach es ist, dieses Accessoire anzufertigen, überrascht es, wie lang die Hersteller und Modehäuser gebraucht haben, um attraktive und hochwertige Laptop- und Handyhüllen zu produzieren. Während noch überlegt wurde, ob elektronisches Gerät tatsächlich hübsch verpackt werden sollte, machten sich die Technikfreaks (sie sind immer die Pioniere, wenn es darum geht, etwas selbst zu machen) daran, ihre eigenen Behältnisse zu entwerfen. Diese selbst gemachten Hüllen für die Hightechgeräte wurden so zum i-Tüpfelchen des original-freakigen Looks. Hier nun ein Schnitt, der beliebig verändert werden kann. Wer will, kann Pelz, Filz oder Neopren anstelle von Leder verwenden und die Vorlage entsprechend der Größe von Handy, Tablet-PC oder E-Book anpassen.

Benötigt werden:

- eine gefütterte Lederjacke (das Rückenteil sollte ausreichend groß sein, um den Laptop doppelt darin einschlagen zu können)
- Knopf
- Schneider- oder Lederschere
- Nähmaschine
- Nadel und Nähgarn

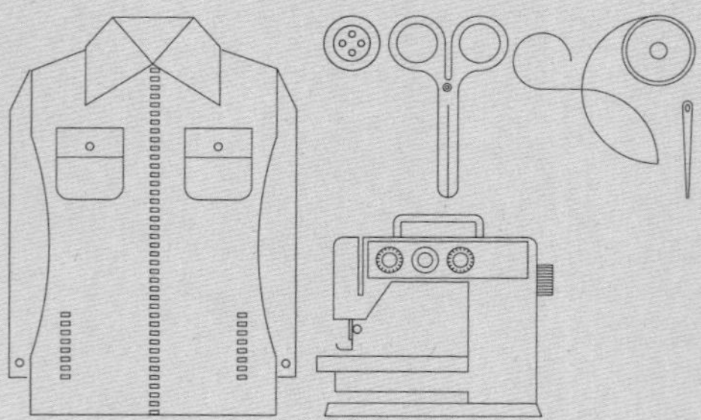

1_ Rückenteil komplett aus der Jacke herausschneiden und auf einer ebenen Arbeitsfläche ausbreiten.

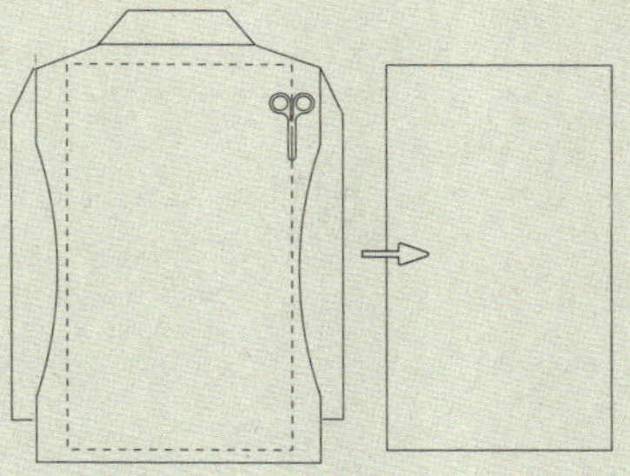

2_ Laptop auf dem Leder positionieren und dieses so einschlagen, dass das Gerät dazwischenliegt. Umrisse des Laptops auf das Leder übertragen, dabei ringsum 2,5 cm hinzurechnen. Ist genug Leder vorhanden, um einen Taschenüberschlag zu arbeiten, diesen beim Abmessen entsprechend berücksichtigen. Umschlagfalz anzeichnen.

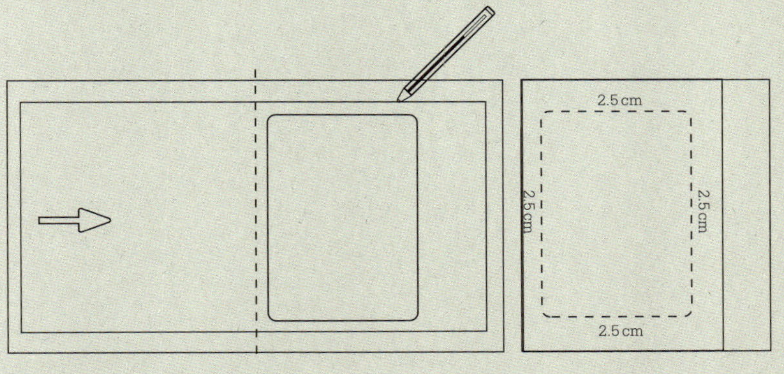

3_ Das rechteckige Teil entlang der Markierung zuschneiden. Lederstück als Vorlage verwenden und den Futterstoff in gleicher Größe zuschneiden (jedoch ohne Taschenüberschlag). Als zusätzliche Polsterung kann ein Vlies zwischen Leder und Futter eingefügt werden, das jedoch etwas kleiner sein sollte (an allen Seiten 0,5 bis 1 cm).

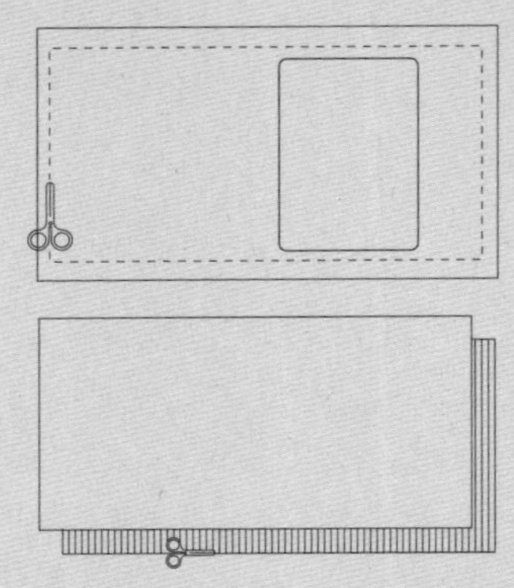

4_ Lederrechteck in gewünschter Form rechts auf rechts legen (nach Belieben Umschlag berücksichtigen). Untere Ecken abschneiden und dann die Seiten sowie die abgeschrägten Ecken mit starkem Zwirn und einer Ledernadel von Hand oder mit der Nähmaschine zusammennähen.

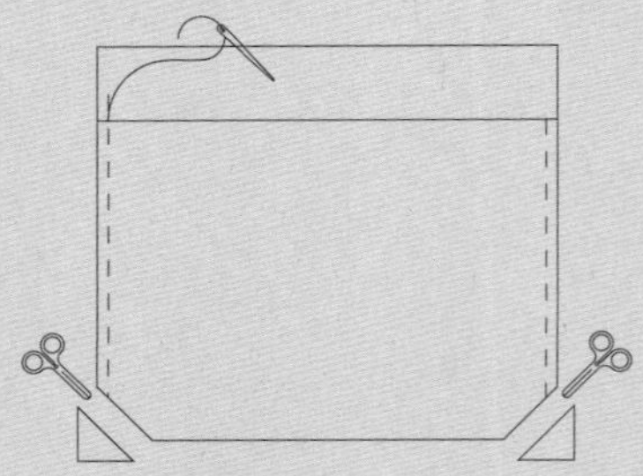

5_ Futtertasche separat nähen. Falls gewünscht, Vliespolster unter den Futterstoff legen, ringsum feststeppen. Seitennähte steppen. Den oberen Rand der Tasche umschlagen, feststecken und von Hand säumen oder mit der Nähmaschine feststeppen.

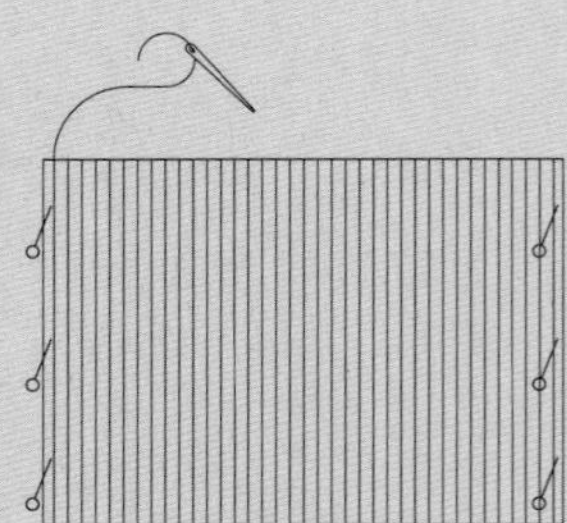

6_ Die Ledertasche nach rechts wenden und auf der Vorderseite den Knopf annähen, der entweder durch ein Knopfloch im Taschenüberschlag gesteckt wird oder als Befestigung für ein Verschlussband dienen kann.

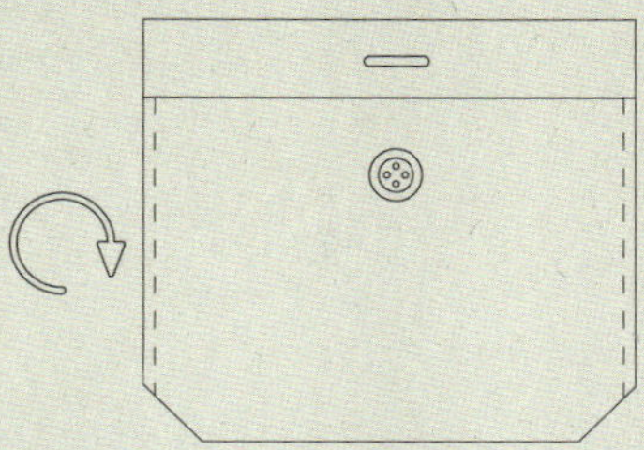

7_ Wer ein Band als Verschluss verwenden möchte, schneidet aus einem der Jackenärmel einen langen, schmalen Streifen und befestigt ein Ende auf der Rückseite der Hülle mithilfe eines kleinen Quadrats. Zunächst entlang den Kanten des Quadrats nähen, dann kreuzförmig darübersteppen, um das darunterliegende Band zu fixieren.

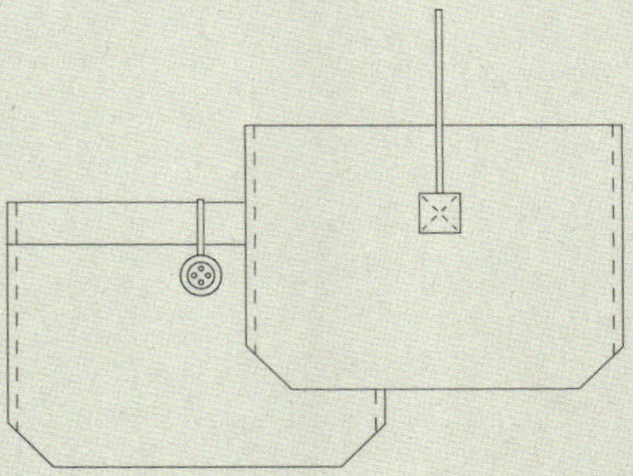

8_ Das Futter in die Ledertasche schieben, in den unteren Ecken sorgfältig ausrichten, an der Oberkante durch alle Lagen festnähen.

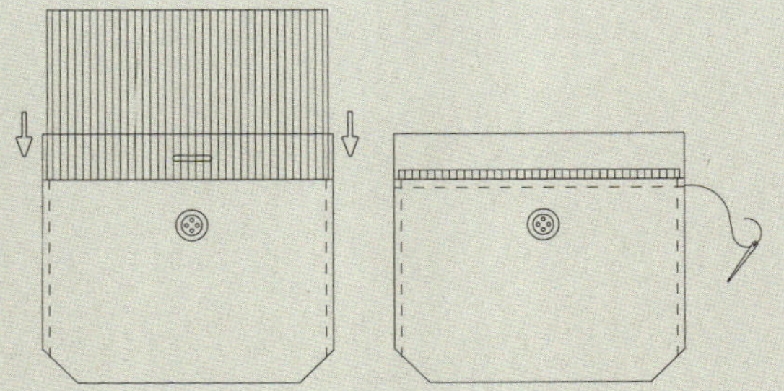

Design!

Joomi Lim
Mixology-Kollektion

Joomi Lim und Xavier Ricolfi brachten ihre erste Schmuckkollektion 2009 auf den Markt. In den Entwürfen vereint sich Lims Vorliebe zu femininem Stil mit Ricolfis Berufserfahrung aus der Industrie. Sie verwenden ungewöhnliche Materialien wie Titanbeschichtung bis hin zu recycelten und aufgearbeiteten Retrofundstücken. Die aus Seoul und Paris stammenden Designer sind in New York sowohl privat als auch beruflich verbunden.

In der Mixology-Kollektion kombiniert Lim alte Colliers mit spitzen Metallanhängern und Fransen. Die kräftige Farbpalette der Navajo-Indianer inspirierte zur Gestaltung dieses Halsschmucks, der ausschließlich von Hand gefertigt wird.

Fanta

Design!

Kotik Design
Wertvolles Metall

Für den israelischen Designer Yoav Kotik sind Flaschenverschlüsse und Getränkedosen mehr als nur eine billige Quelle farbenfrohen Metalls, das ansonsten im Abfall landen würde – sie stellen für ihn bezaubernde und wertvolle Relikte verschiedener Kulturen mit enormem Potenzial dar, geschichtsträchtig und bedeutungsvoll. Die aus der ganzen Welt zusammengetragenen Funde werden sorgsam behandelt, jeder einzelne wie ein wahrer Schatz gesäubert und von Kotik und seinem Team zu ausgefallenem Schmuck verarbeitet.

Kotiks Entwürfe sind durchdacht und präzise ausgeführt. Seine Stücke heben sich deutlich ab von anderen Kreationen aus Flaschendeckeln – das beweist, dass auf diesem Markt nicht nur das Material, sondern auch die Verarbeitung entscheidend ist.

Design!

Tamasyn Gambell
Recycelte Tücher

In ihrem Londoner Studio hortet die Textildruckdesignerin Tamasyn Gambell eine stetig wachsende Sammlung gebrauchter Tücher, die sie von einem Textilrecyclingunternehmen in der Nähe von Nottingham bezieht. Diese Tücher überdruckt Gambell mit ihren eigenen Entwürfen, wobei sich alte und neue Muster überlagern und zu grafischen Dessins fügen.

Die Recycling-Sparte ist nur ein Teilbereich der umweltbewussten Produkte von Gambell, ihre vom Jugendstil inspirierten, ausdrucksstarken und farbenfrohen Muster zieren auch neue Tücher, die in Indien von einer Frauenkooperative gewebt und gefärbt werden. Das Wohltätigkeitsprojekt sorgt für Bildung, Unterkunft und Gesundheitsvorsorge in den Gemeinden. Bevor Gambell 2008 ihr eigenes Label gründete, hatte sie als Designerin unter anderem für Sonia Rykiel, Louis Vuitton und H&M gearbeitet. Die Selbstständigkeit gab ihr mehr schöpferische Freiheit und ermöglichte zudem eine nachhaltige Vorgehensweise bei der Fertigung von Luxusprodukten. Bei allen Herstellungsabläufen und Produktzyklen, angefangen vom Bindemittel aus Meeresalgen für den Siebdruck, bis hin zur wiederverwerteten Verpackung, werden umweltschonende Aspekte berücksichtigt.

Bridget Harvey
Slow Design

Die in London ansässige Designerin Bridget Harvey verwendet Holzabschnitte, die sie mithilfe von traditionellen Textiltechniken zu nachhaltigem Unikatschmuck verarbeitet. Ihre Philosophie und Vorgehensweise lassen sich am besten mit „slow design and making“ beschreiben. Harvey legt Wert auf umweltfreundliche Materialien. Bei dem durchdachten und oft zeitaufwendigen Herstellungsprozess werden sowohl die Verwendungsmöglichkeiten, die sich in jedem Stück Holz verbergen, wie auch der individuelle Charakter und die Maserung jedes einzelnen Materials berücksichtigt.

Das Konzept der Designerin wird von der Idee getragen, die Hersteller und Zulieferer ebenso wie die Kunden in den Entwurfsprozess miteinzubeziehen, um allen Beteiligten gerecht zu werden.

– Zwei in einem –

Kapuzenschals sind praktische und unkomplizierte Multifunktionsteile. Wie ein Schal lassen sie sich um den Hals tragen oder als Kapuze über den Kopf ziehen. Sie haben eine lange Tradition und waren im Mittelalter weitverbreitet. Danach folgte über Jahrhunderte eine wechselvolle Geschichte, bis das gute Stück als bevorzugte Kopfbekleidung von Grace Jones zum Kultobjekt wurde. Obwohl traditionell von Frauen getragen, hat es der Kapuzenschal auch in die Männermode geschafft, selbst einige konservativere Labels haben ihn in ihre Kollektionen aufgenommen. Der Kapuzenschal des 21. Jahrhunderts lässt sich als Stoffschlauch aus einem großen Kleidungsstück schneidern, beispielsweise aus einem T-Shirt in Übergröße, einem Pullover oder aus einem weiten Baumwollrock oder großen Top, das man in gewünschter Breite zuschneidet, zusammennäht und säumt.

– Fußabdrücke hinterlassen –

Noch ein Hinweis zum unten genannten Tipp: Es gibt ein Material, das sich für die Herstellung eines luxuriösen Hausschuhs noch besser eignet als toller Industriefilz – Schafsfell. Mit der Lederseite nach außen nach der Anleitung für Filzhausschuhe arbeiten und – falls man eine Art Stiefel haben möchte – die Schnittteile an den Knöcheln nach oben verlängern.

– Alleskönner Filz –

Industriefilz gehört wie Lycra zu den Superhelden aller Stoffe. Robust, dick und sehr langlebig, eignet er sich für alle Lebenslagen als Isolierung, Schallschutz und Dichtung. Er nutzt sich kaum ab und bleibt gut in Form. Zugeschnitten wird er mit einer Schneiderschere oder einem Teppichmesser, und das Beste daran ist: Die Kanten fransen nicht und müssen nicht versäubert werden. Filz ist also wie geschaffen für die Herstellung von Hausschuhen. Es gibt einfache Vorlagen und Anleitungen, die mit einem einzigen Filzstück auskommen (siehe auch S. 138), aber auch aufwendigere Entwürfe, für die pro Fuß etwa drei Filzstücke benötigt werden.

– Abgeseilt –

Gürtel und Schmuck aus Seil oder Schnur lockern einen allzu dezenten oder strengen Look auf und gehören als Elemente maritimen Stils zu den jährlich wiederkehrenden Modeerscheinungen im Frühjahr. Auch wenn große Labels und Designer im Lauf der Jahre einige umwerfende Kreationen erdacht haben, kann eine selbst gemachte Variante gut, wenn nicht sogar besser aussehen. Eventuell wird man auch im Bereich Vorhänge und Gardinen fündig: die zum Raffen verwendeten Schnüre und Kordeln gibt es in großer Auswahl (oder kostenlos aus dem Wohnzimmer). Für einen simplen, aber attraktiven Halsschmuck zwei Stränge unterschiedlicher Farbe in der Mitte mit einem Knoten verbinden. Mithilfe von Segel- oder Bergsteigerhandbüchern lässt sich eine Vielzahl professioneller Knoten schlingen, die mit Schließen oder Spangen verziert werden können.

– In den Schatten gestellt –

Du bist rausgeflogen, dein Team hat verloren, die Schulzeit ist schon lang vorbei, oder du hast schlicht das Logo satt – aus irgendeinem Grund gefällt dir die Aufschrift auf deinem Basecap nicht mehr. Statt das ganze Cap wegzuwerfen, kann es zu einem wesentlich cooleren Sonnenvisier umgearbeitet werden, und das ungeliebte Logo verschwindet ganz nebenbei. Kopfteil so abschneiden, dass noch ein Stoffsteg übrig bleibt, der an den Schnittkanten nach innen umgeschlagen und sorgfältig mit Klebstoff befestigt oder festgenäht wird.

– Unter der Haube –

Je nachdem, wie eine Kapuze getragen wird, verheißt sie Mystik, Intrige und Drama, aber auch Wärme und Regenschutz. Eine elegante Kopfbedeckung aus feiner Wolle, vielleicht mit Seide gefüttert, sieht, an einer Abendjacke befestigt, großartig aus, eine doppellagige Kapuze aus Jersey macht sich dagegen gut zu Pullover oder Anorak. Eine Kapuze ist leicht aus zwei gleichen Teilen herzustellen, die Naht verläuft von der Nacken- zur Stirnmitte. Entweder dient ein vorhandenes Kleidungsstück als Vorlage, oder es wird ein Schnitt frei Hand gezeichnet, bevor das Ganze zusammengenäht wird. Wasserdichte Varianten können aus Plastiktütenstoff, Luftpolsterfolie, einem alten Duschvorhang oder abgelegtem Ölzeug gefertigt werden.

SCHRITT-FÜR-SCHRITT

Ohrenschützer

Chester Greenwood war 15 Jahre alt, als er die Ohrenschützer im Jahr 1873 erfand. Der Überlieferung nach fand er es lästig, seine Ohren beim Eislaufen mit einem kratzigen Schal wärmen zu müssen. Daher bog er aus Draht zwei Schlingen in Ohrgröße und trug sie zu seiner Großmutter, die sie mithilfe von Fell zu tragbaren Objekten umfunktionieren sollte. Bis Greenwoods Champion Ear Protectors auf den Markt kamen, dauerte es nicht lang, und nach kurzer Zeit verdiente Greenwood sein Geld als Lieferant von Ohrenschützern für Soldaten im Ersten Weltkrieg. Seine Heimatstadt Farmington in Maine ist inzwischen die Ohrenschützer-Weltmetropole. (Junge Recycling-Fans können mit dieser Anleitung auch Plüschtiere und Teddybärköpfe als Ohrenschützer einsetzen.)

Benötigt werden:

_ ein Drahtkleiderbügel
_ Stoffrest (dick, pelzig, warm)
_ Watteline oder anderes Vlies als Isolierung
_ Seitenschneider (Zange)
_ Schere
_ CD (oder ein anderer runder Gegenstand als Vorlage)
_ Maßband
_ Stricknadel oder Essstäbchen
_ Nähmaschine
_ Nadel und Nähgarn

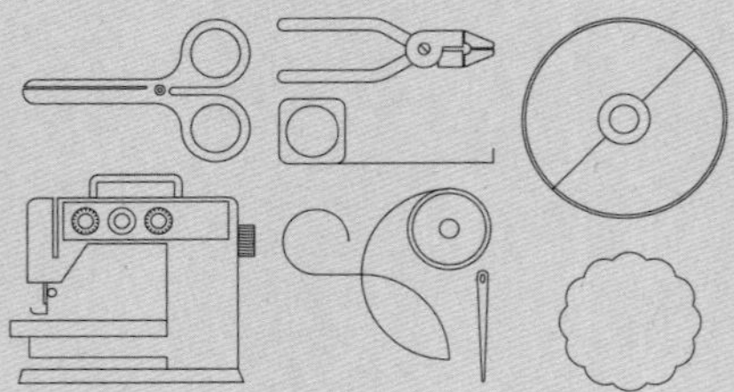

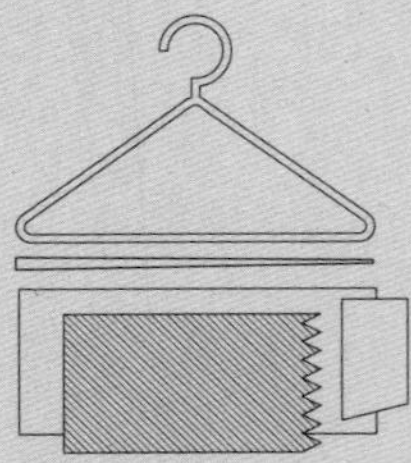

1_ Drahtbügel mit der Zange im oberen Bereich wie abgebildet auseinanderschneiden und aufbiegen, sodass ein langes, gerades Stück entsteht.

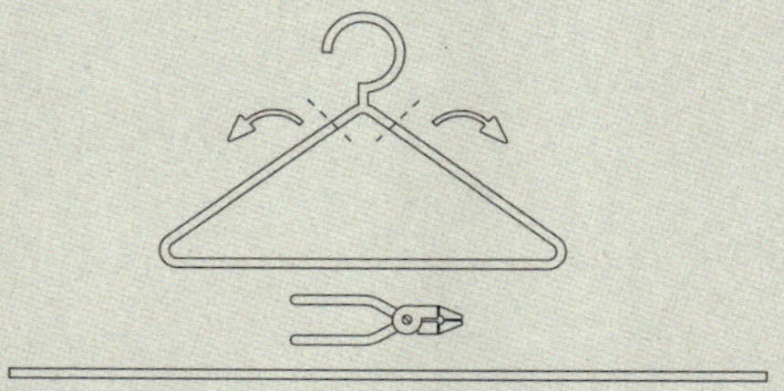

2_ Bügel in die Grundform biegen, dabei an jeder Seite eine Schlinge formen. Anprobieren und anpassen.

3_ Mittelstück des Drahtbügels abmessen und einen entsprechend langen Stoffstreifen mit einigen Zentimetern Zugabe und einer Breite von 8 cm zuschneiden.

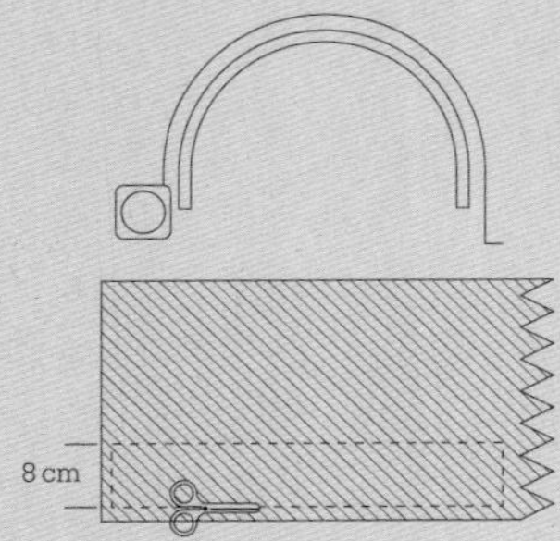

4_ Stoffstreifen längs mittig rechts auf rechts legen und zu einem Schlauch zusammennähen, mithilfe einer Stricknadel oder Ähnlichem zur rechten Seite wenden.

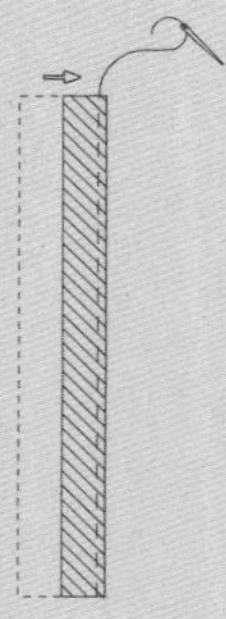

5_ CD als Vorlage verwenden und aus Stoff vier kreisrunde Teile ausschneiden. Zwei Teile rechts auf rechts zusammenstecken und an den Kanten zusammennähen, dabei oben einen Bereich von etwa 7 cm offen lassen. Mit den beiden anderen Stoffteilen genauso verfahren.

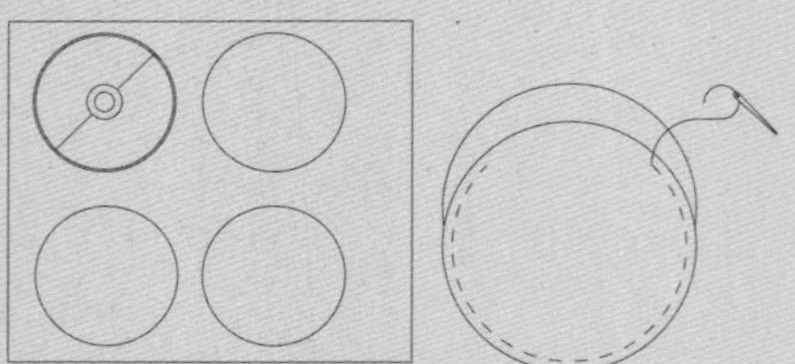

6_ Die beiden runden Ohrenstücke zur rechten Seite wenden und mit Watteline oder Vlies ausstopfen.

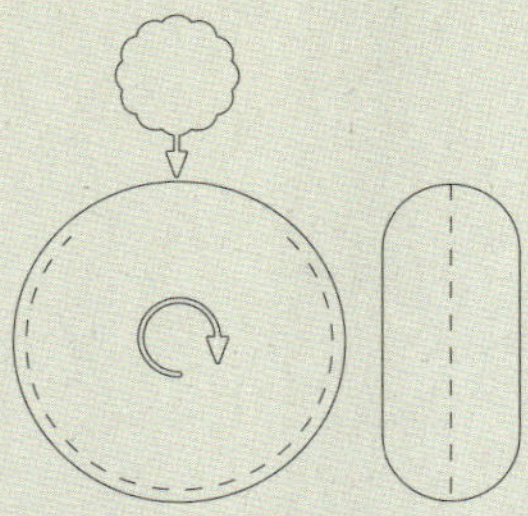

7_ Stoffschlauch vorsichtig über den Drahtbügel ziehen. Den auf dem Kopf aufliegenden Bereich mithilfe einer Stricknadel oder eines Essstäbchens mit Watteline oder Vlies ausstopfen.

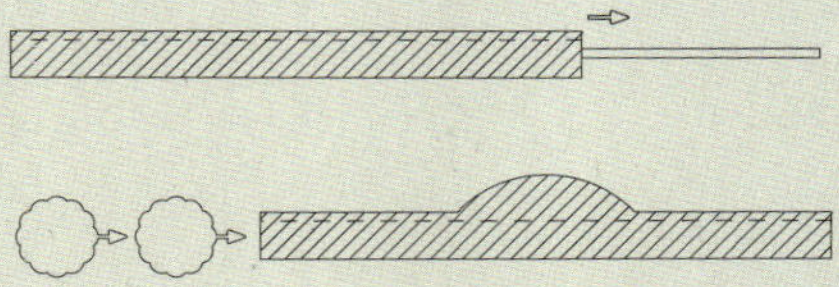

8_ Die Enden des Bügelüberzugs mit den Drahtschlingen jeweils in die Öffnung der wattierten Ohrenteile stecken und diese mit Handstichen schließen.

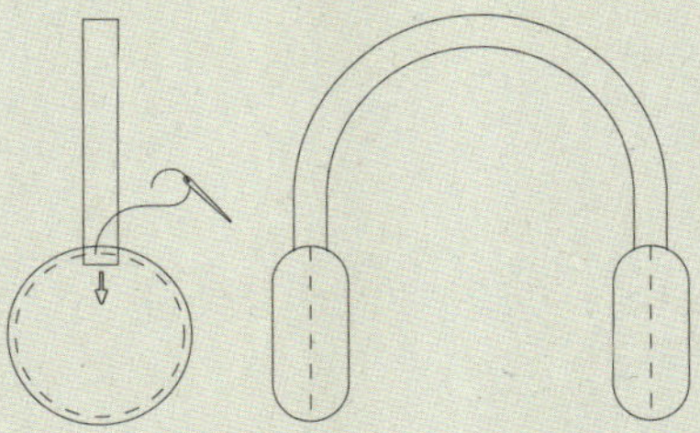

Design!

Hetty Rose
Kimono-Schuhkollektion

Die von Hetty Rose maßgefertigten Schuhe werden aus wiederverwerteten, gebrauchten und antiken Materialien hergestellt. Erlesene japanische Kimonostoffe werden wegen ihrer üppigen Farbenpracht und ausdrucksstarken Muster bevorzugt verwendet. Die Schöpferin des Labels, Henrietta Rose Samuels, beschafft die Textilien direkt in Japan und verwandelt sie in Chelmsford zu Obermaterialien, die danach, mit Absätzen aus Holz und recycelten Ledersohlen kombiniert, zu Schuhen verarbeitet werden.

Design!

Camila Labra
Botas Dacca

Plastiktüten werden eigentlich nur im Notfall über Schuhe gezogen, um die edlen Treter vor Regen zu schützen – anders bei der chilenischen Designerin Camila Labara, die aus zusammengeschweißten Plastiktaschen eine nachhaltige Stiefelserie entwickelte.

Für die modischen, farbenfrohen und gleichzeitig ökologischen Produkte ihres Projekts Dacca fand die Designerin internationale Abnehmer, als sie sie erstmals 2008 über das Internet präsentierte. Jedoch kam der Handel bald zum Erliegen, als Camila Labra (die damals gerade 23 Jahre alt war) einen Job in der Materialforschung bekam. Die Designerin hat jedoch eine Wiederbelebung der Idee in der Zukunft nicht ausgeschlossen.

SCHRITT-FÜR-SCHRITT

Farbenrausch

Einer Handtasche und Pumps lassen sich mit etwas Farbe neues Leben einhauchen. Gerade die 1980er-Jahre sind für solche Projekte eine gute Inspirationsquelle. Die Disco-Mode setzte unter anderem auf Zweifarbigkeit und Airbrush-Effekte. Mit Neonfarbe auf Schwarz wird daraus ein trashiger Punklook, auch einfache Farbnuancen können beeindruckend wirken. Mit einem Sprühstoß Farbe lässt sich ein Entwurf zwar nicht grundlegend verändern, aber man kann ihn damit gut auffrischen, vor allem bei abgenutztem Lackleder kann dies Wunder wirken.

Benötigt werden:

_ Schuhe/Handtaschen/andere Objekte wie Plastikarmreifen zum Bemalen
_ Zeitungspapier
_ Reinigungsmittel für Leder
_ Malerband
_ Sprühfarbe für Kunststoff oder Leder

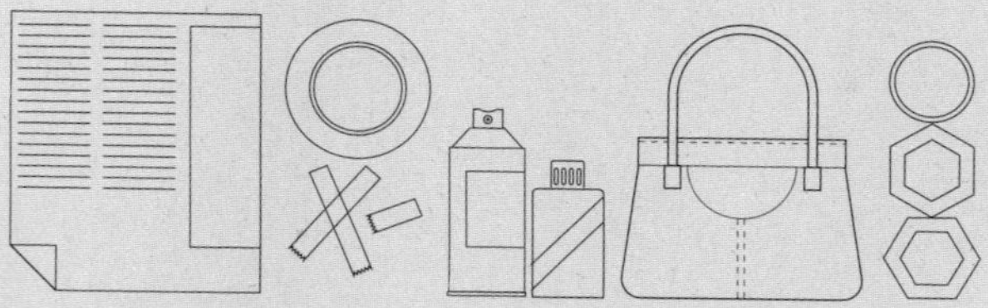

1_ Zeitung auslegen, zum folgenden Aufsprühen der Farbe Fenster öffnen.
2_ Die neue Farbe haftet schlecht, wenn sich alte Öl- oder Fettspuren auf der Tasche (oder den Schuhen) befinden. Eventuell vorhandene Flecken deshalb zuvor mit Reinigungsmittel entfernen.
3_ Bereiche, die nicht eingefärbt werden sollen, mit Malerband abkleben.
4_ Handtasche (oder Schuhe) mit Zeitungspapier ausstopfen.
5_ Spraydose kräftig schütteln und senkrecht halten. Die Handtasche im Abstand von 20–30 cm mit langsam kreisenden Bewegungen einsprühen. Zunächst nur eine Farbschicht auftragen, damit sich keine Tropfen bilden und eine gleichmäßige Oberfläche entsteht.
6_ Tasche ein bis zwei Stunden trocknen lassen, bevor die nächste Farbschicht aufgesprüht wird. Vor dem Auftrag eines zweiten Farbtons den ersten vollständig durchtrocknen lassen.
7_ Nachdem alle Farbschichten aufgetragen und getrocknet sind, Malerband und Zeitung entfernen.

1_

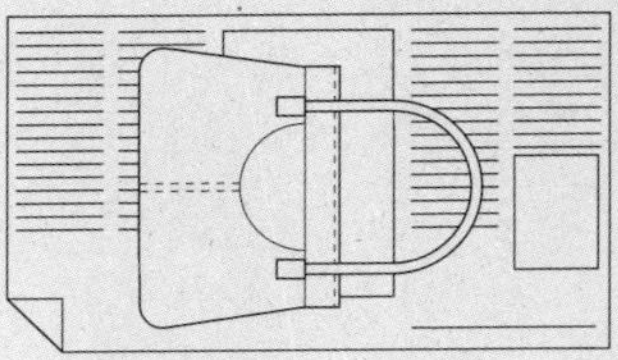

2_

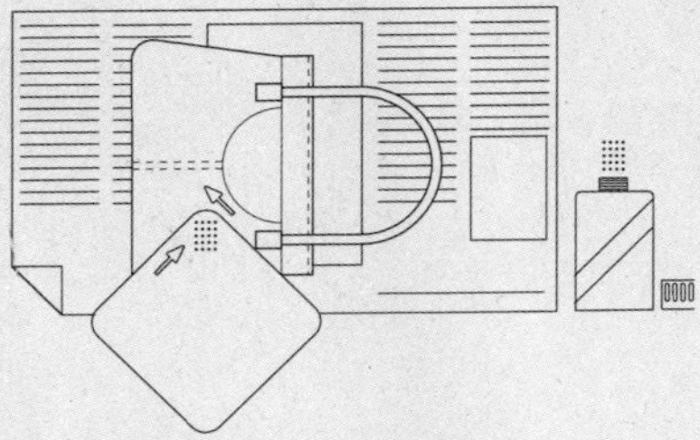

3_

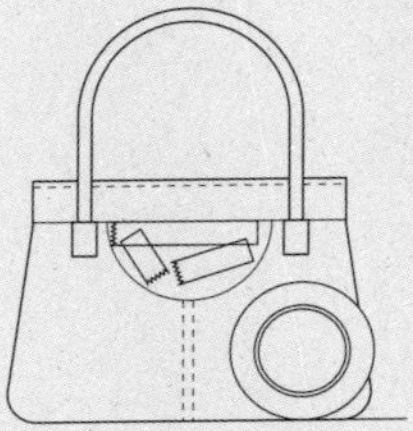

4_

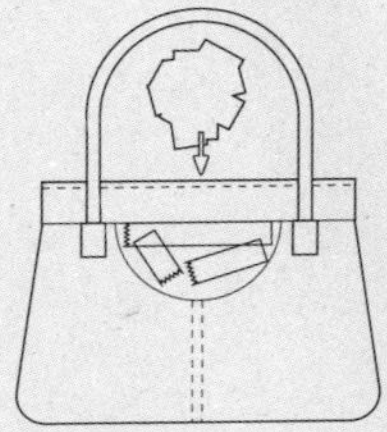

5_

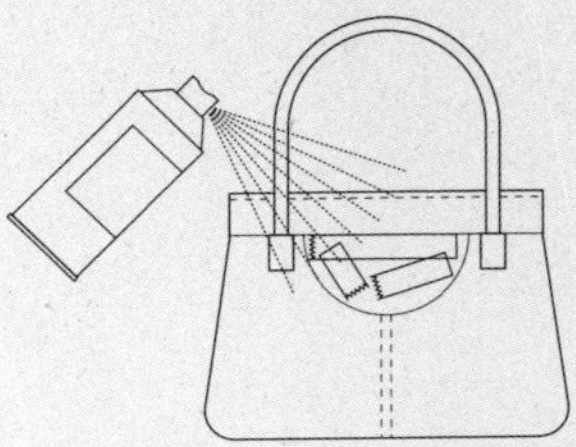

6_

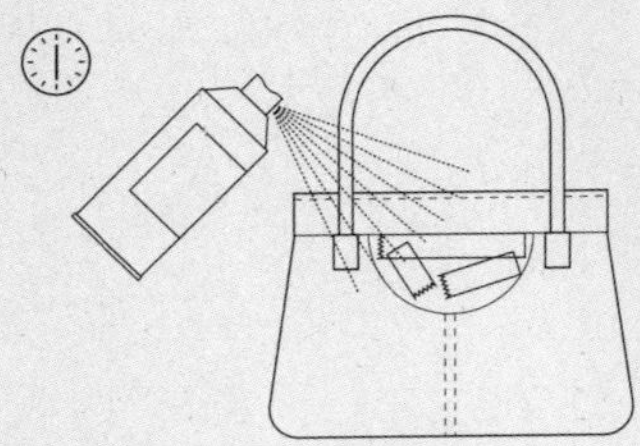

7_

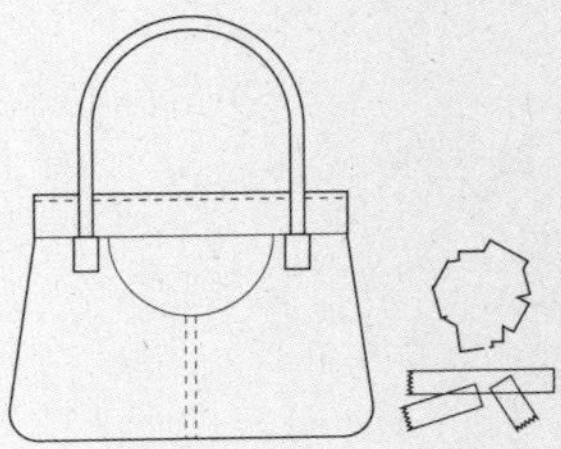

Design!

Freitag
Accessoires aus Lkw-Planen

Das Schweizer Taschenlabel Freitag wurde 1993 von zwei Brüdern gegründet, die als Grafikdesigner oft mit ihren Entwürfen auf dem Fahrrad durch Zürich unterwegs waren. Sie suchten für den Transport der Skizzen nach einem stabilen Behältnis, das wind- und wasserdicht sein würde. Irgendwann inspirierten sie die bunten Planen der Lkws, die täglich an ihrem Appartement vorbeifuhren, und so besorgten sie sich eine gebrauchte Kunststoffplane, um daraus ihre eigenen Taschen zu kreieren. Für die Trageriemen verwendeten sie alte Sicherheitsgurte und für die Kanteneinfassungen einen Fahrradschlauch.

Selbst überrascht vom eigenen Erfolg, machten sie daraus ein Unternehmen, das sie Freitag nannten – nicht deshalb, wie in englischsprachigen Ländern oft angenommen, weil sie Planen von Lastwagen („freight lorries“) verwendeten, und auch nicht, wie in deutschsprachigen Ländern vermutet, weil sie ihre Erleuchtung an einem Freitag hatten. Sie heißen ganz einfach so: Markus und Daniel Freitag entwickelten das Design zu einer originellen Serie, die schnell mehr als 40 Modelle in verschiedenen Formen umfasste, denen bald saisonale Kollektionen und modische Linien folgten. Anfangs wurde jedes Stück vollständig in der Schweiz gefertigt, heute werden Näharbeiten auch nach Portugal, Frankreich, Tschechien und Tunesien ausgelagert.

FREITAG

FREITAG

Design!

Freitag
Accessoires aus Lkw-Planen

FREITAG

FREITAG

FREITAG

FREITAG

FREITAG

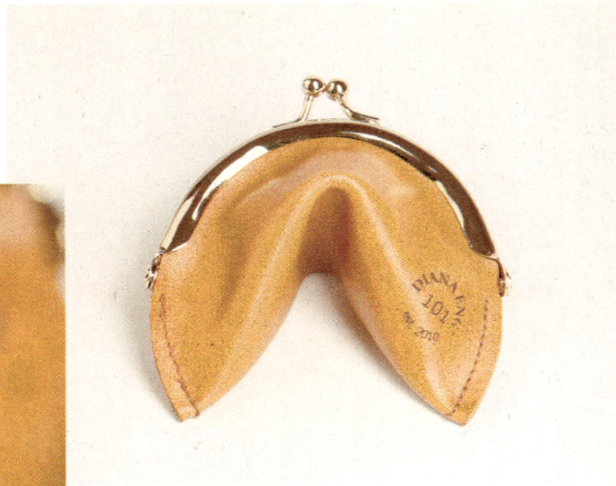

Design!

Diana Eng
Glückskeks-Börsen

Jede der Glückskeks-Börsen der Designerin und Erfinderin Diana Eng ist mit einer lasergravierten ID-Nummer versehen, die auf die Herkunft schließen lässt. Die Portemonnaies werden in den USA aus Produktionsabfällen eines Herstellers von Luxus-Ledermöbeln oder aus Lederresten aus der Textilbranche produziert. Die Börsen sind klein und erfordern in der Herstellung nur kleine Ledermengen. Das hat den Vorteil, dass dafür auch größere Felle verwertet werden können, die sonst wegen starker Verunreinigung oder aus anderen Gründen unbrauchbar sind – einige saubere Bereiche für die kleinen Schnittteile finden sich darauf immer. Wie echte Glückskekse enthalten die Börsen einen kleinen Spruch.

– Leisetreter –

Der erste Schritt, um zu einem bewanderten umweltbewussten Konsumenten zu werden, ist der Kauf guter Schuhe, die lange halten. Der zweite Schritt ist die gute Pflege und der dritte die Reparatur, wenn sie beginnen, erste Abnutzungserscheinungen zu zeigen. Das Besohlen von Schuhen ist zwar eine Aufgabe für Schuster, aber alte Exemplare mit einer neuen Sohle aus Gummi oder Schaumstoff zu versehen ist nicht so schwer. Benötigt werden starker Klebstoff, ein scharfes Messer zum Beschneiden der Sohle (nach dem Aufkleben auf den Schuh) und eine Schleifmaschine (bei Bedarf), um zum Schluss die Ränder zu bearbeiten.

– Wenn Uhren anders gehen –

Aus einem ledernen Uhrenarmband lässt sich wunderbar ein Gürtel machen. Keine Sorge, dazu muss keine Diät gemacht werden, um eine Wespentaille zu bekommen. Einfach an jedem Armbandende einen Metallring befestigen, an dem ein Seidenschal angeknotet wird, der gewissermaßen die Uhr ersetzt.

– Reisefieber –

Das goldene Zeitalter des Reisens begann Anfang des 20. Jahrhunderts. Dampfloks, Kreuzfahrtschiffe, Flugzeuge und Autos eröffneten Wege zu aufregenden Entdeckungsreisen und Massentourismus. Damit einher ging das goldene Zeitalter des Reisegepäcks. Schrankkoffer mit Monogramm, Lederriemen, verstärkten Ecken und klobigen Beschlägen erzählen nostalgische Geschichten von Glamour, Abenteuer und Wanderlust auf eine Weise, wie es einem schwarzen Kunststoffbehältnis auf Rollen einfach nicht gelingen will. Reisegepäck muss auf jeden Fall praktisch sein – ein Anspruch des modernen Nomaden, dem alte Koffer meist nicht gerecht werden. Es kann aber zur Leidenschaft werden, alte, gut erhaltene Koffer zu sammeln. Jedoch müssen solche bei den modernen Sicherheitsansprüchen dann beim Vergleich mit modernen Varianten oft passen. Aber, wo ein Wille ist, ist meist auch ein Weg: Unansehnliche Futterstoffe lassen sich austauschen, Schnallen und Riemen können repariert oder ersetzt werden. Und für den modernen Globetrotter, dessen Budget nicht dem des ursprünglichen (authentischeren) Besitzers entsprechen mag, kann ein guter Sattler vielleicht auch einen ausziehbaren Trolleygriff und Rollen anbringen.

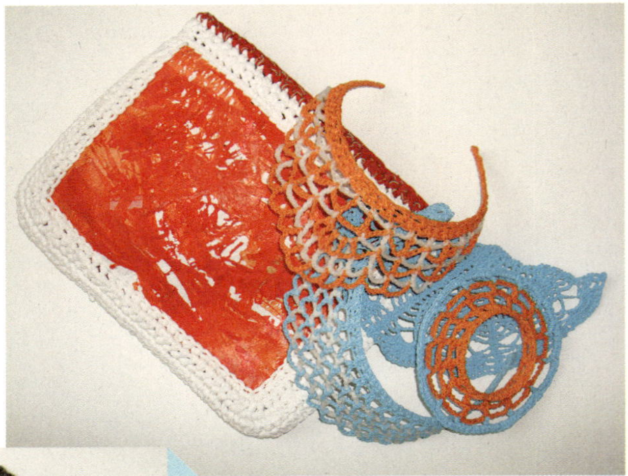

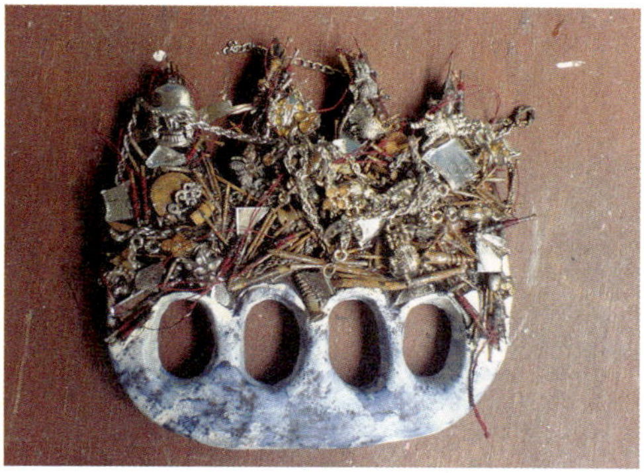

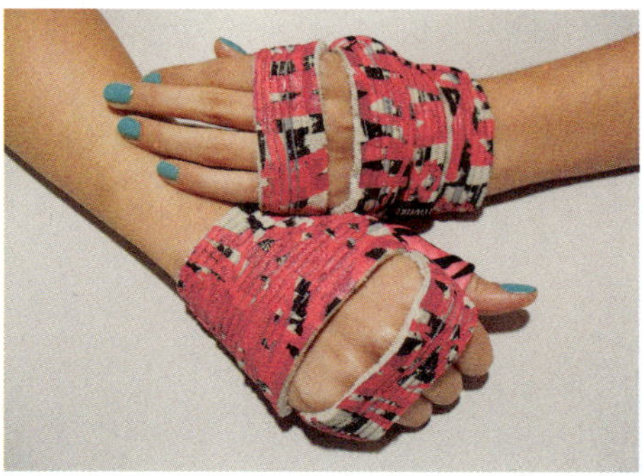

Design!

Glovedup Gloves
Fingerlose Handschuhe

Laura Sheperd hat für Handschuhe, die traditionell als Handwärmer im Winter dienen, eine neue Rolle erdacht. Sie hat für sich eine Nische geschaffen, in der sie als Pionierin moderne, maßgeschneiderte, meist fingerlose Exemplare produziert. Darunter spektakuläre Handschuhe für den Bühnenauftritt von Stars, ausgefallene und grandiose Exemplare für Mode- und Lifestylemagazine und verschiedenste Arten anderer Handschuhe, wie man sie so noch nie gesehen hat. Shepherd verwendet häufig Stoffreste und recyceltes Leder für ihre populären Einzelstücke, die es auch mit Puffärmelansatz, als Autofahrerhandschuhe oder Pulswärmer gibt. Aber auch bei anderen Designprojekten hat sie ihre Finger mit im Spiel, unter anderem entwirft sie Epauletten, Fächer aus recyceltem Kunststoff und Diademe.

SCHRITT-FÜR-SCHRITT

Auf den Leim gegangen

Klebeband ist ein erstaunlicher Gegenstand. 1942 während des Zweiten Weltkriegs erfunden, diente es zunächst als widerstandsfähiges Band zur Versiegelung von Munitionskisten, später machte man es sich zunutze, um damit alles Mögliche zu flicken, angefangen von Waffen, bis hin zu Flugzeugen. Nicht nur bei der NASA ist es ein beliebtes Utensil (das den Astronauten 1970 auf ihrer Weltraumreise mit der Apollo 13 mehr als einmal nützte), mit ein paar Rollen lässt sich einiges machen und flicken. Der absolute Klassiker und eine der einfachsten und wahrscheinlich auch universellsten Einsatzmöglichkeiten ist die Herstellung einer Klebeband-Brieftasche. Das Design ist sehr anpassungsfähig und kann mit allen Sorten und Farben von Klebebändern hergestellt werden.

Benötigt werden:

_ Klebeband
_ Teppichmesser
_ Lineal
_ Transparentfolie für Sichtfenster (nach Belieben)

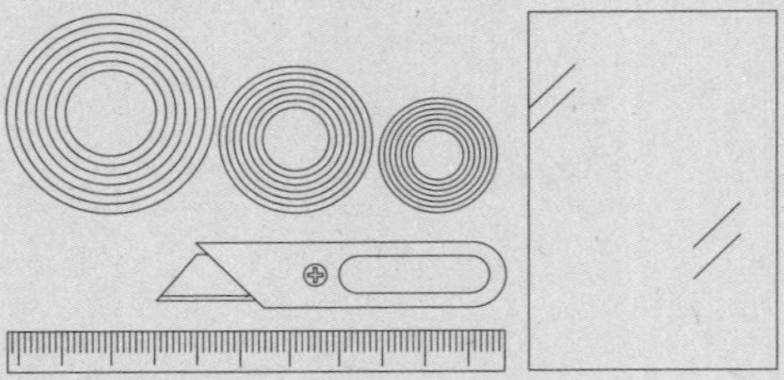

1_ Zunächst ein großes Stück „Stoff" aus Klebeband herstellen (18 x 22 cm). Dazu zwei 22 cm lange Stücke abschneiden. Das erste mit der Klebeseite nach oben legen, das nächste mit der Klebeseite nach unten der Länge nach zur Hälfte auf das erste legen. Den ersten Streifen anschließend über den zweiten falten (er sollte nicht ganz überlappen), das Ganze umdrehen und einen dritten Streifen auf den restlichen klebenden Teil des zweiten Streifens anbringen. Wieder umdrehen, Streifen aufkleben und so fortfahren, bis die gewünschte Größe erreicht ist. Letztes Stück umschlagen und festkleben. Dabei sollten die Lagen möglichst dünn sein, damit man das Teil später einfach falten kann.

2_ Seiten begradigen und „Stoff" längs mittig falten (im Verlauf der Klebestreifen). Seitliche Kanten mit zwei schmalen Streifen Klebeband einfassen. Damit ist ein langes Fach für Geldscheine entstanden.

3_ Zwei weitere „Stoffteile" aus Klebestreifen anfertigen, diesmal mit den Maßen 9 x 10 cm. Daraus werden die Kartenfächer gemacht. Die Teile an einer Längskante jeweils 3 cm breit umschlagen und etwas versetzt aufeinanderkleben.

4_ Seitliche Kanten an den Kartenfächern mit Klebestreifen wie oben einfassen (siehe Schritt 2) und dann das Ganze auf der großen Tasche befestigen.

5_ Ein Teil aus Transparentfolie zuschneiden, es sollte etwas größer als ein Personalausweis sein. Den oberen Rand mit einem Klebestreifen schmal einfassen.

6_ Folienteil seitlich und unten an der Brieftasche fixieren.

7_ Brieftasche quer zur Hälfte falten. Nach Belieben kann man noch ein Münzenfach, andere Taschen oder grafische Elemente anbringen.

1_

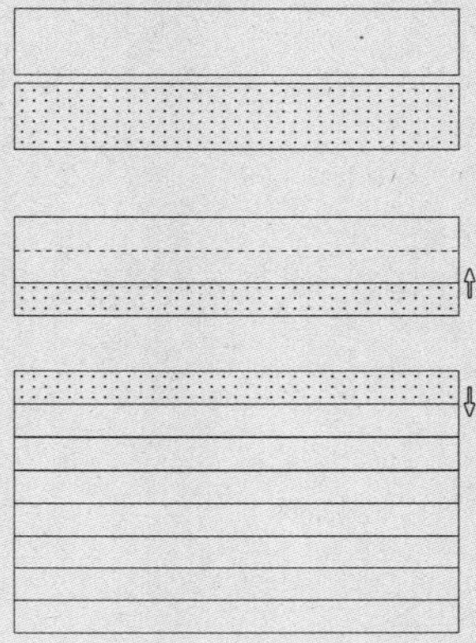

2_

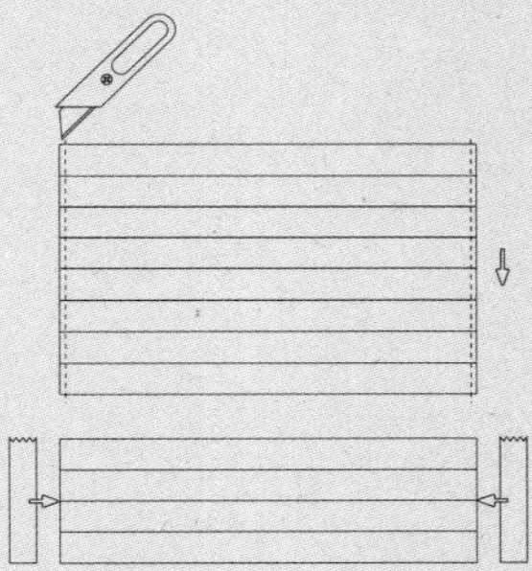

3_

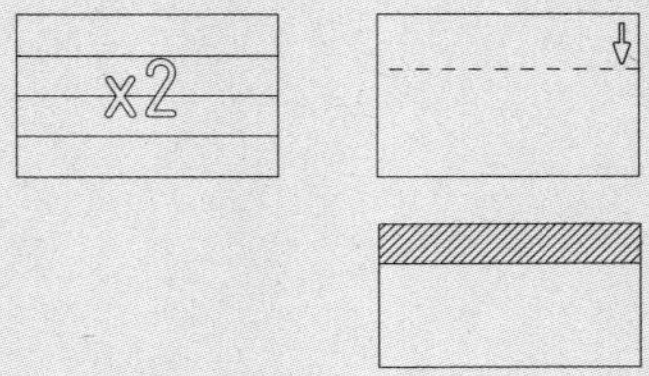

4_

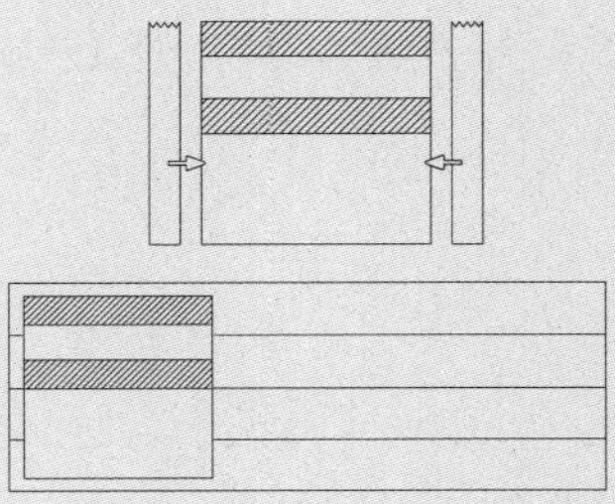

5_

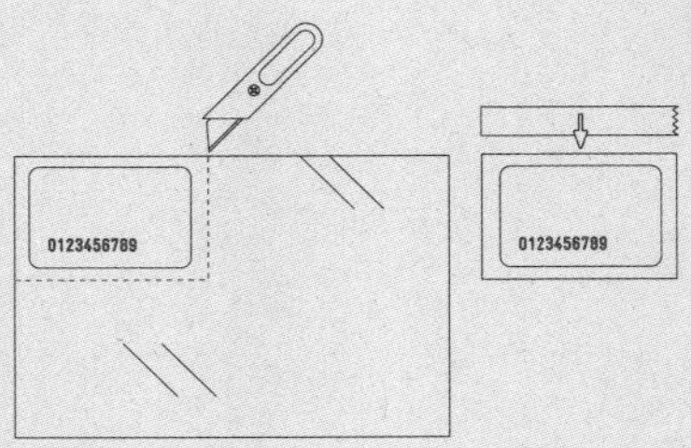

6_

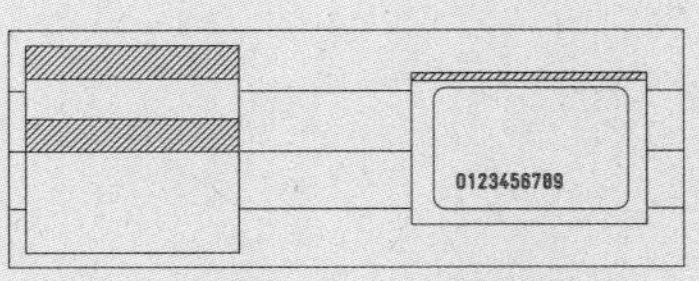

7_

Design!

Worn Again
Eurostar-Uniformen

Worn again ist ein britisches Unternehmen, das mit internationalen Firmen kooperiert und ihre Textilabfälle zu neuen Produkten verarbeitet. Nach der Gründung im Jahr 2005 entstand eine Kooperation mit McDonald's, bei der das Label gebrauchte Arbeitskleidung zurücknimmt und der Wiederverwertung zuführt, sodass die Textilien zu 100 Prozent in den Recyclingzyklus eingehen. Ein anderes Ausgangsmaterial sind die schweren Jacken der Angestellten der Royal Mail – daraus entstehen neue Taschen.

Für Zugbegleiter des Eisenbahnunternehmens Eurostar hat der in London lebende Designer Benjamin Shine eine neue Tasche entwickelt, die aus abgelegten Uniformen und Sitzbezügen gefertigt wird. Nach ausgiebigen Beratungen mit den Mitarbeitern von Eurostar wurden für die Tasche Regenmäntel, das Futter von Uniformjacken und Schaumstoff aus Sitzschonern verwendet. Sie ist speziell für die Ausrüstung der Zugbegleiter entwickelt und bietet Platz für Logbuch, Taschenlampe und Stempel. Warnwesten werden an der Unterseite der Tasche verstaut.

– Von der Sohle bis zum Scheitel –

Jede Menge Zopfgummis und Haarbänder lassen sich aus den Beinteilen von alten Socken, Strumpfhosen oder Leggins machen. Bänder in gewünschter Breite abschneiden und straff ziehen, dann rollen sich die Schnittkanten meist von selbst ein. Dadurch fransen diese weniger, und gleichzeitig sehen die Bänder auch nicht mehr nach Strümpfen aus.

– Warm an Bein und Arm –

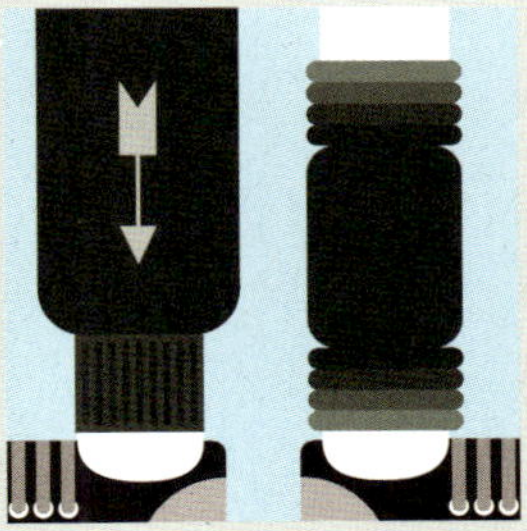

Tänzer, Gruftis und Harajuku-Mädchen kennen die Vorzüge von Bein- und Armstulpen als vielseitiges und zugleich praktisches Accessoire. Sie sind auch die ideale Zweitverwertung für die beim Zerschneiden eines Pullovers übrig gebliebenen Ärmel. Die Strickschläuche einfach in gewünschter Länge zuschneiden (bei Wollsachen empfiehlt es sich, die Ärmel zunächst zu filzen, damit sie später nicht mehr einlaufen können und der Stoff ohne Ausfransen zugeschnitten werden kann), dann die offene Oberkante säumen und ein Elastikband einziehen. Für Armstulpen werden noch Löcher für die Daumen benötigt.

– Wohlbehütet –

Nützlich für das persönliche Fortkommen ist auf jeden Fall ein Hut, wer auf dem Weg in die höheren Sphären der Modewelt aber eine Aura von Kabale und Wunder kreieren will, kommt nicht am Kopfputz vorbei – am besten einem selbst gemachten. Dieser kunstvolle Kopfschmuck, der sonst nur bei formalen Anlässen, wie Pferderennen, Polospielen oder Hochzeiten, auf wohlfrisierten Köpfen wippt, ist in den letzten Jahren wieder in Mode gekommen – eine Hommage an das neu entfachte Interesse an der Posse wie auch an die Botschafter in Sachen Hut, die zur Familie des britischen Königshauses gehören. Für Amateurmodistinnen ist die Gestaltung eines beeindruckenden Kopfschmucks nicht allzu kompliziert. Zunächst wird eine Basis benötigt (das kann ein Barett sein, ein einfaches Haarband, -clip oder ein -kamm), die mit einem festen Stoff, wie etwa Filz, überzogen wird, der etwas größer als der Clip oder Kamm und stabil genug ist, das Gewicht des gesamten Zierrats zu tragen. Stoff mit Kraftkleber auf dem Clip befestigen oder von Hand aufnähen, dann garnieren. Federn, ein Tüllschleier, Seidenblumen und Perlen geben wunderbare Dekorationen für Cocktailhüte ab, ebenso wie Hummer, Hasenohren, Telefone und Schuhe (im Miniformat).

Design!

Christian Louboutin
Eco-Trash

Die Absatzhöhen dieser Modelle variieren etwas (sind jedoch selten unter 12 cm), Stil und Formen reichen von züchtig schwarzen Pumps bis hin zu extravaganten Spaghettiriemchen in grellen Neonfarben. Das Aufblitzen der glänzenden roten Sohle weist die Schuhe allerdings immer eindeutig als Kreationen von Christian Louboutin aus. Die exzentrische Marke, mit der der Pariser Designer in den 1990er- und 2000er-Jahren im Stilettosegment Fuß fasste, aber auch die internationale Fangemeinde und ein Netzwerk von Flagship-Stores sind eher durch Zufall entstanden. Nach eigener Aussage hatte der Designer das Gefühl, seinen Entwürfen fehle das gewisse Etwas. „Daher habe ich roten Nagellack auf die Sohle eines Schuhs gestrichen. Das kam so gut an, dass es zum Markenzeichen geworden ist."

Eine ganze Zeit später, im Jahr 2010, experimentierte Christian Louboutin mit einem anderen Ansatz: Hergestellt aus recycelten Abfallmaterialien (mit Akzenten im Leopardendruck) und sündhaft teuer, sollten die Eco-Trash-Pumps den Höhepunkt (mit 15 cm Absatz) des Öko-Chics darstellen.

– Ideen für Gürtel –

Schnallen kann man von alten Ledergürteln, Taschen oder Gurten abtrennen, man kann sie umarbeiten oder neu anfertigen. Eine D-förmige Schnalle eignet sich besonders gut für eine ganze Reihe von Improvisationen. Hier können auch ein Paar Vorhangringe oder alter Schmuck eingesetzt werden. Gürtelenden einfach durch die Ringe ziehen und fixieren.

– Ideen aus der Küche –

Einmal unabhängig von der Essenszubereitung betrachtet, fördert das Durchforsten der Küche eine Reihe von Inspirationen für den einfallsreichen Accessoire-Gestalter zutage. Einfacher, natürlicher und wunderschöner Schmuck lässt sich aus Obstkernen (wie etwa von Äpfeln und Kirschen) fertigen. Einfach trocknen und bemalen oder naturbelassen und poliert auf eine dünne Schnur oder Kette aufziehen, in eine Brosche integrieren oder zu Ohrringen gestalten. Alternativ dazu sieht ein Armband oder ein Halsschmuck aus farbigen Bonbons ganz nett aus und kann sogar später noch bei Heißhunger auf Süßes verspeist werden. Auch Lebensmittelverpackungen, wie Aluminium- oder Klarsichtfolie, sind als Perlen (Streifen schneiden und aufrollen) kaum wiederzuerkennen. Obstnetze verwandeln sich mit ein paar Handgriffen zu einem Hut oder Kopfputz mit Schleier. Gabel und Löffel dagegen eignen sich, kunstvoll gebogen, als Armreifen, die im Notfall immer noch als Werkzeug zum Essen eingesetzt werden können.

– Ideen für die Füße –

Getas sind traditionelle japanische Holzsandalen, die wie eine Kreuzung aus Flip-Flops und Clogs aussehen, genauso schön klackern und bequem zu tragen sind. Grundkenntnisse der Holzbearbeitung reichen aus, um solche Sandalen selbst zu fertigen, da sie nur aus einem einzigen Holzstück als Sohle und je einem Absatzklötzchen unter der Ferse und im vorderen Bereich bestehen. Traditionell werden sie aus dem Holz der Paulownie hergestellt, aber auch andere Holzarten sind geeignet, vorausgesetzt, sie werden so glatt geschliffen, dass sich keine Splitter bilden. Der Riemen der Schuhe kann aus reißfestem, dünnem Seil oder einem Stoffstreifen gemacht werden und verläuft von den Seiten über den Fuß zu den Zehen. Dort wird der Riemen durch die Sohle geführt und auf der Unterseite befestigt. Dazu passen (selbst gemachte) weiße Socken mit Zehentrennern.

KINDER UND HAUSTIERE

Taschen, Pullover, Mützen, Kleider, Schürzen, T-Shirts, Lätzchen, Hüte und Blusen

– Kopfsocken –

Obwohl „Balaklava“ wirklich ein tolles Wort für ein Kleidungsstück ist, das eigentlich einprägsam ist und keiner anderen Bezeichnung bedürfte, wird dieses Teil auch als Sturmhaube oder, für Kinder, als Schlupfmütze bezeichnet. Die geheimnisvoll klingende Balaklava, benannt nach dem gleichnamigen ukrainischen Ort auf der Krim, sagt nichts über die gestrickte, den Kopf und Hals umhüllende Form, wohingegen Schlupfmütze das Ganze schon ziemlich auf den Punkt bringt. Es bedarf ein wenig Recycling-Inspiration, will man selbst eine anfertigen. Aus großen Herrenseidensocken lässt sich hervorragend eine Balaklava machen, die den kleinen Kopf vor dem kalten Winter schützt, aber auch kratzsicheren Schutz für geplagte Babys mit Ekzemen bietet. Funktionale Bedeutung hat hier die Ferse, Ballen und Knöchelbereich können also abgeschnitten werden. Das Material sollte ausreichend dehnbar sein und nicht zu eng sitzen.

– Liebling, ich habe die Kinder geschrumpft –

Verfilzte Wollpullover lassen sich zu warmer und attraktiver Kinderkleidung umfunktionieren. Ist der Lieblingspullover oder ein teures Stück allerdings aus Versehen zur Miniatur geworden, gerät das manchmal aus dem Blickfeld, und es fällt schwer, zur Schere zu greifen. Die beste Idee ist oft, eine hübsche Kinderjacke daraus zu machen, indem man die vordere Mitte aufschneidet, Knöpfe annäht und Knopfschlaufen befestigt. Bei einem Jäckchen stört die durch das Einlaufen bedingte Steifigkeit des Materials nicht so sehr, da es nicht über den Kopf gezogen wird. Das Design hingegen bleibt weitgehend unbeeinträchtigt und weckt jedes Mal Erinnerungen, wenn die eigene Miniausgabe das gute Stück trägt.

– Strampler-Recycling –

Aus den winzigen Stramplern, die das Elterndasein während der ersten sechs Lebensmonate prägen, wachsen die Kleinen mit rasender Geschwindigkeit heraus. Und das ganz ungeniert, bedenkt man die Großzügigkeit von Freunden und Verwandten, die die winzige Kleidung vor Ankunft des Babys selbst gefertigt oder liebevoll eingekauft haben ... Wer will es ihnen aber verdenken, sie sind ja noch so klein. Stattdessen (und nur, wenn in Zukunft kein weiterer Nachwuchs geplant ist) können diese Strampler zu neuen Kleidungsstücken umfunktioniert werden: Unterteil im Hüftbereich abschneiden, damit ein T-Shirt entsteht, und schon hält das gute Stück noch einige Zeit. Mit einer Rüsche am Saum kann man es verlängern, die Ärmel lassen sich kürzen, wenn sie an den Bündchen zu eng sind.

Design!

Minna Kinderkollektion

Minna Hepburn begann 2009 mit der Produktion von Kinderkleidung, inspiriert durch ihre eigene Tochter Kristiina, die gern die Kleider tragen wollte, die ihre Mama für die Großen entwarf. Für Damen- und Hochzeitskleidung verwendete das Label anfangs antike Spitzenstoffe, die bei der Kinderkollektion durch übrig gebliebene Stoffreste und Endstücke von Ballenware ersetzt werden. Daraus entstehen Kleider mit verspielten Details und handgearbeiteten Verzierungen.

Design!

Pamoyo
Kings and Queens

Unter der Ägide von Cecilia Palmer entsteht bei dem in Berlin angesiedelten Label Pamoyo seit 2008 ethisch und ökologisch korrekte Mode. Mit einem wachsenden Netzwerk sollen alle Entwürfe von Pamoyo im Rahmen einer sogenannten Creative Commons License im Internet zur Verfügung gestellt werden, das bedeutet, die Schnitte sind frei erhältlich und können auf vielseitige Weise nachgeschneidert oder variiert werden. Palmers Ziel ist es, jede Kollektion auf der Grundlage einer neuen künstlerischen Idee oder eines soziales Statements zu kreieren, anstatt nur Modetrends zu folgen. Alle Teile werden aus wiederverwerteten Kleidungsstücken gefertigt, die aus der Region stammen und mit Bio-Baumwollstoffen aus fairem Handel kombiniert werden. Die schwedische Designerin Mika Modiggård zeichnete 2010 für die erste Kollektion „Kings and Queens“ verantwortlich, die durch urbane Straßenkultur der 1990er-Jahre und Hip-Hop geprägt war.

– Die Luft ist raus –

Übrig gebliebene Luftpolsterfolie sollte für einen Regentag aufgespart werden. Viel weicher als so manches Wasser abweisende Material (Ölzeug und Regenmäntel können recht steif sein), bietet Luftpolsterfolie außerdem ein Plus an Interaktion, denn die kleinen Bläschen knallen zu lassen, ist für Kinder wie Eltern ein bewährtes Mittel gegen Langeweile. Aus größeren Stücken können Regencapes gefertigt werden, aus kleineren entstehen Südwester und Kapuzen. Gefüttert werden müssen diese nicht, doch schön sehen bunte Paspeln aus, mit denen die Kanten eingefasst werden.

– Schlaf(sack)anzug –

Eltern, die ihre Kleinen gern warm einhüllen, haben vielleicht schon einmal an das Recyceln des alten Schlafsacks gedacht. Diese gut isolierenden Leichtgewichte können zu Schutzkleidung für kaltes Wetter verarbeitet werden, sie sind manchmal Wasser abweisend und gelegentlich mit Kapuze ausgestattet. Daraus lässt sich eine wattierte Weste mit Kapuze machen – nach Belieben können noch Ärmel angenäht werden, die, zusammen mit winzigen Hosen und Schühchen, die Knirpse schön warm halten.

– Plastikritter –

Bei den Recycling-Methoden für PET-Flaschen wird häufig eine der besten Wiederverwertungsmöglichkeiten übersehen: Schutzkleidung. PET-Flaschen gibt es in verschiedensten Größen und Formen, und daraus lässt sich eine „Rüstung" machen, die jedem Kind gerecht wird. Große Fünfliterkanister werden zu schützenden Helmen umfunktioniert, aus längs halbierten Zweieinhalbliterflaschen lassen sich Schienbein- und Armschoner herstellen. Voraussetzung ist eine große Flaschensammlung, der mit dem Teppichmesser zu Leibe gerückt wird, nachdem erste Entwürfe auf Papier entstanden sind. Überlappend angeordnete Streifen gewährleisten Bewegungsfreiheit. Ist der Entwurf fertig und arrangiert, Löcher in die Enden oder Ecken jeder „Platte" stechen, bevor das Ganze mit Folie, Papier, Klebeband oder Farbe überzogen wird. Dabei sollten keine scharfen Kanten und Ecken übrig bleiben, sie lassen sich gut mit Klebeband abpolstern. Die Teile mit Elastikband „zusammennähen", das man durch die Löcher fädelt. Einfache, gut sitzende Ober- und Unterteile aus Baumwolle und in neutralen Farben (z. B. alte Schlafanzüge) eignen sich prima als Basis. Wenn der erwartungsvolle Ritter genug Geduld aufbringt, können die Schutzelemente direkt auf die angezogenen Kleidungsstücke aufgenäht werden. So ist gewährleistet, dass die Gelenke an der richtigen Stelle sitzen.

– Fauler Hund –

Kleine Hundepfoten brauchen auf langen Reisen auch einmal eine Pause. Aus alten Sweatshirts oder Wollpullovern lässt sich eine Art Tragetasche fertigen, in denen die Lieblinge gemütlich durch die Stadt geschaukelt werden können. Nach der Anleitung auf Seite 180 bis 181 ein T-Shirt in eine Einkaufstasche abändern, dabei seitlich eine Öffnung für den Kopf lassen. Hat das Sweatshirt eine Kapuze, kann diese an einer Seite integriert werden. Wenn der Hund schläft, wird die Kapuze zugezogen, ansonsten hat er dadurch einen Ausblick. Das Behältnis lässt sich klein zusammenfalten, wenn es nicht gebraucht wird, und passt problemlos in eine andere Tasche.

– Gegen Gleichmacherei –

Schuluniformen sind hierzulande zwar nicht üblich, doch uniforme Kleidung besitzen die Kinder vielleicht durch die Mitgliedschaft in einem Verein. Irgendwann werden neue angeschafft, dann lässt sich aus den abgelegten Teilen im Handumdrehen tragbare Freizeitkleidung fertigen. Bei Mädchenblusen kann man den Kragen abtrennen und ihn durch Rüschen oder Schleifen ersetzen, Röcke lassen sich kürzen und mit andersfarbigem Bund oder Einfassung versehen. Oft genügen ein wenig Farbe, ein Aufdruck oder aufgenähte Zierbänder, um das Uniforme zu vertreiben.

– Brei marsch! –

Manchmal ist es nicht leicht, den Schau-mal-hier-kommt-ein-Hubschrauber-Löffel zielsicher in die kleinen Mäulchen zu befördern. Lätzchen sind ein guter Schutz bei so mancher Breischlacht, und selbst gemachte sind schnell fertig und immer ein schönes Geschenk. Ganz einfach geht es mit einer guten Form, die auf recycelbaren Stoff übertragen wird, sei es nun Papas Hemd, ein altes T-Shirt oder ein Geschirrtuch. Für Wasser abweisende Varianten gibt es dann noch die Qual der Wahl zwischen Wachstischtuch, Duschvorhang und Regenschirm. Der Stoffverbrauch ist gering. Ein fertiges Lätzchen als Vorlage verwenden und zwei gleich große Teile ausschneiden, entweder aus demselben Stoff oder farblich kontrastierenden Materialien. Links auf links zusammenstecken, ringsum knappkantig feststeppen, mit Paspelband einfassen und als Verschluss einen Druckknopf oder Knopf mit Schlaufe anbringen.

SCHRITT-FÜR-SCHRITT

Heia Safari!

Die lieben Kleinen in den Schlafanzug zu stecken ist nicht immer einfach, wenn sie jenem aber zu schnell entwachsen, ist das auch noch eine finanzielle Herausforderung. Die Idee, kurz vor dem Schlafengehen einen Schlafanzug zu schneidern, klingt nach einer Fähigkeit, die Supermüttern und -vätern vorbehalten bleibt. Sind allerdings ein oder zwei kleine Helferlein engagiert und ein guter Vorrat an Rohmaterial in Form von Papas alten Hemden, T-Shirts oder einem Kissenbezug vorhanden, beansprucht ein solches Projekt nur 20 Minuten, bei etwas Übung auch weniger. Und am Ende können die Mini-Models über den Laufsteg direkt ins Bett gehen.

1. T-Shirt-Nachthemd

Benötigt werden:
_ ein T-Shirt
_ Schere
_ Stecknadeln
_ Schneiderkreide
_ Paspelband oder Zierband
_ Maßband
_ Nadel und Nähgarn

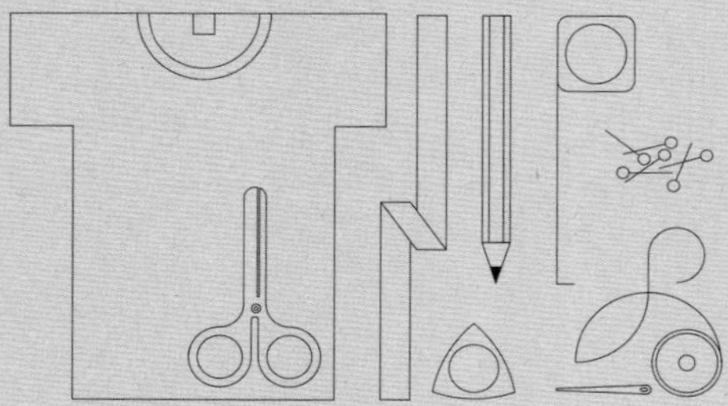

1_ Die Länge des Nachtgewands für das Kind abmessen und auf dem T-Shirt anzeichnen. Der vorhandene Saum wird zum Saum des neuen Nachthemds. T-Shirt entlang der Markierung abschneiden.

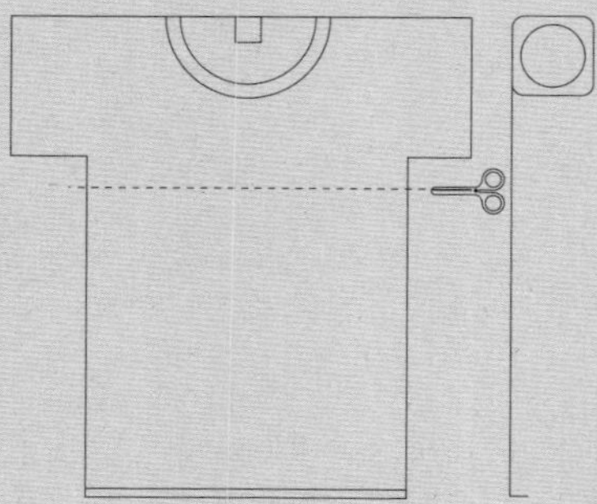

2_ Den Stoffschlauch gegebenenfalls an den Seiten enger nähen. Dazu Seitennähte aufschneiden, Teil in gewünschter Breite zuschneiden, rechts auf rechts stecken und zusammensteppen.

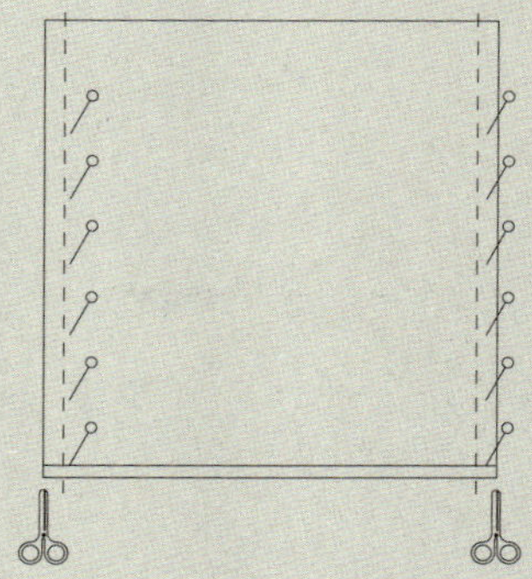

3_ Bei ärmellosen Tops oder Pullovern im oberen Bereich zwei Armausschnitte oder frei Hand J-förmige Ausschnitte anzeichnen. Für dieses Modell mit Schulterbändern reichen die Armausschnitte nicht ganz bis zu den Schultern. Die obere Kante des Stoffschlauchs entspricht dem Halsausschnitt. Armlöcher ausschneiden.

4_ Die Armausschnitte werden mit Paspelband eingefasst, das über die Kanten hinaus hängen bleibt, sodass die Bänder über der Schulter zusammengebunden werden können: Dazu Länge der Paspeln abmessen, Paspeln feststecken und annähen.

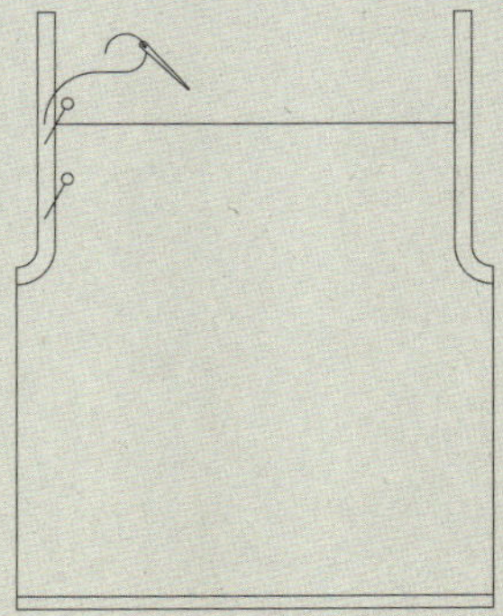

5_ Halsausschnitt an Vorder- und Rückseite mit Paspelband einfassen. Gegebenenfalls die Ausschnittkante zuvor mit Heftstich leicht raffen oder in Falten legen, dann darübersteppen. Das ergibt eine bessere Passform und sieht hübsch aus.

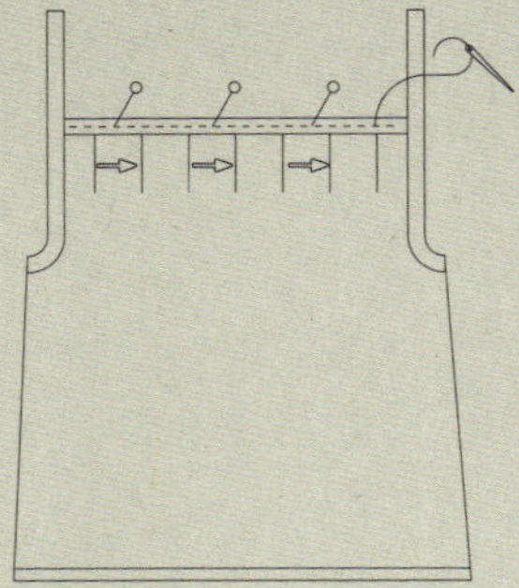

6_ Nachtkleid anprobieren lassen, Bänder verknoten, Überschuss abschneiden und ab ins Bett!

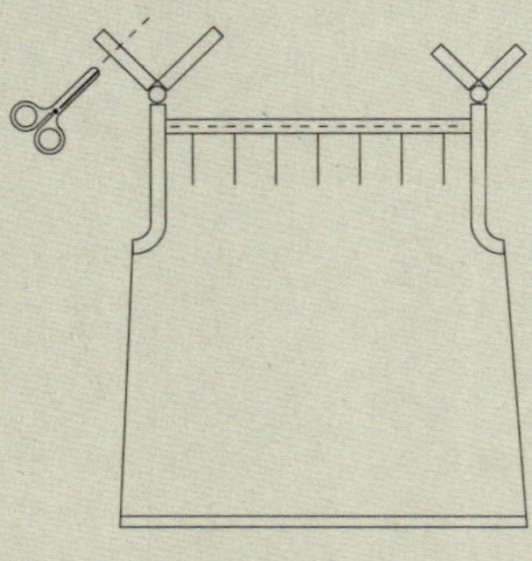

7_ Anderntags kann das Projekt mit Applikationen noch fortgesetzt werden.

Noch schneller geht es, wenn anstelle der Paspeleinfassung Hals- und Armausschnitte nur gesäumt werden und die Träger aus schmalem Band gefertigt werden. Stoffbänder finden sich manchmal an schicken Papiertragetaschen als Henkel. Dieser Schnitt kann, etwas gekürzt, auch als Schlafanzugoberteil für Mädchen verwendet werden.

2. T-Shirt-Schlafanzughosen

Benötigt werden:

_ T-Shirt, Hemd oder Bettwäsche
_ Schere
_ Stecknadeln
_ Schneiderkreide
_ schmales Elastikband (1–2 cm)
_ Nähmaschine
_ Nähgarn
_ alte Schlafanzughose als Vorlage

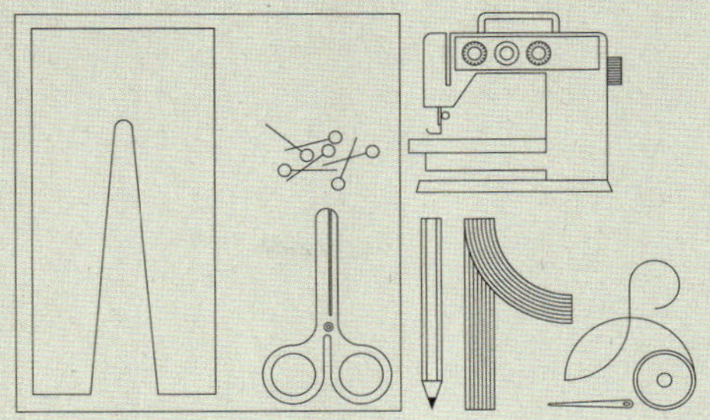

Mini-Schlafanzughosen lassen sich im Nu fertigen: Dabei werden die Umrisse einer alten Schlafanzughose auf das vorhandene Material übertragen. Benötigt wird nur etwas Baumwollstoff von einem sehr großen alten T-Shirt, Hemd oder dünnen Handtüchern sowie ein Stück Elastikband. Auf diese geniale Weise lassen sich auch gemusterte Kinderbettwäsche, Betttücher und Bettbezüge umarbeiten.

1_ Stoff der Länge nach Webkante auf Webkante falten, dann nochmals ziehharmonikaartig nach hinten umschlagen, dabei sollten die Ränder genau aufeinanderliegen, feststecken.

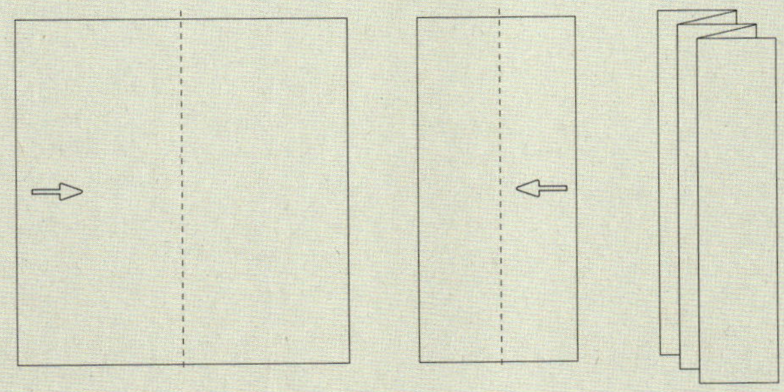

2_ Die als Vorlage dienenden Schlafanzughosen längs mittig falten und mit der geraden Seite an die Stoffbrüche anlegen (nicht an die Seite mit den Webkanten!). Umrisse mit 1 cm Zugabe übertragen und zusätzlich die Zugabe für den Gummizugbund hinzurechnen (etwa 3–4 cm).

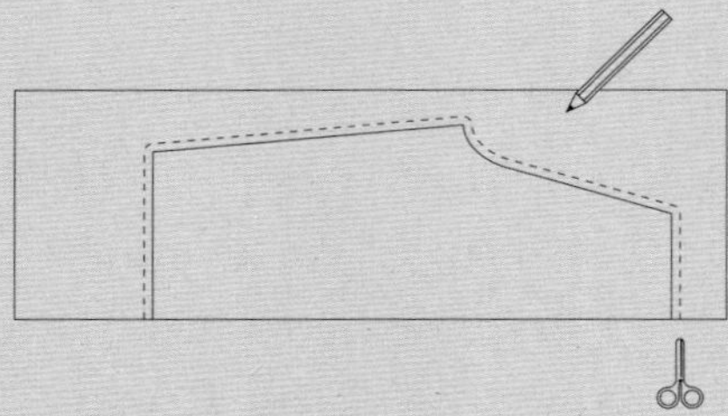

3_ Die Teile aus dem mehrfach gefalteten Stoff zuschneiden. Stoff auffalten, es sind zwei Teile, wie abgebildet, entstanden.

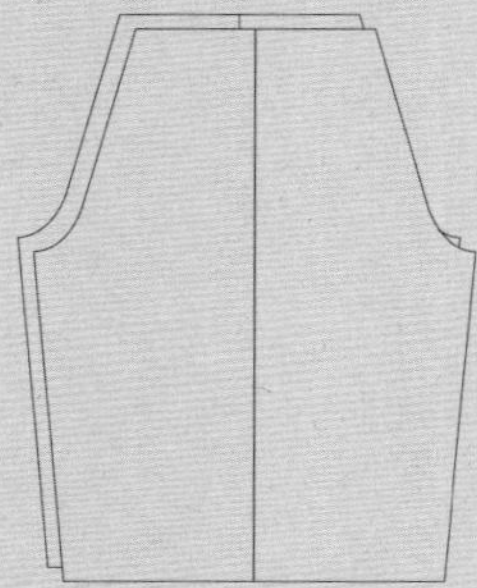

4_ Schnittteile rechts auf rechts aufeinanderlegen, feststecken und entlang der geschwungenen Linien nähen (Schrittnähte).

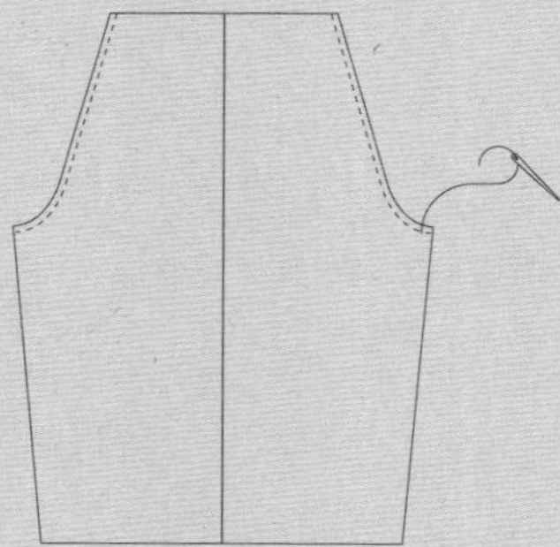

5_ Teile ausbreiten, Vorder- und Rücknaht aufeinanderlegen, feststecken und die inneren Beinnähte schließen.

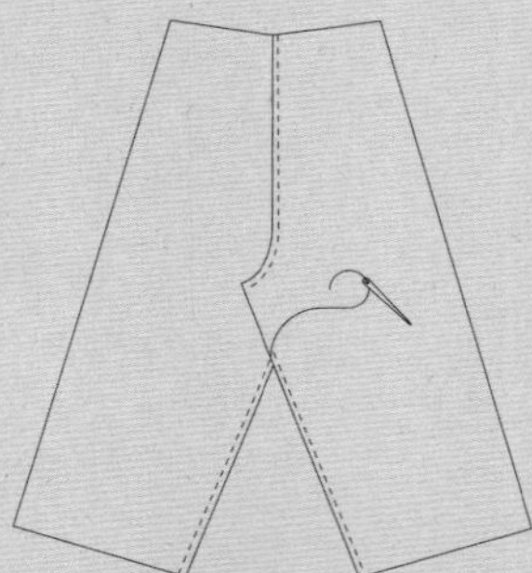

6_ Für den Gummizug einen Tunnel nähen: Dazu die Oberkante zunächst 1 cm, dann, je nach Breite des Elastikbands, nochmal etwa 2 cm umschlagen, feststecken und feststeppen. Im Bereich der Schrittnaht oben eine kleine Öffnung für das Elastikband frei lassen, dieses mithilfe einer Sicherheitsnadel durchziehen. Anprobieren, um die richtige Weite zu ermitteln. Anschließend Öffnung zunähen. Anstelle eines Elastikbands kann auch ein Stoffband verwendet werden.

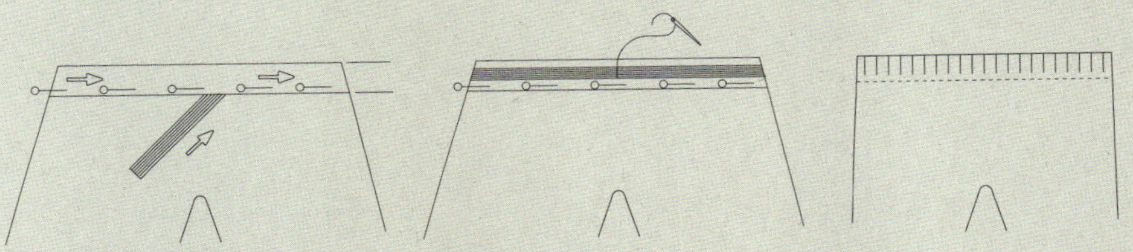

7_ Schlafanzughose zur rechten Seite drehen und die Hosenbeine säumen. Heia Safari!

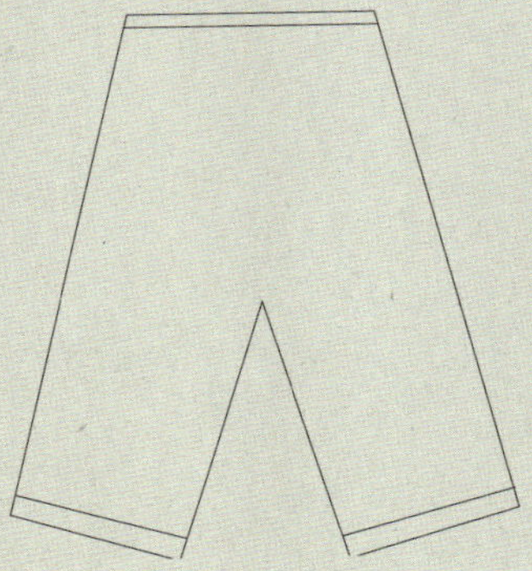

Design!

Stella Neptune Mottenaufnäher

Die passionierte Wiederverwerterin Eva Kisevalter war DJane und drehte den Plattenteller unter ihrem Künstlernamen Stella Neptune, bevor sie sich dem Entwerfen zuwandte. Der Name blieb, und ihre Karriere bekam eine ganz neue Ausrichtung, hin zu ökologisch korrekter Bekleidung. Heute steht der Name Stella Neptune für recycelte Kaschmirbekleidung, die sie in ihrem Studio in Los Angeles mit Siebdruck und Applikationen gestaltet. Die Rohstoffe werden direkt aus dem regionalen Umfeld beschafft, und die Produktion erfolgt ebenfalls vor Ort. Neben hübschen Aufnähern für Pullover, mit denen Löcher kaschiert werden, die hungrige Motten hinterlassen haben, produziert Stella Neptune Pullover und Röcke mit Kaschmirapplikationen für Kinder.

– Fundus à la maison –

Für erfindungsreiche Recycling-Schneider ist das ganze Haus, die Garage, die Abstellkammer oder ein Trödelladen ein einziger Kostümfundus. Jeder, der beim Theater oder Film in der Requisite oder Kostümabteilung arbeitet, weiß, wie wichtig es ist, sich Dinge vorstellen und improvisieren zu können. Ganz gleich, ob nun ein Baby an Halloween in einen Dalmatinerwelpen verwandelt werden soll oder ein Chihuahua in eine Banane, die in den japanischen Bergen spazieren geht ... Hier einige Tipps:

- Hüte sind ein wichtiges Element für viele Kostüme. Kopfputz für Große kann für kleine Köpfe mithilfe von Watteline passend gemacht werden, mit der man den Hut ausstopft, alternativ dazu lassen sich kleine Stücke eines Haushaltsschwamms an der Innenseite befestigen.
- Vier Drahtkleiderbügel und zwei Paar farbige Strumpfhosen bilden das Ausgangsmaterial für Schmetterlings- oder Käferflügel.
- Ein abgenutzter schwarzer Regenschirm lässt sich auseinandernehmen und zu einem Paar wunderbarer Fledermausflügel umgestalten.
- Für Engelsflügel werden Federn benötigt (die selbst aus Papier hergestellt werden können) und ein großes Stück stabiler Karton (oder zwei Teile für zwei separate Flügel). Engels- oder Insektenflügel können direkt am Kostüm angebracht werden und lassen sich mit ein paar Stichen oder abnehmbaren Elementen, wie Klettband oder Haken, fixieren.
- Wer genug Teddyplüsch übrig hat, kann daraus ein knuddeliges Minimonster machen, aber auch mit einigen wenigen Resten lassen sich verschiedene Dinge erzeugen, man denke an Bärte etc. ...
- Aus großformatigen Kartons, wie Umzugskartons oder Verpackungen von Großgeräten, lassen sich mit ein paar Rädern (von alten Kinderwägen), ausrangierten kleinen Fenstern und etwas Farbe wunderbare Fahrzeuge, Gebäude oder Roboter bauen. Oft ist noch Styropor dabei, das sich prima für die weitere Gestaltung eignet.
- Mit wenig Aufwand lassen sich alte Plüschtiere umfunktionieren, und die Möglichkeiten sind so vielfältig wie die unzähligen bemerkenswerten Arten von Fauna auf unserem Planeten. Ein kleiner Vorrat an Ohren oder Beinchen kann nicht schaden. Mit Aufnähern aller Art lassen sich Kuscheltiere im Handumdrehen aufpeppen.
- Das Kostüm des Michelin-Männchens ist bei Übernachtungspartys immer der große Knüller. Es ist schnell gemacht aus einer Bettdecke, die mit Schnüren abgebunden wird. Diese Idee kann man weiterdenken: So lassen sich etwa aus Schlafsäcken herrliche Raupen machen.

Design!

Clothkits
Schneidersets auf Bestellung

Die großen, bunten geometrischen Muster der Marke Clothkits haben sich in Großbritannien einer ganzen Generation ins Gedächtnis eingeprägt, sie wecken nostalgische Erinnerungen an den liberalen Lebensstil der 1970er-Jahre. Die sehr erfolgreiche britische Marke entstand 1969 am Küchentisch der Designerin Anne Kennedy. Sie verkaufte einfache Nähanleitungen im Set mit passenden Stoffen, auf die sie die Schnitte direkt aufdruckte. Auch den Vertrieb der Sets übernahm sie selbst: Dabei dienten ihre Kinder als kleine Models, die die fertigen Stücke vorführten.

Schnittmuster für Kleider, Latzhosen und Röcke (mit passenden Höschen) wurden tausendfach verkauft. In seinen besten Zeiten beschäftigte das in Lewes ansässige Unternehmen über 400 Mitarbeiter und verkaufte die Produkte in 44 Ländern auf der ganzen Welt. Die Sets zum Selbstschneidern bildeten das Kerngeschäft, das um Strickwaren ergänzt wurde.

Ende der 1980er-Jahre brachen mit Beginn des Computerzeitalters schwierige Zeiten für die Firma an. Die Marktanteile gingen zurück, da immer mehr Frauen berufstätig waren und weniger Zeit zum Nähen hatten. Clothkits wurde verkauft, und seit 1991 ruhte die Fertigung.

Im Jahr 2008 kaufte die Künstlerin Kay Mawer, die als Kind selbst die Clothkits-Originale getragen hatte, die Marke und startete einen Relaunch. Neben der Fortführung der ursprünglichen Idee, Kinderkleidung im beliebten Hippiestil zu produzieren, organisierte Mawer auch Kooperationen mit zeitgenössischen Künstlern und Designern, wie der Siebdruckerin Janes Foster, dem Scherenschnittkünstler Rob Ryan und dem Label People Will Always Need Plates.

DUNGAREES
Style 341
Dungarees are among the most practical garments for toddlers and Clothkits have designed a really simple pair with only two main pattern pieces sporting a delightful cat and mouse print. The kit includes one long leg pocket, one patch pocket and quick release clips. The kit is easy to make and a good introduction to Clothkits.
Fabric: 100% cotton, machine washable
Colours: RED with navy print
LILAC with turquoise print
GREEN with pine green print
RUST with navy print
Size: 9mths–2 years
Price: £2.60

DUNGAREES
Style 342
Fiercer members of the cat family decorate our older children's dungarees. Included is a large bib pocket, one leg pocket and one smaller back pocket/patch. The fly zip is optional. Popular demand has persuaded us to re-introduce our 5–7 size.
Fabric: 100% cotton, machine washable
Colours: RED with navy print
LILAC with turquoise print
GREEN with pine green print
RUST with navy print
Size: 2–4 5–7
Price: £3.25 £3.95

Please order by colour in CAPITALS.

BABY SMOCK
Style 359
Sweet little smock and pants set in practical polyester/cotton. The smock is simple to make with only 3 main pattern pieces which can be simply gathered onto a neckband and worn open at the back. Alternatively the yoke can be shirred following our instructions (shirring elastic included) and the smock can be worn buttoned at the front.
Fabric: 67% polyester, 33% cotton
Colours: CREAM with pink and grey print
RED with rust and navy print
Size: 0–2
Price: £2.30

Please order by colour in CAPITALS.

GIRLS' SKIRT
Style 344
Pretty flared skirt and suntop with a sampler-inspired print. This is ideal for embroidery – see our brief attempt in red on the suntop which is trimmed with thick cotton laces to match the print colours. These cross over and tie at the back.
Fabric: 100% cotton, machine washable
Colours: RED, LILAC, RUST, WHITE
Size: 8–11
Price: £2.99

Design!
Clothkits
Schneidersets auf Bestellung

PINAFORE Style 493

The kit picture opposite will give you an idea of how easy it is to make this pretty and practical pinafore with its cheerful apple tree print. The dress has only one main piece and fastens with a zip at the back, baskets of apples decorate the patch pockets. The kit also includes a matching pinafore dress to fit our Rag doll "Cloth-Kitty" (see page 48-49) or most other 17" dolls. (Sorry, the doll's pinafore cannot be supplied separately).

See pages 2, 3 and 4 for matching T-shirts and socks and page 12 for sunhat. The skirt on page 29 shows the Buttercup colourway.

FABRIC: 100% cotton, machine washable.

COLOURS: (Swatch 3) Brown with ROSE print, AQUA with blue print, Natural with BUTTERCUP print, SAFARI with coffee print.

SIZE:	1-3	4-6
PRICE:	**£2.45**	**£2.75**

Please order by colour in CAPITALS.

SCHRITT-FÜR-SCHRITT

Alles drin

Auf ihrem Kreuzzug gegen die böse Plastiktüte haben einige Firmen den Heerscharen von Konsumenten eine weitaus umweltfreundlichere Waffe in die Hand gegeben: den wiederverwendbaren Stoffbeutel. Alles schön und gut, aber während die Plastiktütenstapel unter der Spüle immer weiter schrumpfen, wachsen solche aus Stoffrechtecken mit langen Henkeln und Aufdrucken von Slogans, Logos und Planetenbildern. Tatsache ist, dass nur eine begrenzte Anzahl von Stoffbeuteln wirklich wiederverwendet wird.

Außer, sie werden zu einem Kleid umgearbeitet. Kleider kann man, im Gegensatz zu Einkaufstaschen, nie genug haben. Das gilt vor allem für sehr kleine Prinzessinnen, die besagte Textilien meist mehrmals am Tag schmutzig machen.

Benötigt werden:

_ ein Stoffbeutel
_ Nähmaschine
_ Nähgarn
_ Schere
_ Elastikband
_ Schneiderkreide
_ Bügeleisen
_ Lineal
_ Druckknöpfe oder beliebige andere Verschlüsse
_ Nahttrenner
_ Stecknadeln

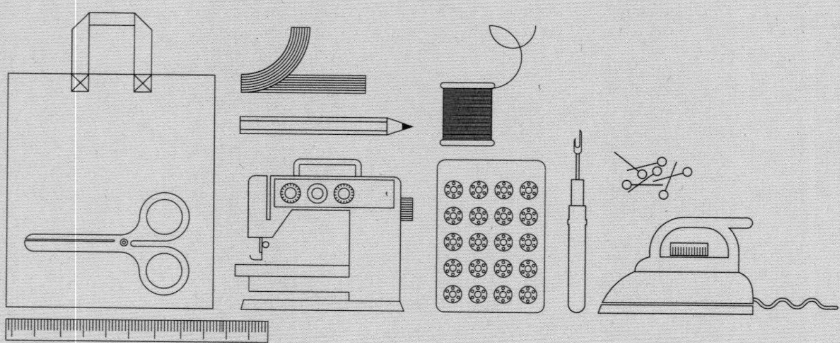

1_ Stoffbeutel an einer Seite und der Unterseite auftrennen und auffalten.

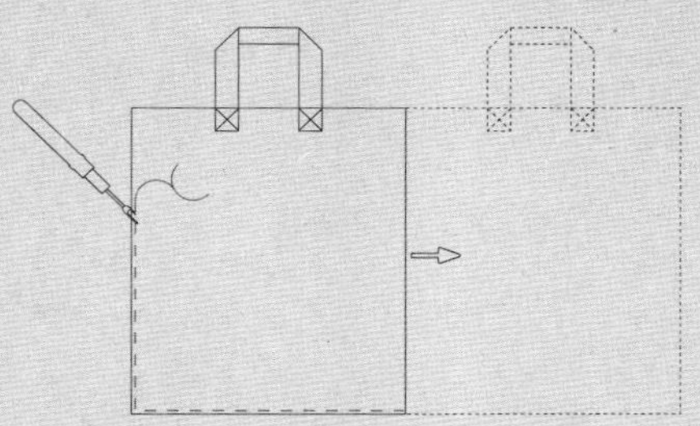

2_ Obere Längskante des Taschenteils abmessen und prüfen, ob diese Weite als Umfang für das Kleid ausreicht. Gegebenenfalls an den Seiten Stoffstreifen zur Ergänzung ansetzen. Alle offenen Kanten bügeln, Säume einschlagen, stecken und feststeppen.

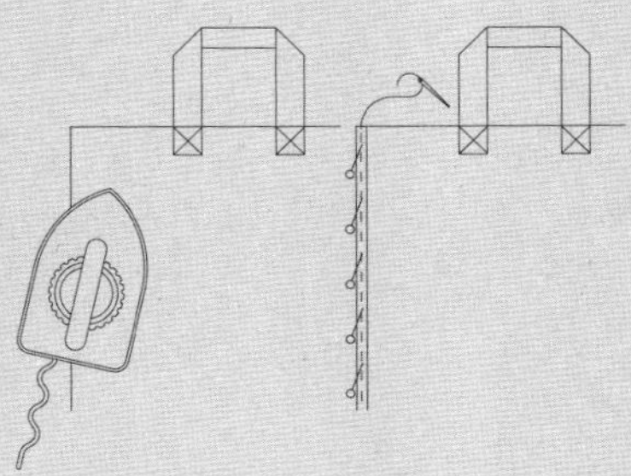

3_ Beutel so zusammenlegen, dass die Henkel als Schulterträger dienen können. Die Längskanten in der vorderen Mitte sollten, je nach Größe der Verschlüsse, etwa 2–4 cm übereinanderliegen.

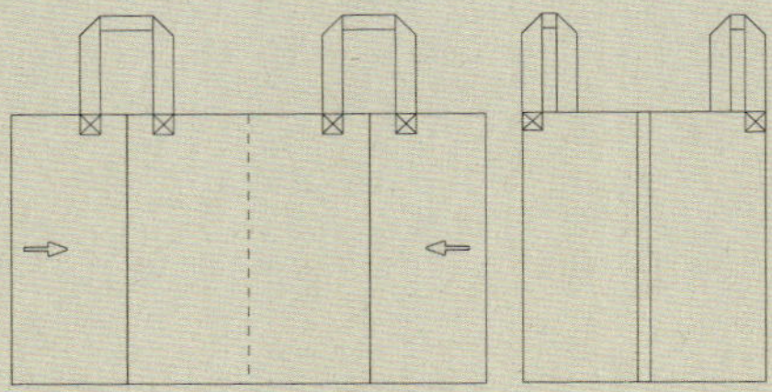

4_ Verschlüsse auf die vordere Kante legen und Position an beiden Kanten markieren. Druckknöpfe oder Haken und Ösen sind leicht anzubringen, aber auch Knöpfe oder ein Reißverschluss können verwendet werden.

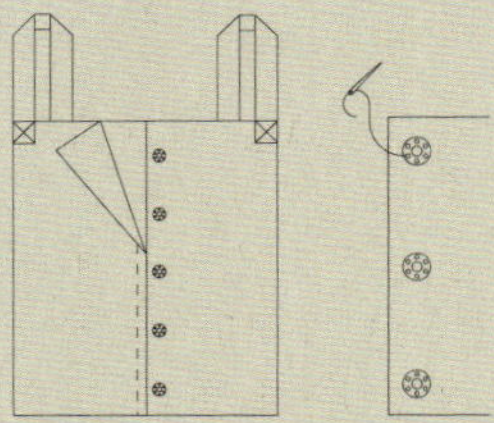

5_ Verschlüsse befestigen. Dann eine Anprobe machen, bei der die Länge von Kleid und Trägern festgelegt wird. Die Träger können durch Abschneiden und erneutes Zusammennähen gekürzt werden oder aber oben geteilt und zu einer Schleife zusammengebunden werden, vorausgesetzt, sie sind lang genug. Alternativ können die Henkel auch ganz abgetrennt und durch Bänder ersetzt werden.

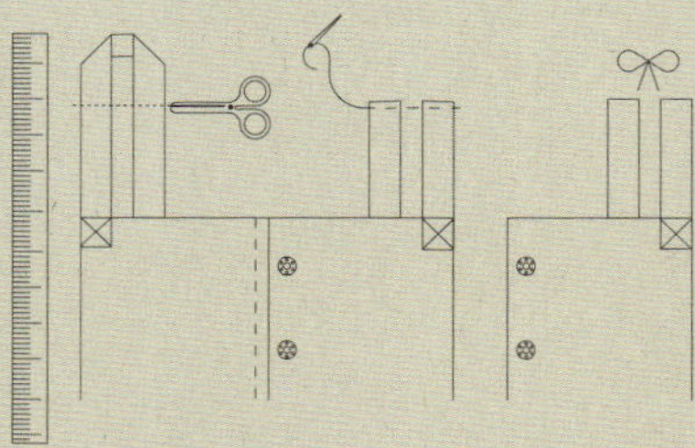

6_ Taillenumfang der späteren Trägerin messen und ein Elastikband in dieser Länge zuschneiden.

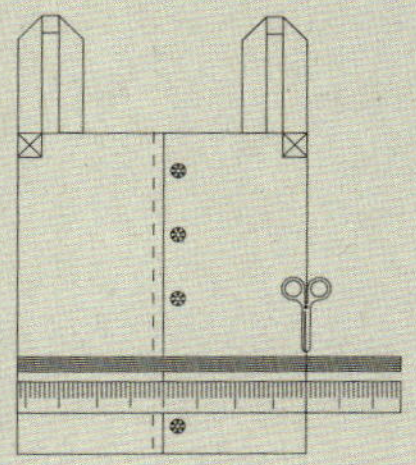

7_ Das Elastikband entweder in der Taille oder etwas erhöht, unterhalb der Brust, festnähen. Beim Steppen das Elastikband dehnen.

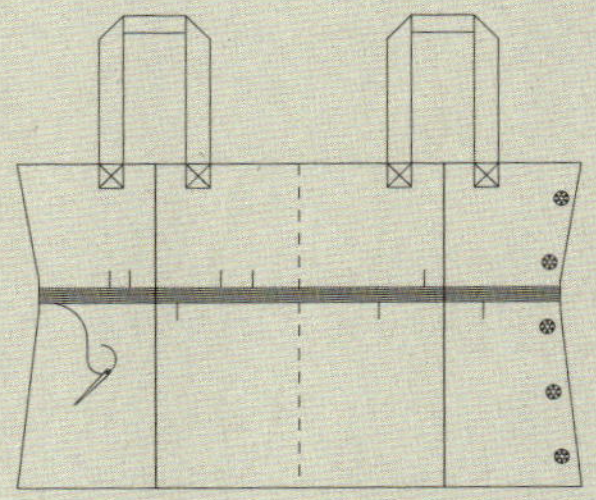

8_ Der Stoff wird durch das aufgenähte Elastikband in der Taille zusammengezogen, sodass das Kleid gut sitzt.

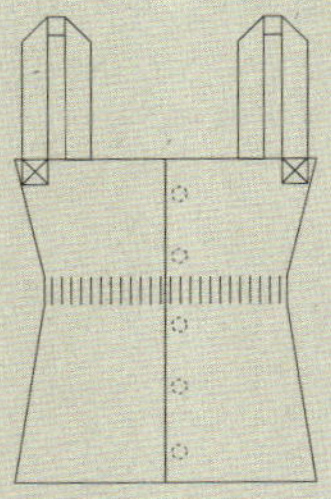

– Ausgelassen –

Das Auslassen von Kinderkleidung war eine Kunst, die während des Zweiten Weltkriegs perfektioniert wurde, dazu gab es ausführliche Anleitungen in den Handarbeitsheften. Es wurde empfohlen, Kindersachen von vornherein etwas zu groß zu kaufen, wodurch sie zwar etwas länger getragen werden konnten, aber dann einiger Anpassungen bedurften. Modernen Eltern sei angeraten, beim Kauf oder Schneidern von Kindersachen darauf zu achten, dass großzügige Nahtzugaben und Säume vorhanden sind, damit die Kleidung zu gegebener Zeit vergrößert werden kann. Zwar bieten sich für verschiedene Schnitte unterschiedliche Möglichkeiten an, in den meisten Fällen sollte das Stück aber an den seitlichen Nähten und, am Armausschnitt angekommen, fortlaufend an der Ärmelnaht bis zum Ärmelsaum oder -bündchen aufgetrennt werden, damit das Material zu einem einzigen Stück ausgebreitet werden kann. Dann kann man an den Seiten und eventuell in der Taille andersfarbige Teile einsetzen. Ein Kleid lässt sich auch durch eine neue Passe verlängern und erweitern.

– Angebunden –

Wenn ein Lieblingskleid zu klein geworden ist und niemand in Sicht ist, der es erben könnte, kann das gute Stück als Latzschürze noch einige Zeit seine Dienste tun. Hierzu muss das Rückenteil des Kleids (oder zumindest ein Großteil davon) entfernt werden, ohne das Vorderteil zu beschädigen. Auch Ärmel oder Träger sollten abgetrennt werden. Aus den Resten macht man Bänder zum Befestigen der Schürze in der Taille und am Hals. Auch Röcke können auf diese Weise zu Halbschürzen umfunktioniert werden.

– Angeleint –

Sei es nun ein Golden Retriever, eine Perserkatze oder ein bengalischer Tiger – das beste Accessoire für sie alle ist ein gutes Halsband, das das wunderbare Fell erst so richtig gut in Szene setzt. Herstellen lässt es sich aus einem alten Gürtel, der innen mit etwas Filz unterlegt wird. Sicherheitstauglich wird das Halsband durch Reflektorstreifen, die auf einen ausgedienten Koffergurt aufgenäht werden. Eine andere Variante bietet ein Schlüsselband oder ein übriges Band von einem Namensschild (Namensschild entfernen). Bevor man ein Teil zuschneidet, sollte der Halsumfang des Tiers ausgemessen und ein passender Verschluss (Zugstoppverschluss oder Klickverschluss) ausgewählt werden. Ebenfalls wichtig für Hundehalsbänder ist ein Ring, an dem die Leine zum Gassi gehen befestigt wird.

– Abgenommen –

Big is beautiful ... Klein, aber oho – vielleicht sollte jemand mal eine Werbekampagne starten, die deutlich macht, dass auch mittlere Größen ihren Reiz haben, denn am Ende ist alles relativ: Wenn man einen wunderbaren neuen Kaschmirpullover versehentlich zu heiß gewaschen hat und dieser nun aussieht, als sei er für eine sehr winzige Person gemacht, ist das relativ unerfreulich. Sollte es eine sehr winzige Person im Haus geben, die diesen Pullover dann noch tragen kann, ist das relativ gut. Wenn die ganze Schrumpfaktion aber von vornherein beabsichtigt war (vielleicht passte der Pullover nicht richtig, vielleicht hatte er einen Riss, oder die Motten haben sich daran gütlich getan, oder ein kleiner Mensch in der Familie brauchte eine extra Zudecke), dann ist das für alle Beteiligten ziemlich genial.

Es ist nützlich, wenn man weiß, wie Kleidungsstücke absichtlich geschrumpft werden, und die Lösung hierzu lautet in den meisten Fällen Hitze. Abhängig vom Material (Wolle und Kaschmir neigen besonders zum Schrumpfen), beginnt man meist damit, es in heißes Wasser zu legen. Ist der Stoff bedruckt, ist es unter Umständen hilfreich, dem Wasser etwas Essig oder Backpulver beizugeben, damit die Farben erhalten bleiben.

In einem Trockner kann der Schrumpfungsprozess bei großer Hitze fortgeführt werden. Das Kleidungsstück vor dem Herausnehmen einige Minuten abkühlen lassen und anschließend die Größe prüfen. Ist es immer noch zu groß, kommt es erneut bei hoher Temperatur in den Trockner.

Ein anderer Trick besteht darin, das Kleidungsstück noch tropfnass zu bügeln. Dabei von außen nach innen bügeln, damit das Teil nicht gedehnt wird und die Form erhalten bleibt. Ist es beinahe trocken, kommt es obendrein noch einmal bei hoher Temperatur in den Trockner.

Diese Methoden lassen sich je nach Stoffqualität und gewünschtem Schrumpfungsgrad kombinieren und anpassen. Seide beispielsweise, die nicht in die Waschmaschine darf, sollte kalt von Hand gewaschen werden, an der Sonne trocknen und noch leicht feucht in den Trockner. Generell gilt beim Schrumpfen: Das Kleidungsstück im Trockner alle paar Minuten auf die Größe überprüfen und auf Filzeffekte achten, denn einige Materialien, wie beispielsweise Wolle, werden schnell steif.

INFORMATIONEN

Stoffe und Materialien, Pflege und Aufbewahrung,

Literatur, Danksagung und Register

Seide
Für Seide empfiehlt sich Handwäsche mit einem sehr milden Waschmittel (anstelle von Produkten, die Bleichmittel oder Aufheller enthalten, lieber Babyshampoo verwenden) in lauwarmem Wasser. Seide nur wenige Minuten einweichen und Waschmittelreste mit Wasser, dem ein Schuss Essig zugesetzt wurde, gründlich ausspülen. Eine Pflegespülung für Haare sorgt für ein besonders seidenweiches Ergebnis. Das Kleidungsstück nach dem Ausspülen zunächst in ein Handtuch einwickeln und anschließend zum Trocknen aufhängen (nicht auswringen, da dadurch das Gewebe geschädigt wird).

Seide kann gebügelt werden, Falten verschwinden aber auch meist, wenn das Kleidungsstück über Nacht aufgehängt wird. Auf Reisen wirkt ein dampffeuchtes Badezimmer bei verknitterten Stücken wahre Wunder. Soll Seide einmal schnell getrocknet werden, darf sie nicht in den heißen Trockner, denn dadurch würde das Gewebe stumpf und durch Reibung beschädigt werden. Stattdessen einen Föhn mit Kaltgebläse benutzen.

Wolle / Filz
Haben Sie sich jemals gefragt, wie sich eigentlich Schafe sauber halten? Baden steht auf dem Bauernhof nicht auf dem Programm, da Wolle von Natur aus Schmutz und Wasser abweisend ist. Das mag auch der Grund dafür sein, dass der Kammerdiener von Prinz Charles angeblich behauptet, die königlichen Anzüge müssten nur einmal im Jahr gereinigt werden, es genüge vollauf, sie vor dem Weghängen auszubürsten (mit einer weichen Bürste) und zu dämpfen.

Verschüttete Flüssigkeiten auf Wolle am besten sofort abtupfen, Essensreste vorsichtig mit einem feuchten Tuch oder feinporigen Schwamm (z. B. Make-up-Schwamm) reinigen. Outdoor-Wollkleidung, die stark verschmutzt ist, sollte kalt mit einem milden Waschmittel gewaschen und anschließend liegend getrocknet werden, am besten auf einem aufgespannten Netz.

Die Kehrseite dieses Wundermaterials ist die Anziehungskraft, die sie auf Schädlinge in den Frühlings- und Sommermonaten ausübt. Am besten wird wollene Kleidung mottensicher in leichten Kleidersäcken oder Holzschränken oder -schubladen aufbewahrt, in die man Lavendelsäckchen legt, deren Geruch die Insekten vertreibt. Auch ein kleines Netz mit Zedernholzspänen im Schrank oder Zedernholzbügel leisten gute Dienste.

Veloursleder / Glattleder
Velours- und Glattleder sind natürliche Materialien, die mit der Zeit eine Patina entwickeln und noch schöner werden. Sie sollten regelmäßig gereinigt und gepflegt werden, um sie lange nutzen zu können und Schäden gering zu halten. Saisonkleidung sollte sowohl am Anfang als auch am Ende der Saison gereinigt werden. Leichte Verschmutzungen bei Glattleder können mit einem feuchten Tuch bearbeitet werden, Leder anschließend an der Luft trocknen lassen. Für eine gründlichere Reinigung empfehlen sich Sattelseife und eine anschließende Behandlung mit einer hochwertigen Lederpflege, um das Material weich und Wasser abweisend zu machen. Bei stärkeren Verschmutzungen einen professionellen Lederreinigungsdienst zu Rate ziehen.

Wer an Veloursleder lange Freude haben möchte, sollte sorgsam damit umgehen, um es möglichst selten reinigen lassen zu müssen. Ist eine Reinigung wirklich nötig, sollte für Flecken und Wasserränder ein weicher Radiergummi oder eine weiche Bürste zum Einsatz kommen. Ist das Ergebnis nicht zufriedenstellend, lohnt sich ein Versuch mit einem feuchten Schwamm oder Tuch. Vorsicht, für Veloursleder nie chemische Reinigungsmittel oder Fleckentferner verwenden. Wenn nach dieser Behandlung noch Flecken zu sehen sind, können die betroffenen Stellen vorsichtig mit einer Sandpapierfeile bearbeitet und dann über Dampf gehalten werden.

Fett- und Schmierflecken auf Leder am besten mit Talkumpuder bestäuben und über Nacht einwirken lassen. Am nächsten Morgen ausbürsten, der Puder sollte das Fett aufgesaugt haben. Glatt- und Veloursleder immer in sehr trockenen Räumen aufbewahren, da diese Materialien zur Schimmelbildung neigen.

Leinen
Leinen gilt als die älteste Naturfaser der Welt und wurde noch vor Baumwolle und Wolle verwendet, erste Belege über ihren Gebrauch datieren auf das Jahr 8000 vor Christus. Die Ägypter machten daraus feine Leinenstoffe, deren Qualität mit modernen Methoden nur schwerlich zu erreichen ist. Von chemischer Reinigung ist in den Hieroglyphenschriften nicht die Rede, und es ist wahrlich beruhigend, dass Leinen generell einer der praktischsten Stoffe ist, wenn es um die Pflege geht. Mit jeder Wäsche wird das Material weicher.

Wie bei allen Materialien gilt auch für Leinen, dass sich Flecken am besten entfernen lassen, wenn sie so bald wie möglich behandelt werden. Dafür milde Waschmittel mit kaltem oder warmem Wasser verwenden, das zudem weich sein sollte. Bei Handwäsche empfiehlt es sich, wie bei Seide, einen Schuss Essig ins Spülwasser zu geben, um Waschmittelreste zu entfernen.

Leinen sollte möglichst im Freien getrocknet werden, dann riecht es besonders gut. In leicht feuchtem Zustand lässt es sich am besten bügeln. Weißes Leinen kann problemlos von beiden Seiten gebügelt werden, während dunkle Varianten nur von links gedämpft werden sollen, damit die rechte Seite keine hellen Stellen bekommt.

Leinen sollte in Kleidersäcken aus Naturmaterialien aufbewahrt werden. Getrockneter Lavendel, Rosmarin und Rosenblätter in Säckchen verbreiten einen angenehmen Geruch im Kleiderschrank.

Hanf
Hanf wird wie Leinen und Leder durch regelmäßigen Gebrauch und häufiges Waschen noch schöner und weicher, es lohnt sich also, in Secondhand- und Trödelläden danach Ausschau zu halten. Es ist ein erstaunlich robustes Material, das extreme Wassertemperaturen und industrielle Reinigungsprozesse unbeschadet übersteht und an der Luft schnell trocknet. Den noch feuchten Stoff in Form ziehen und wie Leinen bügeln.

Hanf ist von Natur aus schädlingsresistent, kochfest und hat eine hohe Wasseraufnahmefähigkeit.

Synthetikstoffe
Die Vorteile der meisten synthetischen Fasern, wie Polyamid, Polyester, Polyacryl oder Elasthan, liegen in ihrer Reißfestigkeit, Farbechtheit und Knitterfreiheit. Als Nachteile wären unter anderem die Fleckenanfälligkeit und Pilling zu nennen. In der Regel werden Handwäsche und das Bügeln bei niedriger Temperatur empfohlen. Auf jeden Fall sollten stets die Pflegehinweise auf den Etiketten beachtet werden, da insbesondere Fasermischungen die unterschiedlichsten Anforderungen stellen.

Regel Nummer eins für den ökologisch denkenden Modefreak ist die Pflege des Vorhandenen. Die Lebensdauer von Kleidung und Accessoires lässt sich durch sorgfältige Pflege und Aufbewahrung stark verlängern.

Saisonale Kleidungsstücke und Accessoires, die einige Monate nicht gebraucht werden, sollten sorgsam in einem möglichst separaten Schrank verstaut werden, damit in der Garderobe mehr Ordnung herrscht.

Schuhe putzen

Wenn es um praktische Anwendbarkeit, Dauerhaftigkeit und Organisation geht, haben militärische Technologie und Innovation der Welt einiges beigebracht, nicht zuletzt, wenn es um glänzendes Schuhwerk geht. Regelmäßige Pflege ist ein wichtiger Beitrag zur Erhaltung von Lederschuhen oder -stiefeln, das Material wird dadurch weich und geschmeidig und leicht Wasser abweisend.

Die Arbeitsfläche mit einem alten Handtuch oder Zeitungspapier abdecken (Schuhcreme lässt sich ausgesprochen schlecht von Teppichen entfernen). Die Schuhe zunächst mit einem feuchten Tuch von Staub und Schmutz befreien, dann trocknen lassen. Anschließend großzügig Schuhcreme mit einer Bürste auftragen. Nach etwa 15 Minuten ist die Creme angetrocknet und kann mit einer Rosshaarbürste kräftig poliert werden. Extraglanz bekommen Vorder- und Fersenbereich mit einer weiteren dünnen Schicht Schuhcreme, die mit einem feuchten Wattepad in sanft kreisenden Bewegungen aufgetragen wird. Nach dem Trocknen Schuhe wieder bürsten und dies so oft wiederholen, bis sich der General darin spiegeln kann.

Lederstiefel und -schuhe

Lederartikel sollten nur nach sorgfältiger Reinigung und gründlichem Polieren weggestellt werden. Durch Ausstopfen bewahren sie ihre Form, und eventuell vorhandene Feuchtigkeit wird aufgesogen. Zeitungspapier, Eierkarton, Karton, aufgerollte Zeitschriften und Wintersocken (besonders Eifrige können noch Backpulver gegen Gerüche hinzufügen) eignen sich als effektive Alternative zu gekauften Stiefel- und Schuhspannern. Die ausgestopften Schuhe können in einer Schachtel staubfrei und gut stapelbar aufbewahrt werden.

Hüte

Hüte sind langlebig und bedürfen daher sorgfältiger Pflege. Sie sollten nur mit sauberen Händen angefasst werden, am besten hält man sie von unten am vorderen und hinteren Hutrand fest. Idealerweise werden sie bei Nichtgebrauch in einer Hutschachtel, auf einem alten Hutständer oder Huthalter aufbewahrt (jedoch vor Lichteinfall schützen), zumindest aber sollten sie an einem Garderobenhaken an der Wand ihren Platz finden. Hüte möglichst nicht längere Zeit flach liegen lassen, da sie so ihre Form verlieren. Alte wie neue Hüte sollten nach dem Tragen mit einer weichen Bürste abgebürstet werden, Staub lässt sich auch mit einem feuchten Handtuch abwischen. Aus der Form geratene Stroh- und Panamahüte lassen sich meist wieder auffrischen, indem sie einige Minuten über heißen Dampf gehalten worden sind (Vorsicht, nur den Hut und nicht die Hände bedampfen!).

Literatur

Bücher:

Baumgartel, B.:
The Complete Book of Sewing: Essential Tips and Techniques for You and Your Home.
London 2009

Black, S.:
Eco-Chic.
London 2008

Blakeney, J., F. Blakeney, A. Livakovic und E. Schultz:
99 Ways to Cut, Sew, Trim, & Tie Your T-Shirt into Something Special (vergleiche auch **99 Ways to Cut, Sew & Deck Out Your Denim**).
New York 2006

Blanchard, T.:
Green is the New Black: How to change the world with style.
London 2007

Bolton, A. und H. Koda:
Alexander McQueen: Savage Beauty.
New Haven, Connecticut 2011

Butterfield, C. und M.:
Vintage Fashion Sourcebook.
London 2011

Dimant, E.:
Minimalism in Fashion: Reduction in the Postmodern Era.
New York 2010

Fletcher, K.:
Sustainable Fashion and Textiles: Design Journeys.
London 2008

Fukai, A., B. Vinken, S. Frankel, H. Kurino und R. Nii:
Future Beauty: 30 Jahre Mode aus Japan.
München 2011

Hollahan, L.:
How to Use, Adapt and Design Sewing Patterns. London 2010

Knight, L.:
The Dressmaker's Technique Bible: A Complete Guide to Fashion Sewing.
Iola, Wisconsin 2008

McDonald, C.:
Vogue Sewing.
New York 2006

Margiela, M.:
Maison Martin Margiela.
New York 2009

Martin, R.:
The Fashion Book.
London 2001

Nakamichi, T.:
Pattern Magic, Bd. 1 und 2.
München 2011

Norris, L.:
Recycling Indian Clothing: Global Contexts of Reuse and Value.
Bloomington, Indiana 2010

Sanders, A., und K. Seager:
Junky Styling: Wardrobe Surgery.
London 2009

Stevenson, N. J.:
The Chronology of Fashion.
London 2011

Walker, H.:
Less is More: Minimalism in Fashion.
London 2011

Wilcox, C.:
Vivienne Westwood.
Berlin 2005

Wolff, C., R. Fanning und R. Cooke:
The Art of Manipulating Fabric.
Radnor, Pennsylvania 1996

Magazine:

Amelia's Magazine
CUT Do-it-yourself-Fashion-Magazin
Dazed & Confused
i-D
Papierdoll Magazine
SIX Magazine
Tank
Vogue

Websites:

www.ameliasmagazine.com
www.coolhunting.com
www.cut-magazine.com
www.ebay.com
www.eco-age.com
www.ecouterre.com
www.etsy.com
www.instructables.com
www.papierdoll.net
www.six-magazine.co.uk
www.tankmagazine.com
www.threadbanger.com
www.treehugger.com

Danksagung

Henrietta Thompson bedankt sich besonders bei Sara Henrichs und Veronica Crespi für ihre Unterstützung sowie bei Neal und Emmi. Die Autorin dankt auch Jubi, Alan, Olivia, Angus, Oscar und allen anderen, die unermüdlich mit Vorschlägen zur Stelle waren, Vertrauen in dieses Thema hatten, die Ergebnisse auch anprobierten und mit Begeisterung bei der Sache waren.

Neal Whittington bedankt sich ganz herzlich bei seinen Eltern sowie bei Mark.

Bildnachweis

o = oben
u = unten
m = Mitte
l = links
r = rechts

16–17 Kleider von Gary Harvey; Fotos Robert Decelis; Model Tabitha © Models 1
18–19 We are ULTRA
22 Entwürfe von Angelene Fenuta; Fotos Carla Silva; Frisur und Make-up Vanessa Jarman; Styling Nadia Naeme-El Zein; Models Drea Vujovic und Courtney French (NEXT)
28–31 wrk-shp, „Building Clothes", Herbst/Winter 2011/2012; Fotos Jordan Duvall (www.jordanduvall.com)
32–33 Alle Kleider von Minna; Fotos François Rocquemont (www.francoisrocquemont.com) und Karoliina Bärlund (www.karoliinabarlund.com); Make-up Lucy Allen
38–41 Zarth & Van der Borgh, Mirjana Rukavina und Elvira Faltermaier
42–44 Herbst/Winter 2010/2011: Christoph Musiol; Frühjahr/Sommer 2012: Jule Felice Frommelt; Herbst/Winter 2011/2012: Jule Felice Frommelt
50–51 Entwürfe von Christopher Raeburn
52, 53, 55 Kimono Collection von Beautiful Soul (beautiful-soul.co.uk)
54 Kimono-Kollektion von Beautiful Soul, Foto Christopher Dadey
58–59 Bilder © antiform 2011; Fotos Sally Cole
66–67 Rachel Freire mit ECCO Leather; Fotos Grant Thomas
68–69 Prophetik von Jeff Garner © Christopher Dadey
75l Sinking Night, 2008; Foto Jessica Cassar
75r Traces, 2011; Foto Jessica Cassar
82–85 Fotos Ali Kepenek; Model Hanne Brüning © Mega Model Agency
86, 87o Herbst/Winter 2011/2012; Fotos Jessica Bonham; Styling Carley Hague; Make-up Emily Wong
87u Herbst/Winter 2010/2011; Fotos Jessica Bonham; Styling Carley Hague; Make-up Emily Wong
97 Minimal Seam Construction (2010); Fotos Thomas McQuillan und Rob Matthews
98–99 Herbst/Winter 2010/2011: Christoph Musiol; Frühjahr/Sommer 2012: Jule Felice Frommelt; Herbst/Winter 2011/2012: Jule Felice Frommelt
101 Dr Noki
106 Endurance Shirt, 2009, Kleidung und Schnitt von Timo Rissanen; Fotos Silversalt
107 MLS Pyjamas, 2011, Kleidung und Schnitt von Timo Rissanen
108–109 Habiliments (2010), Julia Lumsden. Wolle, Baumwolle, Polyester, Metall. Privatsammlung, Wellington, Neuseeland
112o Herbst/Winter 2011/2012 Hooded bomber jacket
112u Herbst/Winter 2011/2012 Freestyle lapel
113ol Herbst/Winter 2011/2012 Lapel hooded jacket
113or Herbst/Winter

2011/2012 Hooded waistcoat
113ul Ladder trousers
113um Herbst/Winter 2011/2012 Cuff edge trousers
113ur Cross hood jacket, suit harems
114–115 Christopher Raeburn
116 Alabama Chanin: Robert Rausch
118 Fotos Christopher Dadey
126–127 A-POC Queen, 1998: Animation Pascal Roulin; A-POC Cotton Baguette, 1999: Animation Pascal Roulin
128 Alle Produkte sind entworfen und handgearbeitet von Julia Crew. Fotos Julia Crew und Francisco Rivotti
133 A.P.C. Bulter, Worn Out Series, Jeans. Fotos Olivier Placet für A.P.C.
138 Emiliana. Entwürfe von Emiliana Design (Ana Mir + Emili Padrós)
146–149 Fotos Mark Andreani und Ethan Allen Hall
169 Bernstock Speirs
170–171 Alle Entwürfe von Maria Papadimitriou für Plastic Seconds. Alle Rechte vorbehalten. Bilder von Maria Papadimitriou
172 FENTON Kette aus Kristallen und Lautsprecherkabeln
173 Margot Bowman
176–179 Bluemâchéshoes, 2003, Greenmâchéshoes 2003, von Marloes ten Bhömer
182–183 Produktfotos Shannon South; Modelfotos Evan Browning; Model Johanna Bjork
190–191 sagensweden.com. Designer Elin Sigrén; Styling Susanna Stankiewicz; Fotos Werner Nystrand; Model Agnes Almaqvist
192 Bethan Laura Wood
193 Henrik Vibskov
194–195 Plastic Gold (2010), Florie Salnot, Dominic Tschudin und Anne Schuhmann
198ol Damenhandtasche (September 2010)
198or Laptop-Tasche (Februar 2009)
198m Kosmetiktasche (September 2011)
198ul Weekend-Tasche (April 2010)
199 © Leigh McAlea/ TRAID
204–205 Entwurf von Joomi Lim; Fotos Xavier Ricolfi
206–207 Foto Guli Cohen
208 Bilder von recycelten Schals
209ol Multi Rings (2011),
209or Rock ring (2011)
209m Stacked Bangles (2011)
209u Lace Dyed Blue Rock Bangle Close Up (2011), alles von Bridget Harvey
216–217 Schuhe von Hetty Rose Limited
218–219 Fotos Guillermo Gómez
226 Glückskeks-Börse (2011) von Diana Eng (www.dianaeng.com); Fotos Douglas Eng
228–229 www. glovedup.com
239 Fotos Minna Hepburn
240–241 Fotos Alexander Malecki und Uta Neumann für Pamoyo
252–255 © Clothkits Ltd 2011, (clothkits. co.uk)